Wie Staub, den ich mir vom Gehirn klopf
Für die Reinheit, die Wahrheit, die Klarheit
Nur in Deinem Kopf

F4

www.nurindeinemkopf.de

Arvid Leyh
Nur in Deinem Kopf
Ein Update für Geist und Gehirn

Der Grüne Zweig 211

Satz und Leyhout:	Gold & Apple, Supervision Maria Bauer
Umschlaggestaltung:	Walter Hartmann und Gold & Apple Basisgehirn von Marc Buhre
Bildrecherche:	Haluk Soyoglu und Arvid Leyh
Lektorat:	Achmed Khammas
Druck:	Fuldaer Verlagsanstalt
Verlegt durch:	Werner Pieper & The grüne Kraft Alte Schmiede D-69488 Löhrbach Fax: 06201-22585 eMail: Versand@gruenekraft.com

ISBN 3-922708-07-2

Nur in Deinem Kopf ist ein Titel der Fantastischen Vier von dem (ganz hervorragenden) Album Lauschgift, erschienen 1995 bei Sony Music - herzlichen Dank!

Arvid Leyh

Nur in Deinem Kopf

Ein Update für Geist und Gehirn

Der grüne Zweig

INHALT

Vorwort
Smudo

Manchmal wundere ich mich. Wenn es still wird in Hamburg. Außen und innen. Der Popstar im Schrank hängt, der Philosoph zum Zug kommt. Dann wundere ich mich: Warum macht sich der Mensch so viele Probleme? Streitet sich? Ärgert und nervt sich?

Warum der Scheiß?

Und dann denke ich: Menschen sind wie Schafe. Ahnungs-, macht- und ausweglos. Denken zuwenig. Oder denken zuviel. Suchen die Antwort auf das *Warum* außen, bei Sündenböcken und Leithammeln: Werbung, Politiker, Popstars. Es tut gut, nicht selbst denken müssen. Alle Antworten werden serviert. Und dann wird applaudiert.

Zuviel Applaus für Scheiße!

Und ich wundere mich: Wie ist das bei mir? Warum ärgere ich mich? Streite, ärgere, nerve mich? Welch unangenehme Frage, ungeheuer schwer zu halten. Sofort kommen Gedanken, die mich ablenken. War früher wirklich immer alles früher? Zum ersten Mal Platz Eins fühlt sich zwar toll an, macht aber nicht glücklich. Steuere ich das Leben, oder steuert das Leben mich? Sollte ich mehr steuern? Mich mehr treiben lassen?

Und dann wundere ich mich: Wer stellt hier eigentlich die Fragen? Wer zuckt vor den unangenehmen Fragen zurück? Eigenbild und Fremdbild, Selbstschutz und Eigennutz. Nur in meinem Kopf?

Nun denn: Herzlich Willkommen zu Lach- und Sachgeschichten für Erwachsene rund ums Gehirn und seinen Inhalt und allem drumherum. Sehr unterhaltsam wie Arvid Leyh hier die Biologie des Gehirns erklärt, es aber nicht dabei beläßt. Letzten Endes hat das Verstehen des Gehirns auch mit dem Verstehen von uns selbst zu tun.

Nicht zu vergessen natürlich auch mit einer großen Portion Philosophie. Kann das Gehirn sich selbst begreifen? Ist die Suche nach dem Sitz des Bewußtseins auch eine Suche nach Gott? Kann das Gehirn inhaltlich evolutionieren?

Die letzte Frage zumindest findet in diesem Buch ein klares Ja! Ansonsten sind es sinnlose Fragen, denn es gibt keine allgemeingültige Wahrheit darauf. Aber auch sinnvolle Fragen, denn die persönlichen Antworten beeinflussen das eigene Leben direkt. Natürlich kann *Nur In Deinem Kopf* keine Antwort darauf geben, aber es ist eine spannende, äußerst lehrreiche Wortreise, die verschiedene Antworten anbietet ohne dabei den Sinn für Humor aus den Augen zu verlieren. Nicht zuletzt, weil es dem Autor immer wieder gelingt, auf den Boden der alltäglichen Tatsachen zurückzukehren ohne sich in Hochtrabendem zu verlieren. Danke.

Smudo

Intro
Das Thema

Das Leben ist eine Ente

Sind Sie gerade verliebt? In der ersten Hochphase, in der das Glück kein Ende nimmt, man sofort zusammenziehen, heiraten und gemeinsam Kinder in die Welt setzen möchte? Der emotionale Urknall - vorher war nichts, jetzt fängt alles erst an.

Erinnern Sie sich, versetzen Sie sich in diese Zeit zurück: War Ihr Chef damals auch so hartnäckig nervig? Die Anrufe Ihrer Mutter ähnlich aufdringlich? Die Ente (das Auto ist hier gemeint) vor Ihnen auf der Überholspur fuhr damals doch schneller? Wahrscheinlich können Sie sich an solche Banalitäten nicht einmal erinnern, haben diese kriechende Ente vermutlich nicht einmal wahrgenommen - es sei denn, Sie waren auf dem Weg zu dem/der Geliebten. Da muß es ja immer schnell gehen.

Neurologisch gesehen, hat die Verliebtheit Ihr Gehirn mit einem seltenen und auserlesenen Cocktail von Neurotransmittern - von chemischen Botenstoffen - versorgt. Emotional gesehen hatten Sie ein Gipfelerlebnis. Praktisch gesehen waren Sie nicht mehr zurechnungsfähig. In diesem Zustand abonniert der Betroffene unter konsequenter Umgehung jeglicher Vernunft drei völlig uninteressante Zeitschriften an der Haustür, nur um die Welt zu umarmen.

Das ist die eine Seite. Auf der anderen: Vielleicht waren Sie ja doch zurechnungsfähig? Vielleicht sogar mehr denn je? Es ist ja nicht nur diese Ente, irgendwie lösen sich in der Euphorie der ersten Verliebtheit alle Probleme quasi von selbst, oder relativieren sich zumindest sehr rasch. Die Distanz zu allem, was nicht unmittelbar mit dem biologischen Überleben oder dem/der Geliebten zu tun hat - also der gesamte Rest-Alltag - ist enorm. Selbst verbale Kampfhandlungen werden nicht persönlich genommen. Liebe macht blind. Und in diesem Fall ist das gut so.

Trotzdem ist der Verliebte als solcher mitnichten blind und sehr wohl sozial kompatibel: Er reagiert relativ vernünftig, wenn man ihn anspricht. Naja - meistens. Aufgaben, die ihm sonst gar keinen Spaß machen, laufen unter Umständen automatisch, benötigten aber auf alle Fälle nicht halb soviel Energie wie sonst; Einsatzbereitschaft: Hoch. Wo soll die Energie, die normalerweise für Streß, Hektik und Ärger draufgeht, auch herkommen - ist sie doch damit beschäftigt, Endorphine zu produzieren.

WIEDEREINTRITT

Irgendwann ebbt dieses Gefühl dann ab. Der Wiedereintritt in die Umlaufbahn des dreidimensionalen Lebens kommt langsam, aber unaufhaltsam, und wir finden uns plötzlich wieder in der objektiven Realität, der Alltag hat uns wieder. Steuererhöhung, Flugzeugentführung, Neuvalidierung - vielen Dank!

Glück ist vergänglich. Aber müssen deshalb sämtliche Chefs und Enten sofort wieder zu infernaler Höchstform auflaufen? Oder haben sie damit nie aufgehört, aber wir in unserem rosa Wattebausch aus manifestiertem Glück haben das nur aus Versehen ignoriert?

So gesehen hat die Ente auf der Überholspur sehr viel mit dem Grad Ihrer momentanen Zufriedenheit zu tun. Und sagt weit mehr über diesen, als über die Fahrkünste eines völlig verzweifelten Menschen, der mit einem Viertel Ihrer PS an einem Lasterkonvoi vorbei will und in seinem Rückspiegel nur einen riesigen Kühlergrill sieht.

Stellen Sie sich vor, Sie könnten in diesem Moment zwischen beiden Zuständen hin und her schalten. Wenn Sie die Wahl hätten, würden Sie sich ärgern, oder Ihren persönlichen Ministau lieber unter dem Aspekt *Aha, die Viecher fahren immer noch!* abbuchen? Ich vermute mal, Sie würden sich lieber für die zweite, da eher elegante Variante entscheiden. Dann wird Sie auch der riesige Kühlergrill, den Sie in Ihrem Rückspiegel sehen, nicht sonderlich beeindrucken können.

Zwei mögliche Zustände, die einen Feierabend nachhaltig beeinflussen können. Was ist der Unterschied? Ein bißchen Neurochemie hier, ein klopfendes Herz da und beide erschaffen die Brille, durch die wir für die nächste Zeit die Welt betrachten. Aber - so behaupte ich mal frech - dieser Prozeß läßt sich steuern.

Nun gut, das war ein banales Beispiel. Es sind es nicht immer die einfach gestrickten Situationen, die nerven. Aber nicht einmal in diesen ist uns unsere Position einer mögliche Entscheidungsfreiheit bewußt. In kritischeren Situationen fahren wir den gesamten Emotionalkarren oft knallhart an die Wand des Lebens.

Das muß so nicht sein. Denn eine der Grundaussagen dieses Buches - die ich Ihnen von vorne bis hinten um die Ohren hauen werde - ist diese: *Wir sind da, wo unsere Aufmerksamkeit ist.* Sie haben potentiell jederzeit die Wahl, wie Sie welche Situation bewerten, annehmen und aufnehmen. Das muß man nur wissen. Und darauf achten. Und anfangs ist es garnicht so einfach, es gilt diverse mentale Hürden zu nehmen.

SCHWARZMALER

Jeder hat ein Konzept von der Welt, seine eigenen Gedanken und Vorstellungen, die es ihm ermöglichen, im Leben mehr oder minder erfolgreich zu navigieren. Dagegen steuert dieser ganz merkwürdige menschliche Drang, sich das Leben selbst zu vermiesen. Die Ente wackelt, klappert an allen Enden und manchmal muß man sie anschieben.

Am deutlichsten zu sehen ist dies in der zwischenmenschlichen Kommunikation: Seit wir reden können, reden wir aneinander vorbei. Wir sagen selten, was wir wirklich wollen, und häufig versteht der Gegenüber genau das Gegenteil von dem, was wir doch gerade eben klar und unmißverständlich dargelegt haben - nicht nur, aber ganz besonders in engen Beziehungen. Denken Sie nur an Ihren letzten partnerschaftlichen Streit. Kommunikation ist ein trüber und gefährlicher Sumpf.

Das beschränkt sich nicht nur auf den Gegenüber - auch die Gespräche, die die meiste Zeit in unserem Kopf ablaufen, machen in den seltensten Fällen wirklich Spaß. Sie zeigen uns im Gegenteil, was wir falsch gemacht und verdummt haben, gerade eben oder auch vor zehn Jahren. Schauen Sie Ihren Gedanken mal zu. Das kann die berufliche Chance mit 20 gewesen sein, die Sie einfach verpaßt haben. Oder das attraktive und ermutigende Lächeln gestern Abend im Club, das Sie solange voller Coolness ignoriert haben, bis es nach Hause ging. Nicht zu vergessen die alte Dame, der wir letzte Woche aus Zeitnot nicht über die Straße geholfen haben. Diese Selbstgespräche, oder besser -vorwürfe, verbraten nicht nur kostbare Zeit, sie wirken zudem wie ein riesiger Pinsel, mit dem wir uns unsere eigene Realität schwarz anmalen. Glauben Sie nicht? Kurzer Test gefällig? Erinnern Sie sich doch spaßeshalber an eine richtig ärgerliche Situation in Ihrem Leben; ich bin mir sicher, die Auswahl ist groß. Dabei ist es nicht wichtig, ob alle Beteiligten noch leben und verfeindet sind, Hauptsache, Sie haben sich dabei so richtig mies gefühlt. Nehmen Sie sich kurz Zeit, setzen Sie sich in Ihre persönliche erste Reihe, schließen Sie die Augen und genießen Sie die Situation in allen Einzelheiten und in Farbe.

Wenn ich diesen Baum da mit meinen Händen schütteln wollte, ich würde es nicht vermögen. Aber der Wind, den wir nicht sehen, der quält und biegt ihn, wohin er will. Wir werden am schlimmsten von unsichtbaren Händen gebogen und gequält.
Nietzsche - Also sprach Zarathustra

JETZT!

Sind Sie wieder da? Was macht Ihr Blutdruck? Wie ist Ihre Atemfrequenz? *Wie fühlen Sie sich?* Ich vermute mal - je nachdem, wie tief Sie in diese Situation eingestiegen sind - es geht Ihnen nicht mehr so gut, wie noch vor einer Seite.

Der Grund ist einfach: Sie haben sich eine hochgradig emotionale Situation aus Ihrem persönlichen Archiv bringen lassen. Und je mehr Emotion im Spiel ist, um so weniger vergessen wir. In diesem Fall war es ein unangenehmes Bild, eine Situation des Elends auf Ihrem inneren Bildschirm. Und - voilà - wir sind wieder da, wo unsere Aufmerksamkeit ist - wortwörtlich.

Für Ihr Gehirn, Ihr Unterbewußtsein und Ihre Befindlichkeit, sogar für Ihren Körper macht es absolut keinen Unterschied, ob das Haltbarkeitsdatum dieser Episode bereits seit langem überschritten ist. Diese Situation kann bereits alt gewesen sein, als die Berge noch jung waren - egal. Wenn wir uns, bewußt oder unbewußt, darauf konzentrieren, oder wenn uns irgend etwas an das inzwischen historische Erlebnis erinnert, haben wir es - manchmal ohne es überhaupt bewußt zu registrieren - wieder im Speicher unseres Bewußtseins. Und das hat Folgen, wie Sie gerade feststellen konnten.

Das Leben besteht aus Geschichten, die wir uns selbst erzählen - und es sind viele Enten darunter.

Die Leichtigkeit des Seins

Im Großen und Ganzen habe ich nie verstanden, warum wir uns permanent mit den virtuellen Ärgernissen des Daseins herumschlagen sollen. Und doch tun wir genau das unser Leben lang, als ob wir dafür bezahlt würden. Aber das ist erst der Anfang, die Folgen sind schlimmer. Bekanntes Bild - ER/SIE hat Sie verlassen. Das tut weh. Wird es, soll es, darf es. Aber viele solchermaßen von Amor Abgeschossene werden den nächsten Partner nicht mehr so hoch verehren und ihm so tief vertrauen. Das Ergebnis ist eine flachere Beziehung. Verletzungen vermeiden. Dabei geht jede Menge Spaß einfach flöten. Blödsinn, oder?

Diese Muster schleifen sich ruckzuck ein. Genauer gesagt funktioniert so unser ganzes Leben. Und dann wundern wir uns, wenn die nächste Beziehung wieder in die Hose geht. Aber es ist möglich, diesen Teufelskreis zu verlassen. Jederzeit. Ehrlich. Ein, zwei freundliche Gedanken bewegen da schon eine ganze Menge. Und einige Tricks mehr, die wir im weiteren Verlauf noch persönlich kennenlernen werden. Und wir reden hier nicht von einem realitätsfernen positiven Denken, auch wenn An- und Einsätze desselben immer hilfreich sind. Alles hat zwei Seiten, und wenn die Gedanken vor lauter *Heididei* mit der Realität nichts mehr zu tun haben, wird´s kritisch. Die Dosis macht das Gift. Auf der anderen Seite machen wir nichts anderes tagtäglich. Frei aus der Luft gegriffen und ohne reale Bodenhaftung - nur eben mit negativem Denken. Wie *Paul Watzlawick*, einer der Väter des Konstruktivismus sagt: *Um wirklich unglücklich zu sein, muß man sich anstrengen. Hier scheiden sich die Dilettanten von den Könnern.*

Das Leben ist eines der schlimmsten, und es endet meistens mit dem Tod.
Alte Weisheit

AUS KRISEN CHANCEN MACHEN

Jeder hat ab und an die Krise, das scheint ein Naturgesetz zu sein und macht durchaus Sinn. An Krisen wachsen wir, lernen uns selbst besser kennen, können unsere eigenen Grenzen überschreiten. Damit haben sie ihren eigenen, persönlich-evolutionären Nährwert und bringen uns immer irgendwie weiter, auch wenn es nur im Bereich der Lebenserfahrung ist. Das erkennt der Mensch dann allerdings erst im Nachhinein. Andre Länder, andre Sitten: Im Chinesischen sind die Schriftzeichen für *Krise* und *Chance* identisch. Fühlt sich ganz anders an, oder? Denn man lernt aus Fehlern. Oder wie oft sind Sie hingefallen, bevor Sie Fahrradfahren konnten? Für Chinesen ist das Fahrrad das Hauptverkehrsmittel.

> **Erfahrung ist nicht das, was einem Menschen geschieht. Es ist das, was ein Mensch aus dem macht, was ihm geschieht.**
> *Aldous Huxley*

Ganz anders Europa: Viele Menschen definieren sich über genau diese Situationen: Krisen, Verletzungen, Rückschläge. Und tragen ihren mental-emotionalen Ballast ein Leben lang mit sich rum. Doch irgendwann muß eine Krise zu Ende sein. Das kann man in selten erlesenen Situationen sogar einfach beschließen. Die eigene Befindlichkeit kann doch unmöglich dauerhaft von Wetterverhältnissen oder den Stimmungen anderer Leute abhängig sein. Das widerspricht ziemlich deutlich sämtlichen Vorstellungen, die ich vom Universum habe.

GUTE AUSSICHTEN

Dabei leben wir in einer enorm spannenden Zeit. Die Forschung hat herausgefunden, daß seit einigen Jahren ganz neue Gehirne auf den Markt der Evolution kommen, sogenannte *Turbohirne*. Flexibler im Denken und fähig, andere und sogar gegensätzliche Standpunkte im Leben einzunehmen. Es ist kein Problem mehr, Porsche zu fahren und Greenpeace zu unterstützen - vor 20 Jahren wäre der Betreffende dafür gesteinigt worden. Unterschiedliche Ebenen der Realität werden unabhängig voneinander gehandelt, ohne daß irgendwelche Kollisionserscheinungen zu befürchten wären. Die Turbohirngeneration nutzt ihren Geist als Antenne und öffnet ihn für andere Kulturen. Um mit Tim Leary zu sprechen: *Eine völlig neue Generation springt aus dem Genpool.*

Der Bruch zeigt sich am deutlichsten im Umgang mit den Medien: Während Politiker und Erwachsene noch diskutieren, wieviel bluttriefende Information ein Kind vertragen kann, welche Anzahl von Rambofilmen sich nachhaltig negativ auf die Entwicklung auswirkt, haben die Kids schon längst ihre eigene Grenze zwischen Wahrheit und Fiktion gezogen. Die älteren Generationen setzen Maßstäbe an und fest, die für die Kids einfach nicht mehr gelten, nämlich ihre eigenen. Und die Medien sind da nur eine Erscheinungsform.

Man kann diese Entwicklung wahlweise auf Wassermann- oder Medienzeitalter abschieben - die Turbohirngeneration lebt beides. Schauen Sie sich einen Rave an: Wummernde Bässe, grelles, hektisches Licht, hypnotische Beats. Wenige Besucher können sich entziehen, auch ohne zusätzliche Droge geht man nahezu automatisch in Trance - alles in allem die zeitgerechte Umsetzung eines schamanischen Rituals.

Oder hören Sie auf die Texte im Radio oder, zeitgemäßer, auf Viva: *Open your Mind, Respect yourself - Do you feel the flow?* Zugegeben, vieles davon ist hahnebüchener Mumpitz. Aber es gibt Ausnahmen: die *Fantastischen Vier* beschreiben in vielen ihrer Lieder eine ganz neue, fröhlichere, verantwortungsvollere und selbstbewußtere Sicht der Dinge, und das aus diversen möglichen Perspektiven. Ich bin inzwischen - nach leichten musikalischen Anfangsschwierigkeiten - ein großer Fan ihrer Werke. Jahrelang habe ich Bücher gewälzt und Diskussionen geführt, inzwischen halte ich mich manchmal für ansatzweise weise - und doch kann ich meine gesammelten Erkenntnisse immer noch nicht so poetisch-chaotisch-charmant darstellen, wie die Vier das in jedem zweiten Lied ganz locker rüberbringen.

Schon auf der ersten CD beschreiben sie deutlich und lautstark, wohin sie wollen (Platz Nummer eins) und wie sie dahin kommen (*Ich seh meinen Namen in Leuchtbuchstaben*), nämlich durch die konsequente Nutzung ihres eigenen Kopfes.

Beziehungen, Selbstbild, Psychologie - zu fast jedem Thema haben die Vier wirkliche Weisheiten auf Lager. Ich halte sie nicht nur für die aktuell größten Philosophen, sondern bin mir auch sicher, daß eine Stunde Fab Four an Wirksamkeit zwei Stunden Gesprächstherapie ganz locker schlägt. Ein Zitat der Vier ziert auch dieses Buch.

DIE FRAGE NACH DEM SINN

Nur in meinem Kopf - zu gewagt, meinen Sie? Glauben Sie nicht mehr an Wunder? Ab und an beschleicht uns doch alle das Gefühl, als sei die Welt vielleicht doch nicht so, wie wir vermuten - obwohl wir doch ganz genau wissen, was da draußen passiert. Wir haben zumindest ein genaues Bild vor Augen, was passieren sollte, und wenn, dann wie.

In der Schule hat man uns erklärt, wie Materie aufgebaut ist. Wir wissen, daß wir einen Schnupfen bekommen, wenn man uns anniеßt, warum ein Stein auf den Boden fällt und wie der Herzmuskel funktioniert; es gibt eigentlich nichts, was wir nicht wissen. Dafür sind wir ja auch erwachsen und nennen eine gewisse Lebenserfahrung unser Eigen.

Dann hören und lesen wir immer wieder von abstrusen Merkwürdigkeiten, die da draußen in der Welt angeblich passieren: von Menschen, die gesund wurden, obwohl der Arzt ihnen nur noch sechs Monate gegeben hat (Stephen Hawking zum Beispiel), von Zahlenakrobaten, die mit 1.000stelligen Ziffern jonglieren, oder am besten gleich, groß und knallig auf der Titelseite der Bildzeitung, von Ufos - *Bild Dir Deine Meinung.*

Vielleicht hoffen/befürchten auch Sie, daß es außerhalb des großen Brockhaus noch ein, zwei Dinge mehr geben könnte. Dieses Gefühl ist allgemein verbreitet und trieb und treibt die Menschheit seit Jahrtausenden zu allen möglichen und unmöglichen kreativen Höchstleistungen. Dann wurden Götter etabliert, Riten konstruiert, Ereignisse prognostiziert.

Das war am Anfang - zumindest aus heutiger Sicht - nicht sonderlich schwierig, denn sogar Feuer war noch eine große Sache und mit zwei aufeinanderfolgenden zutreffenden Wettervorhersagen konnte man schnell zum Oberschamanen aufsteigen; heute brauchen wir keine allmächtigen Wesen mehr für Blitz und Donner, Götter die Regen machen oder für die Fruchtbarkeit unserer Frauen und Felder zuständig sind. Dafür haben wir inzwischen die Wissenschaft - Halbgötter in weiß.

Und doch haben die ursprünglichen Fragen nichts an Brisanz eingebüßt, immer noch treibt diese Energie Wissenschaftler, Theologen und Teleologen auf der ganzen Welt. *Wie funktioniert die Erde, die Umwelt, das Universum? Warum sind wir hier? WAS IST DER SINN DES LEBENS? Wie zahle ich die nächste Miete?* - all diese berühmten großen Fragen.

Die Suche nach dem Sinn scheint im Menschen ebenso tiefliegend zu sein, wie der Sexualtrieb - und das will was heißen. Auf die eine oder andere Weise muß und wird im Laufe seines Lebens jeder Mensch diesen Punkt für sich selbst lösen. Sechs Milliarden Gehirne - sechs Milliarden Interpretationen. Nur in seinem Kopf.

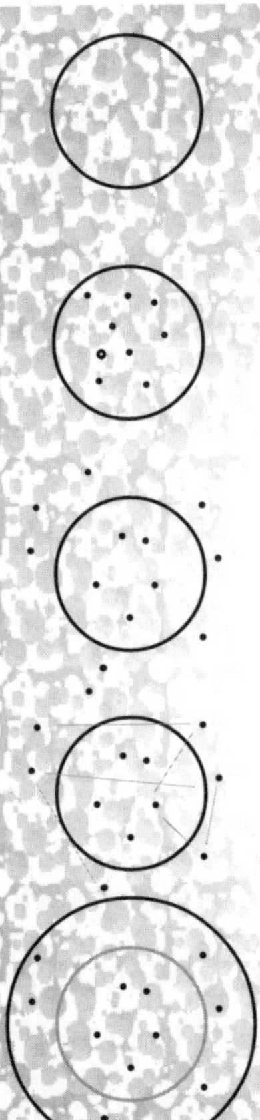

Dieser Kreis steht für den Bereich, in dem Sie sich auskennen, wohlfühlen und kompetent sind.

Schlägt hier ein Problem ein, greifen Sie einfach in Ihren mentalen Werkzeugkasten, machen sich ein, zwei Gedanken, lösen das Problem und fertig.

Leider funktioniert das Leben nicht so. Oft haben wir keine Lösung, aber viele Probleme.

Jetzt fangen wir an, wild hin und her zu rennen in dem Versuch, den Schaden wirkungsvoll zu minimieren.

Um dann irgendwann festzustellen, daß unser Werkzeugkasten und damit unser Kompetenzbereich deutlich gewachsen ist.

Circle of Competence

Es geht voran ...

Der amerikanische Wissenschaftler *Georges Anderla* hat in den 70ern untersucht, mit welcher Geschwindigkeit sich das Wissen der Menschheit entwickelt hat. Dazu stellte er zusammen, wieviele Erfindungen zur Zeit von Christi Geburt bekannt waren - das Rad oder die Schrift - und setzte diese Zahl gleich *x*. Dann wartete er ab, wann er *2x*, also die doppelte Anzahl, haben würde.

Er wartete volle 1.500 Jahre. Bis dahin kamen solche Erfindungen wie der Buchdruck und geschliffenes Glas hinzu. Um *4x* zu erreichen, brauchte die Menschheit nur noch 250 Jahre, *8x* waren nach weiteren 125 Jahren erreicht. Anderlas wissenschaftliche Einheit für diese Entwicklung lautet JUMPING JESUS FACTOR. Die Studie endete, wie gesagt, in den 70ern; damals lag der Zeitraum zur Verdoppelung des menschlichen Wissens bereits bei sechs Jahren. Im direkten Rückblick eine eher geruhsame Zeit - ich würde mal schätzen, daß die Halbwertszeit des Wissens im ausgehenden Jahrtausend bei 18 Monaten liegt.

KOLLIDIERENDE REALITÄTEN

Dummerweise paßt vieles von dem, was die moderne Wissenschaft herausfindet, nicht ganz in unser linkshirniges Denkraster. Die *Quantenphysik* ist da nur ein Beispiel, ein weiteres die *Psychosomatik*. Vieles deutet darauf hin, daß was wir erleben und wie wir es erleben, eng an unser eigenes Denken, unsere Erwartungen, unsere Meinungen und unsere inneren Bilder geknüpft ist, also nur in unserem Kopf stattfindet.

Leider ist es nicht einfach, unsere inneren Bilder zu einer Änderung zu bewegen (wenn Sie nicht gerade verliebt sind), denn diese Prozesse laufen unbewußt ab, haben von daher also mehr mit unserer Umwelt und unserer Vergangenheit zu tun, als dem, was wir so hoffnungsfroh unser *Ich* nennen.

Es ist die unbewußte Kulisse, vor der dieses Buch spielt. Anders ausgedrückt - und frech bei Wilson geklaut - geht es um den Kampf zwischen *Pawlows Hund* und *Schrödingers Katze*. Letztere ist ein Gedankenexperiment aus der Quantenphysik, das ziemlich deutlich zeigt, daß die Realität nur in unserem Kopf stattfindet. Ersterer ist ein klassisches Beispiel für das konditionierte Verhalten, dem wir alle unterliegen. Nun kann man sich entscheiden, auf welcher Seite man steht. Pawlows Hund steht für kausales, lineares

Rasterdenken, Schrödingers Katze für Möglichkeiten und vernetzte Komplexität. Sie hat mehr Charme. Und ist bei weitem mehr auf der Höhe des Informationszeitalters. Ansonsten stehe ich mehr auf Hunde.

Dutzende von Untersuchungen finden heraus: Es tut sich einiges in den Teen- und Twengehirnen der Industrienationen. Die Zeiten werden schneller, alte Konzepte greifen nicht mehr, sei es nun in Familie, Business oder Gesundheit. In Zeiten des Umbruchs herrscht oft mentaler Notstand. Inzwischen ist die Zeit so schnell geworden, daß der Umbruch permanent geschieht. Hier sind *Surfer* gefragt, denn Veränderungen schaffen Unsicherheit. Über den eigenen Wert, liebgewordene Pfründe und nicht vorhandene Anerkennung. Viele Menschen machen sich das Leben schwer, indem sie aufgrund dieser Ängste nicht sonderlich kooperativ sind. Sie suchen nach Anerkennung, wollen aber nicht aktiv agieren, sondern den Hintern getätschelt bekommen.

Alles Patienten.

BUSINESS AS USUAL

Welch eleganter Übergang, um über das Thema der Nation zu sprechen - Konjunktur und Wirtschaft. Hier geschehen Veränderungen natürlich am schnellsten. Noch in den frühen 80ern war der Beruf, den man nach der Schule erlernte, ziemlich sicher. Es gab Belobigungen für die Betriebszugehörigkeit in angemessenen Fünf-Jahres-Schritten. Das wird in Zukunft kaum jemand erleben, amerikanische Flexibilität wird zum Standard. Was ich persönlich nicht schlimm finde. Denn ab einem gewissen beruflichen Level bedeutet das auch, daß Spaß am Job nicht mehr zur Kür gehört. Klingt paradox? Schade, denn wenn der Beruf zur Berufung wird, ist die Neugier größer, ebenso Motivation und Lebensqualität. Stichwort life-long-learning.

Triff eine Unterscheidung!
Heinz von Foerster

Es ist ziemlich einfach, den schwarzen Peter für die Arbeitsplatz- und Konjunkturmisere wahlweise an Regierung oder Industrie abzuschieben. Und wenn man jemanden hat, der *schuld* ist, fühlt man sich auch gleich viel besser. Das ändert dummerweise nichts an der eigenen Situation. Zumal die Regierung wechseln kann, sooft sie will - es bewegt nichts. Die Rahmenbedingungen sind so festgefahren, daß der einzige Unterschied in der Wahlkampflyrik zu finden ist.

Während die einen klagen, suchen sich andere einen neuen Inhalt, eine Aufgabe, eine Berufung, machen sich selbständig und geben alles für ein Ziel. Sie machen den Unterschied, der den Unterschied macht. Häufig mit Erfolg. Klein, schnell und flexibel füllen sie Nischen, an denen die Konzerne vorbeischippern müssen, weil der Dampfer so schnell nicht zu wenden ist.

Die Unfähigkeit zur schnellen Reaktion liegt nicht bei Mitarbeitern oder Beamten, das Problem ist die Struktur. Und das, was diese aus den Menschen macht. Erst ganz langsam begreift das Management, daß Information nur an Schnittpunkten, und nicht in der Mitte des Konzernnetzes fließt. So hat Lopez bei VW caféartige Treffpunkte eingerichtet, in denen sich die Mitarbeiter austauschen können. Hier zeigt sich beim kreativen Kaffee, daß der eine Ingenieur das Problem des zweiten letztes Jahr schon bearbeitet und gelöst hat. Das spart Zeit, Kosten, Nerven und schafft ein gutes Arbeitsklima. Soweit zum Innen.

Im Außen ist es der Verkäufer (und verkaufen wir nicht alle irgendwie?). Durch seinen direkten Draht weiß er häufig am besten über die Firma Bescheid. Ein Gespräch mit dem Kunden setzt ihn rasch ins Bild, wie dieser die Firma erfährt und bewertet - und ob er zufrieden ist. Information entsteht an den Rändern, nicht in der Mitte. Da bleibt sie dann dummerweise häufig, denn *die-da-oben* wollen sie auch gar nicht hören. *Die* leben in ihrer eigenen Welt, und Überbringer schlechter Nachrichten wurden im Mittelalter geköpft.

Information findet nur unter Gleichen statt - von Kollegen auf der selben Ebene der firmeninternen Hackordnung muß man nichts befürchten und kann die Wahrheit sagen. Diese Verhältnissmäßigkeiten werden gerade erst erkannt und gewürdigt. Der Prozeß der Umstrukturierung ist entsprechend lang, wir sind in Deutschland. Aber er lohnt sich. Denn ein zufriedener Kunde spricht über seine Erfahrung. Ein unzufriedener auch. Der erste spricht mit fünf Bekannten, der zweite mit zehn.

Du darfst nie vergessen, daß Du eine gute Zeit erlebst, egal was du tust, genieße es einfach. Denn tust du das nicht, dann mußt du dich fragen, warum du überhaupt tust, was du tust .
Winona Ryder

Das ist vor allem in einer Situation interessant, in der die Arbeitslosenzahlen steil bergauf gehen. Heute gilt es, sich aktiv einen Bereich suchen, in dem man sich wohlfühlt, und dort selbständig zu machen. *Eigeninitiative* ist das Zauberwort. Jetzt ist dann auch der Zeitpunkt für diejenigen unter Ihnen, die nichts verändern wollen, dieses Buch als Fehlkauf abzuschreiben: Es gibt einige Tritte in den mentalen Hintern.

ES GEHT AUCH ANDERS

Die Turbohirngeneration hat dafür offensichtlich ein ganz eigenes Händchen. Beispiel: Wir hatten `94 einen Event zur Unterstützung des Jugendmarketings einer Bank. Das Wochenende war von einer Werbeagentur generalstabsmäßig geplant und inhaltsmäßig ungeschlagen, war aber nicht sonderlich gut besucht. Bald hieß es, das liege ganz klar an der Wahl der Location, man könne eben genau diese Halle nicht füllen. Auf diesem Event traf ich zwei Jungs, gerade der Schule entronnen, die einen Rave veranstalten wollten. Sie fragten mich, ob ich mich um den Chill-out (die Entspannungsecke) kümmern wolle. Klar. Immer.

Es dauerte ein halbes Jahr, dann hatten die beiden genau die selbe Halle randvoll mit 3.000 begeisterten Gästen. Der Gewinn wurde sofort in das nächste Projekt gesteckt, hier ging es nicht um die schnelle Mark. Und diese Ehrlichkeit kam an. Ich war schwer beeindruckt.

Visionen sind gefragt. Und Ehrlichkeit. Gepaart mit Einfühlungsvermögen, einem Lächeln und einer genau dosierten Portion Frechheit. Dazu gehört auch, dem potentiellen Kunden zu sagen, wenn er bei der Konkurrenz besser bedient ist. Man muß ganz einfach wissen, wohin man will.

Wer schnell, offen und neugierig ist, schafft sich selbst einen guten Rükkenwind. Voraussetzung dazu ist die Fähigkeit zur Entspannung. Wer sich entspannen kann, lernt leichter, arbeitet effektiver, ist gesünder und zufriedener. Diese Entspannung manifestiert sich im Gehirn durch einen bestimmten Gehirnwellenzustand, der Alpha genannt wird. Er ist relativ leicht zu erreichen.

Nur einen Schritt weiter liegt der Thetazustand - voller Magie und inneren Bildern bietet er eine wundervolle Möglichkeit, mit dem eigenen Unbewußten zu kommunizieren und es auf bestimmte Ziele auszurichten. Und was das Unbewußte für wahr hält, wird für das Bewußtsein zur Realität. Sie dürfen gespannt sein.

You must have a plan.
If you don't have a plan, you'll become
part of somebody else's plan.
Terence McKenna

Beide haben enorme Vorteile: Wer in einer kritischen Situation kurz in Alpha schalten kann - und dazu genügt ein einziger bewußter Atemzug - erreicht etwas, das John C. Lilly *Metabewußtsein* nennt. Hier lassen sich Entscheidungen bewußt treffen, und die Ente wird nicht zum Ärgernis.*

Theta dagegen ist nicht nur der Zugang zum Unbewußten, hier finden sich die wertvollen Güter Kreativiät und Inspiration. Irgendwo zwischen beiden liegt der *Flow*-Zustand, in dem sich relativ elegant Höchstleistungen erreichen lassen.

Just say know, es geht um Wissen. Über Verhältnisse, Beziehungen, etwas Psychologie und ein gut Teil mentales Management. Denn Ware, Geld und Arbeitskräfte kann man inzwischen an jedem Punkt der Welt finden, bzw. dahin transportieren. Wissen ist selten.

* Es gibt (oder gab) einen afrikanischen Stamm, der ein sehr interessantes Mantra hat. Bevor die Krieger zur Jagd aufbrechen, überlegt jeder für sich, was schiefgehen könnte. Und beschließt dann: Diese Geschichte muß nicht passieren.

Schnellvorlauf

Hier ein kurzer Überblick dessen, was auf Sie zukommt. Denn bei der Suche nach eleganten Lösungen läßt uns die Wissenschaft nicht im Stich, nicht jede neue Entdeckung besteht aus abstrakten mathematischen Formeln - manches läßt sich durchaus im normalen Leben anwenden.

WAS LÄUFT?

Nun, das Leben, die Realität, all das, was um uns herum passiert. Das wollen wir aus einem etwas anderen Blickwinkel betrachten, deshalb werden wir uns als Einstieg den wildesten Teil vornehmen - die *Quantenphysik*. Halt, halt, wo rennen Sie hin, wir werden alle mathematischen Formeln elegant umgehen, und uns nur deren philosophischen Interpretation vorsichtig nähern. Denn all die großen Fragen finden neuen Zündstoff, ausgerechnet durch jene Wissenschaft, die mit den meisten Regeln und Gesetzen aufzuwarten hat - der Physik.

Der Ausweg führt durch die Tür. Warum benutzt niemand die Tür?
Konfuzius

Was hier im letzten Jahrhundert erfahren und erforscht wurde, bringt das deterministisch dreidimensionale Weltbild gewaltig ins Wanken. Das Faszinierende an der neuen Physik besteht in ihrer zusammenführenden Wirkung: Während seit über 300 Jahren Körper, Geist und Seele streng getrennt, Ratio und Intuition nicht mehr kompatibel sind, weisen die neuesten wissenschaftlichen Erkenntnisse auf erstaunliches hin. Religion und Wissenschaft können sich wieder in die Augen sehen, wenn auch in etwas anderer Form, als im Mittelalter gedacht (und vom Papst erhofft).

Es hat sich eine echte Möbiusschleife entwickelt, die die ältesten Traditionen der Menschheit mit der vordersten Front der Wissenschaft verbindet. Hier, am äußersten und merkwürdigsten Zipfel der Forschung, kommen alle Themengebiete wieder zusammen, es läßt sich also jede Menge lernen. Nicht umsonst interessieren sich praktische Physiker zunehmend für östliche Weisheitslehren. Hier stellt sich sogar die Frage, ob es Gott gibt, oder nicht. Bisher wurde allerdings kein abschließendes Ergebnis erzielt.

WO LÄUFT´S

In diesem Kapitel wollen wir uns ansehen, wo und teilweise auch schon wie Wahrnehmung und darauf resultierende Realitäten entstehen. Denn die Wissenschaft hat in den letzten 20 Jahren mehr über das *Gehirn* und seine Arbeitsweise gelernt, als je zuvor. Für viele Prozesse, deren Ablauf uns vor Jahren noch schleierhaft war, haben wir heute zumindest ein Erklärungsmodell. Und so wird das Kapitel über Neurologie Ihr Selbstvertrauen gewaltig anheben - Sie werden sehen, wie luxuriös Ihr Gehirn tatsächlich ausgestattet ist. Und schlußendlich ist es die einzige Start- und Landebahn des Geistes, die wir haben.

WARUM LÄUFT´S?

Schief wäre ein Wort, das man noch einfügen könnte. Mit dem *warum* wenden wir uns dem *Geist*, dem Denken zu, was zwangsläufig nicht einfach ist. Wir beginnen - wo sonst - bei Freud, nehmen aber auch einige andere Theorien unter die Lupe. Vorab sei der Konstruktivismus genannt, die Quantenphysik der Philosophie. Von dort ist es nur noch ein kleiner Sprung zu den Buddhisten und Schamanen. Ein tiefer Einblick mit diversen Aha-Effekten wartet hier auf Sie.

Meine Damen und Herren, Sie müssen mir schon erlauben, daß ich klüger geworden bin
Konrad Adenauer

WIE LÄUFT´S BESSER?

Im *Praxisteil* werden wir uns traditionelle Methoden der Entspannung und des mentalen Trainings ansehen, aber auch Lernen und Kreativität deutlicher unter die Lupe nehmen. Dieser Teil ist vergleichsweise kurz, denn wenn man das *warum* kennt, ist das *wie* relativ einfach. Es gibt nur einige Techniken, die in jedem Kulturkreis gleich sind. Der Unterschied liegt in den Feinheiten und der ethischen Brille, durch die man sie betrachtet. Obwohl ganz einfach zu praktizieren, wartet doch Arbeit auf Sie.

WIE LÄUFT´S NOCH BESSER?

bringt uns zu den *virtuellen Vitaminen*: Methoden und Technologien, die dem neuen Wissen um Kopf und Körper direkt entsprechen. Und beide direkt ansprechen. Biofeedback und Mind Machines erwarten Sie hier.

WO LÄUFT´S DENN HIN?

oder worauf läuft´s hinaus. Ein (rein persönliches) Fazit des Buches. Es hat etwas von einem moralischen Zeigefinger, suchen Sie sich also raus, was Ihnen persönlich entspricht. Das gilt im Übrigen für das ganze Buch: Selber denken macht schlau.

Was läuft?

Die Realtiät

Realität: gemeinsprachl. die Welt der Gegenstände, Zustände und Ereignisse, die auch durch Handlungen von Menschen hergestellt bzw. konstituiert werden können; also das unabhängig von Wünschen und Vorstellungen Bestehende bzw. Wirkliche.

Meyers Lexikon weiß Bescheid - Realitäten können hergestellt werden. Von Menschen. Durch Erwartungen und Hoffnungen, Befürchtungen und Ängste. Woher kommen allerdings die unterschiedlichen Einschätzungen der Realität? Zwei Menschen werden vom selben Erlebnis immer unterschiedliche Berichte abgeben.

Wir wollen die Realität hier aus der Sicht der Quantenphysik, der Chaostheorie und der morphogenetischen Felder genauer unter die Lupe nehmen. Lassen Sie sich überraschen.

Was bisher geschah . . .

Am Anfang wurden Himmel und Erde geschaffen. Es herrschte Urvertrauen und Seligkeit. Naja, meistens. Auf jeden Fall war die Welt relativ einfach. Und flach. Nach anfänglichen Verwirrungen und Komplikationen - wie der Vertreibung aus dem Paradies - schob man die Verantwortung für Ernte und Jagderfolg auf die astralen Ebenen ab. Bald gab es für jedes Naturphänomen die entsprechende Gottheit. Bis die großen Fragen gestellt wurden, dauerte es eine ganze Weile. Und wir sprechen hier über einen Zeitraum von 100.000 Jahren.

NEUES VOM AUFRECHTEN GANG

Um ca. 600 v. Chr. explodierte plötzlich etwas: In China erschienen fast gleichzeitig *Lao Tse* und *Konfuzius* auf der Bühne der Evolution. Einen Subkontinent weiter wurde Siddhartha Gautama - *Buddha* - geboren. In Griechenland erschien mit *Thales* der erste milesische Naturphilosoph. Da in Milet die Handelsstraßen mit dem Osten endeten, waren die Menschen wohlhabend genug, sich mit dem ebenfalls importierten Wissen zu beschäftigen. Kurz darauf nannte sich *Pythagoras* als erster Philosoph (= *der die Wahrheit liebt*). Es folgte ein wahrer Wissensboom.

Kaum eine wichtige Frage, die damals nicht gestellt und mit den verfügbaren Möglichkeiten beantwortet worden wäre. Durch Beobachtung der Natur und mit den richtigen Fragen entdeckten diese frühen Genies vor über 2.000 Jahren schon einiges von dem, was heute noch unsere Welt wissenschaftlich zusammenhält. Obwohl sie viel zu sagen hatten, kennen wir Nicht-Philosophiestudenten von den genannten Griechen leider nur die mathematischen Sätze.

Wir überspringen (völlig unberechtigt) Plato, Heraklit, Demokrit, Sokrates, Aristoteles und landen in einem fast 1.000 Jahre großen wissenschaftlichen Loch. Das beginnende Christentum lieferte alle notwendigen Antworten und im alten Griechenland verschwanden die Naturwissenschaftler und Philosophen wieder in der Versenkung. Mit dem Brand der Bibliothek von Alexandria wurde Wissen im Okzident zur Mangelwahre. Christen- und Judentum stellten das eigenständige, individuelle Denken als die ursprüngliche Sünde dar.

Das Ergebnis: Stagnation.

Pythagoras bei der Arbeit

Eine ganze Zeit geschah in Europa (außerhalb einiger alchimistischer Enklaven) wissenschaftlich gesehen garnichts. Nach einigen Jahrhunderten waren Kirche und Wissenschaft nicht mehr zu trennen, nur in den Klöstern konnten die Menschen lesen und schreiben; alle *Im Namen der Rose*-Leser wissen, daß es bei den klösterlichen Schreibtätigkeiten mehr um Erhalt und Pflege alten Wissens ging, denn um die Entwicklung von wirklich Neuem. Im 9. Jahrhundert schrieb gar ein Bischof einem Kollegen, daß er in seinem Kloster wohl den klügsten Menschen der Welt beherberge: *Dieser könne lesen, ohne die Lippen zu bewegen oder gar laut mitzusprechen.*

RENAISSANCE...

Mit *Johannes Gutenberg* (Spitzname *Gensfleisch*) und seiner Entwicklung des Buchdrucks um 1440 änderte sich das, plötzlich bestand die Möglichkeit, Literatur in größeren Mengen zu produzieren, und - Angebot schafft Nachfrage - bald konnten zunehmend mehr Menschen lesen. Was bekanntlich bildet. Zahllose Horizonte wurden erweitert und zwangsläufig auf anderen Ebenen gedacht. Die zweite Welle des Wissens begann, ein massiver Shift in der Entwicklung. Das erste Werk, das in Masse gefertigt wurde, war natürlich die Bibel.

Das neue Medium war gerade mal hundert Jahre auf dem Markt, da kam der erste große Patzer. Der Mann, der durch seine Arbeit das Fundament der modernen Naturwissenschaft gelegt hatte, behauptete plötzlich, die Erde sei eventuell doch nicht der Mittelpunkt der Schöpfung. Empörend, denn im Mittelalter war ganz klar, daß die flache Erde im Raum schwebte, mit einem Himmelszelt um sie herum (und einer Hölle untendrunter). Zwar vermuteten schon in der Antike die Phytagoräer, daß die Erde eine Kugel sei und auch Copernicus war 50 Jahre vorher dieser Meinung. Der Gedanke war also so neu nicht. Aber nur wenigen Menschen bekannt.

Und dann dieser faux pas durch *Galileo Galilei* (1564-1642).

Geboren am Todestag von Michelangelo und im selben Jahr wie Shakespeare kam er dank revolutionär-neuem optischem HighTech - dem Fernrohr - auf ähnliche Ergebnisse wie Kopernikus. Doch dieser war schlauer gewesen: Er hatte seine Schriften erst kurz vor seinem Tod veröffentlicht. So erlebte er nicht mehr, wie die Kirche sein Werk 1616 auf den Index setzte. Galileo veröffentlichte zu Lebzeiten und erfrechte sich gar, seine Ergebnisse völlig unüblich nicht in Latein, sondern in allgemein verständlichem italienisch abzufassen. Noch schlauer: Der Text war in Dialogform abgefaßt, so daß Galilei nie selbst Partei ergreifen mußte, doch deutlich klar machte, was er wovon hielt. Kommunikativ clever und ein schwerer Schlag für das 1616 von Papst Pius V. proklamierte geozentrische Weltbild. Das konnte die Kirche dann so auch nicht durchgehen lassen. Galilei wurde nach Rom zitiert, mußte seinem ketzerischen Weltbild abschwören, drei Jahre lang

Galileo (oben) und Copernicus

einmal die Woche sieben Bußpsalmen predigen und wurde zudem zu lebenslangem Hausarrest verdonnert. Der fragliche Text stand bis 1838 auf der Liste der kirchlich verbotenen Schriften.

Doch Wissen ist ein Virus und immer mehr Normalsterbliche hielten sich an das Credo *sapere aude!* - wage zu denken. Die Wissenschaft, die seit den antiken Griechen in Europa geschlafen hatte, erwachte gut erholt zu neuem Leben - *Renaissance!*

Loyalität zu einer versteinerten Meinung hat noch nie eine Kette zerbrochen oder eine menschliche Seele befreit.
Mark Twain

Hier zeigt sich erstmals, daß große Entdeckungen immer schmerzvolle Auswirkungen haben, bedeuten sie doch die Aufgabe vertrauten Terrains. Wenn ein PARADIGMA fällt, wackelt das Weltbild. Das war gewöhnungsbedürftig, denn vor der Renaissance war die Welt sehr einfach zu erklären gewesen. Das Leben ging seinen von Gott gegebenen Weg, jeder Bauer wußte, was ihn nach seinem Tod erwartete. Alles war sicher. Und plötzlich ist die Erde nur ein weiterer, zudem runder Planet (das Wort kommt aus dem Griechischen und bedeutet *Wanderer*) und Gott daselbst nicht mehr zu lokalisieren - shit!

COGITO, ERGO SUM

René Descartes (1596-1650), ein katholischer Philosoph und Mathematiker, gab den Startschuß: Seiner Ansicht nach konnte der Geist durch zweifeln und die richtigen Fragen den Naturgesetzen auf die Spur kommen: *cogito, ergo sum* - ich denke, also bin ich.

Ganz nebenbei trennte er noch den Körper (*res extensa*) vom Geist (*res cogitans*) und die Logik von der Intuition - was sich später als fataler Fehler erweisen sollte, für den Anfang aber recht vielversprechend war. Das solchermaßen entstandene dreidimensionale Weltbild, fest vertäut an Rationalität und Linearität, katapultierte Europa innerhalb von nur 300 Jahren in die Postmoderne.

Mehr noch, mit Hilfe dieser Trennung hatte Descartes den Kunstgriff geschafft, die Wissenschaft zu etablieren, ohne der Kirche ins Revier zu pinkeln. Diese war nach wie vor für den irrationalen aber allesentscheidenden Bereich der Seele zuständig. Das war wirklich ungeheuer clever, denn so wurde die wissenschaftliche Forschung erstmals von Bevormundungen und Restriktionen der Mutter Kirche verschont. Was allerdings eher unbewußt geschah, wie gesagt, Descartes war streng katholisch.

Der Startschuß verhallte nicht ungehört und Hunderte von Forschern bliesen befreit zum Halali auf die Naturwissenschaften. *Neugier* wurde zur Tugend, Erde, Wasser, Feuer und Luft mußten unter diesem Ansturm ihre Geheimnisse preisgeben. Vor allem, da Descartes verkündet hatte, daß nur Menschen in den Genuß des Göttlichen kommen könnten. Tiere waren für ihn trotz ihrer Fähigkeit, Schmerzen zu fühlen, seelenlose Maschinen: *Wir haben uns so an die Überzeugung gewöhnt, die wilden Tiere fühlten genauso wie wir, daß es uns schwerfällt, von dieser Vorstellung loszukommen. Wären wir aber an den Anblick von Automaten gewöhnt, die, soweit sie dazu in der Lage sind, unsere Gewohnheiten perfekt nachahmen, und daran, sie nur als Automaten anzusehen, dann hätten wir nicht den geringsten Zweifel, daß die vernunftlosen Tiere Automaten sind.*

Mit diesem Freibrief bewaffnet gingen zahlreiche Hobbypathologen daran, sämtliche Arten von Tieren an Bretter zu nageln und bei lebendigem Leibe zu sezieren, um die Funktionen des Automaten Körper besser zu verstehen. Man mußte ja nicht befürchten, Gott irgendwie in die Quere zu kommen. Der einzige Unterschied zu den Pharmalabors unserer Zeit besteht darin, daß diese teurer sind, steriler, und daß mehr Geräte piepen.

Descartes´ Frömmigkeit zum Trotz war sein Ansatz für Gottes persönliche Repräsentanten auf Erden auf Dauer verhängnisvoll, mit dem Fortschreiten der Wissenschaft verlor Rom zunehmend an Boden. Und mußte schlußendlich 300 Jahre später zugeben, daß Galilei doch recht gehabt hatte.

DER APFEL DER ERKENNTNIS

Kurz nachdem dieser per Inquisition massiv ausgebremst worden war, erblickte *Isaac Newton* (1642-1727) - damals noch nicht Sir - im vergleichsweise moderaten Britannien das Licht der Welt. Er wurde in direkter wissenschaftlicher Linie von Galilei und Descartes zum Hohepriester des mechanistischen Zeitalters - und entdeckte der Legende nach die Gesetze der Gravitation aufgrund einer unsanften Begegnung mit einem Apfel. *Konnte die Anziehungskraft der Erde, die den Apfel auf sein sinnend Haupt gelenkt hatte, auch den Mond beeinflussen? Waren dies die Kräfte, die die Planeten in ihren Bahnen hielten?* Es waren Fragen dieser Art, mit denen er die logischen Lehrsätze und eine Methodenlehre entwickelte, auf denen seither die Wissenschaft fußt.

Newton war schlichtweg genial und trat bereits mit 26 seine Mathematikprofessur in Cambridge an. Er beschäftigte sich neben Physik und Mathematik auch mit Jura, Theologie und Geschichte, las okkulte und alchimistische Literatur und war sehr verschwiegen, wenn es um das vorzeitige Ausplaudern seiner Erkenntnisse ging. Privat war er nicht unbedingt der Mensch, von dem man fraglos einen Gebrauchtwagen gekauft hätte, er galt als privat eher harsch. Sein Konkurrent *Leibnitz*, übrigens bekannt als der letzte Mensch, der das gesamte Wissen seiner Generation vereinte, bekam dies am eigenen Leib zu spüren.

Newton: So gut können Genies aussehen

WARUM?

In Newtons Arbeit stand *Beweisbarkeit* an oberster Stelle, Versuche mußten jederzeit unter den selben Umständen die gleichen Ergebnisse bringen. Dieser Grundstock der Kausalität galt schon bei Aristoteles, Newton entwikkelte das dazugehörige Instrumentarium, die Methodik.

Unter KAUSALITÄT versteht man den logischen Ablauf von Ereignissen in Zeit und Raum. Wenn Sie den Lichtschalter umlegen, geht das Licht an. Der Grund (*causa*) für das Aufleuchten der Deckenlampe ist allein in Ihrer Handlung zu finden. Ohne Kausalität geht das Licht schon an, bevor Sie den Lichtschalter berührt haben.

Die METHODIK ist ein unglaublich wichtiges wissenschaftliches Instrument, mit dem jeder Student zu kämpfen hat. Im Großen und Ganzen geht es um die Exaktheit, mit der Versuchsanordnungen aufgebaut oder Statistiken interpretiert werden. Für mich das schlimmste Fach überhaupt, bildet sie gleichwohl die Basis aller Forschung.

Newtons Maximen haben uns weit gebracht, genaugenommen bis zum Mond und (rein optisch) über die Grenzen unserer Galaxis hinaus. Auf Newtons Grab in der Westminster Abbey steht zu lesen: *Hier ruht, was an Isaac Newton sterblich war.*

Forschung in angewandter Wissenschaft führt zu Reformen, Forschung in reiner Wissenschaft führt zu Revolutionen.
J.J. Thomson

Genie oder nicht, auch Newtons Erkenntnisse mußten sich den Weg zur Anerkennung erst freikämpfen - seine Thesen kollidierten mit denen des Aristoteles, der in der damaligen Zeit immer noch uneingeschränkte Gültigkeit hatte. Doch Qualität setzt sich durch und für den Geist, den Newton gerufen hatte, wurde die Welt transparent, jedes kleinste Insekt gehörte bald völlig ungefragt zu einer bestimmten Familie, alles folgte festgelegten Naturgesetzen. Das Universum war zu einem großen Mechanismus, einer Maschine geworden, die sich in Formeln und Zahlen ausdrücken ließ. Wenn auch manches nicht leicht zu akzeptieren war und Darwin sich mit seiner Evolutionstheorie nicht unbedingt beliebt machte, es wurde weiter geforscht. Eine unglaubliche Fülle an Entdeckungen, Erkenntnissen und Entwicklungen war die Folge: Der Mensch machte sich die Erde untertan*.

* Die Auswirkungen waren auch politischer Natur. Wo göttliche Fügung verschwindet, entsteht ein politisches Vakuum - in dem das feudale Gesellschaftssystem implodierte: Den unteren Schichten bisher als gottgewollt verkauft, entbehrte es plötzlich jeder Grundlage. Mit dem Ergebnis, daß sich 1776 Amerika vom englischen König und 1789 die französische Revolution den lokalen Adel reihenweise vom aufgeblasenen Kopf trennte.

DER DÄMON

All diese wundervollen Entdeckungen inspirierten den Marquis de Laplace zu der Vermutung, daß ein Wesen, das alle Anfangsbedingungen des Universum vor Augen hätte, dessen Weiterentwicklung vorhersagen könne. Dieser Laplace´sche Dämon ist die Speerspitze der Kausalität. Im 19. Jahrhundert waren die meisten Wissenschaftler davon überzeugt, daß es keine 100 Jahre mehr dauern würde, bis sie dem letzten Geheimnis der Erde inklusive des Menschen auf die wissenschaftliche Spur gekommen wären.

Wirklich wahr.

Auf den Fußspuren der Natur

Kurz & Knapp:
- Wo zuviele Antworten sind, gibt es keine Fragen
- Darauf gibt es nur eine Antwort: Neugier
- Es gibt keine Antworten, nur Modelle

Quantendämmerung

Das logisch-lineare Weltbild bekam die ersten Kratzer Anfang des 20. Jahrhunderts. Der Deutsche *Heinrich Hertz* entwickelte über seine Forschung mit *elektromagnetischen Feldern* 1888 ein neues physikalisches System, das nicht mehr nur *Teilchen* - also Materie - sondern auch immaterielle *Wellen* zuließ. Das war neu. Damit begann nicht nur eine neue Ära der Naturwissenschaft, er legte auch gleich die Grundlagen für die moderne Telekommunikation. Ihm zu Ehren wird die Wellenzahl einer Schwingung pro Sekunde - wie Licht oder Ton - mit HERTZ *(Hz)* bezeichnet.

Doch was vorher zum Greifen nah gewesen war - der komplette Katalog der Schöpfung samt Inhaltsverzeichnis, cross-links und Register - entglitt den verzweifelten Händen der entsetzten Wissenschaft.

WENDEZEIT

Mit den Entdeckungen der QUANTEN im Jahr 1900 durch *Max Planck* (1858-1947) ging ein weiteres Weltbild in die Brüche. Darauf kommen wir noch. Fünf Jahre später entdeckte ein Angestellter des Patentamtes in Zürich, *Albert Einstein* (1879-1955) mit Namen, die RELATIVITÄT von Zeit und Raum.

Wenn wir sagen, etwas ist relativ, dann meinen wir damit, daß dieser Faktor eng mit den Kofaktoren seiner Umgebung zusammenhängt. Wenn Sie die rechte Hand in kaltes und die linke Hand in heißes Wasser, und dannach beide Hände in lauwarmes Wasser halten, werden Sie unterschiedliche Temperaturen rechts und links fühlen. Alles ist relativ.

Dieser Versuch ist jederzeit und überall nach Newtons wissenschaftlichen Maximen mit den selben Effekten wiederholbar. Die direkten Auswirkungen der Relativität gelten allerdings auch für Newtons Kausalität - es gibt jenseits der Relativitätstheorie wenig objektive Forschung!

Einstein erklärte das mit Hilfe von Straßenbahnen, Aufzügen im Weltraum und der Geschwindigkeit des Lichts, aber für den Normalsterblichen bedeutete das in etwa folgendes: Zwar waren 60 Minuten immer noch 3.600 Sekunden, aber diese durften jetzt (wissenschaftlich verifiziert) von jedem unterschiedlich lang emp-

Max Planck (oben) und Albert Einstein

funden werden - abhängig vom Standort und der Geschwindigkeit des Menschen. Zeit existiert nach der Relativitätstheorie nicht unabhängig vom Raum - daher sprechen wir seit Einstein vom RAUM-ZEIT-KONTINUUM. Für die Philosophen keine große Überraschung, aber für die Wissenschaftler damals und uns Normalsterbliche heute schwer zu schlucken.

ANGEWANDTE KREATIVITÄT

Einsteins großer Wurf, die spezielle RELATIVITÄTSTHEORIE von 1905, war genial auf mehreren Ebenen. Zum einen konnte sich vor Einstein niemand vorstellen, warum sich Geschwindigkeiten zweier Objekte (zwei entgegenkommende Autos auf der Straße) zwar addieren lassen, die Lichtgeschwindigkeit das aber nicht mit sich machen läßt. Egal, wie schnell Sie fahren, das Licht kommt Ihnen (im Vakuum) immer mit 300.000 Sekundenkilometern entgegen.

Einstein suchte nun nicht wie seine Vorgänger nach komplizierten Krükken und Konstrukten, sondern nahm die Tatsachen als gegeben hin und entwickelte seine eigenen Erkenntnisse. Vor Einstein waren die Physiker häufig damit beschäftigt, den *ÄTHER*, die angenommene Trägersubstanz des Lichts zu bewiesen und zu erhalten - er paßte halt so schön ins Konzept. Der vernünftige Physiker brauchte diese Substanz, um seine Theorien zu bestätigen. Dieses Bedürfnis nach einer Trägersubstanz warf nicht nur die Frage auf, wie die Erde als Planet durch den Äther schwimmt (was nicht zu beweisen war), sondern verstellte auch den Blick für andere Möglichkeiten. Die Theorie war nicht einmal sonderlich logisch, dazu warf sie zu viele mathematische Probleme auf. Aber wer weiß, vielleicht kommt sie ja wieder.

Zu jeder Zeit liegen große Wahrheiten in der Luft. Sie bilden die geistige Atmosphäre eines Jahrhunderts.
M. Ebner Eschenbach

Einstein jedenfalls kümmerte sich nicht um die Bedürfnisse der Physik sondern suchte nach Lösungen. Nachdem er die offensichtlichen Umstände akzeptiert hatte, war vom Äther bald nicht mehr viel übrig. Erst sein Ansatz gab Einstein die Möglichkeit, eine potentielle Lösung überhaupt zu sehen. Wie im wahren Leben. Ein weiteres Novum lag in der wissenschaftlichen Vorgehensweise Einsteins - er entwickelte ein System, das er *Gedankenexperiment* nannte. Auch darauf kommen wir noch.

Nachdem Einstein nun einige heilige Kühe geschlachtet hatte, indirekt durch die Entdeckung der Materie-Energie-Verwandtschaft die Atombombe möglich gemacht und in sympathisch-zurückhaltender Art seine Erkenntnisse publik gemacht hatte, blieb ihm doch ein Sorgenkind, bei dessen Entstehung er selbst als Geburtshelfer mitgewirkt hatte - die QUANTENPHYSIK.

ES WERDE LICHT

Das klassische Problem, das die neue Physik aufwarf, ist der WELLE-TEILCHEN-DUALISMUS. Im Lauf der Jahrhunderte hatte das Licht aus struktureller Sicht eine wilde Zeit hinter sich. Bereits Galilei hatte Versuche zur Geschwindigkeit des Lichtes gemacht und in einem Jahrhundert ging man davon aus, daß das Licht in seiner absoluten Grundstruktur aus Teilchen besteht (Newton war zum Beispiel dieser Meinung), im nächsten Jahrhundert bestand das Licht nicht aus Materie, sondern aus Wellen. Einstein bewies dessen Partikelstruktur, wohl wissend, daß einige Jahrzehnte zuvor *Thomas Young* die Wellenstruktur des Lichtes ebenfalls bewiesen hatte. Hier nun beginnt der Abgesang des newtonschen Weltbildes.

Der Begriff der QUANTEN - die man sich als kleinstmögliche Energiepakete einer bestimmten Art vorstellen kann - stammt wie gesagt, von Max Planck. Für das Licht heißen diese Kleinstpakete PHOTONEN. In unserem Jahrhundert entstanden endlich die Apparaturen, mit denen die Frage der Beschaffenheit des Lichts durch raffinierte Versuchsanordnungen final gelöst werden konnte.

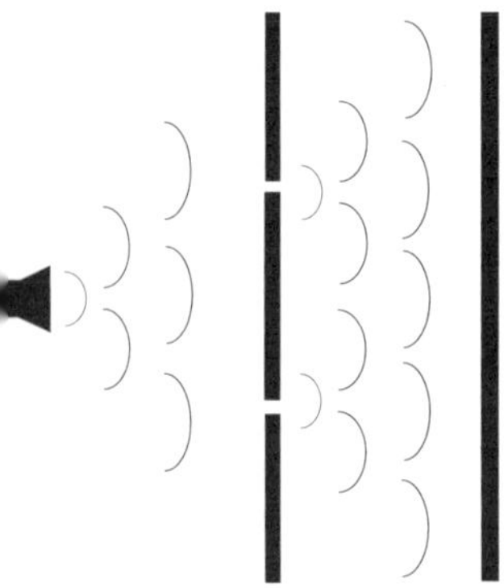

Der legendäre Versuch ist bekannt unter dem Namen DOPPELSPALTEXPERIMENT und im Prinzip ganz einfach: Er besteht am Ende aus einer Art Fotoplatte, die das Licht abbildet und in der Mitte aus einem Schirm mit zwei schmalen Schlitzen, durch die das Licht fällt. Am Anfang steht eine etwas komplizierte Lichtquelle, die Photonen abgibt (*emittiert*). Nach dem Weltbild der damaligen wissenschaftlichen Gemeinde war ganz klar, was nun passieren mußte: auf der Platte, dem Detektor, sollten Punkte belichtet werden, die im großen und ganzen die zwei Schlitze des Schirms abbilden und damit zeigen sollten, daß das einzelne Photon entweder durch Schlitz A oder Schlitz B gekommen waren. Unglücklicherweise entstand ein Muster (siehe rechts), das nur Sinn macht, wenn man von einer Wellenform der Photonen ausging - sogar das einzeln abgeschickte Photon durchquerte grundsätzlich beide Schlitze. Und, siehe da, es ward Licht.

NUR IN DEINEM KOPF

Das Photon war sowohl Welle, als auch Teilchen. Denn wurde die Versuchsanordnung verändert und ein Schlitz abgedeckt, kehrte das Photon ganz brav in seinen Teilchenzustand zurück. Damit war das Ergebnis nicht zuletzt abhängig von der Erwartungshaltung des Versuchsleiters.

An diesem Punkt lehnen Sie sich am besten kurz zurück und holen dreimal tief Luft, denn hier ist vielleicht die wichtigste Aussage dieses Buches: *Das Ergebnis ist abhängig vom Beobachter.* Wir werden das später noch gebührend ausschlachten.

John von Neumann, der berühmte Mathematiker und Mitinitiator des modernen Computers, erklärt das so: *Ein Elektron durchläuft die Versuchsanordnung und wird von einem Detektor registriert. Der Detektor wirft ein Bild auf die Netzhaut des Betrachters, die den Reiz über die Sehnerven an die Sehhirnrinde des Gehirns weitergibt. Sowohl die technischen Gerätschaften, als auch Auge und Gehirn müssen als physikalische Begebenheiten gesehen werden und sind damit Teil der Versuchsanordnung. Es gibt nur einen Punkt, der etwas außergewöhnlich ist, und der findet sich im Bewußtsein des Betrachters.*

Das ist der Moment, wenn aus der Welle ein Teilchen wird. Und umgekehrt. Mathematisch gesehen überhaupt kein Problem.

Der Beobachter greift durch die Beobachtung in das System ein, das, wie wir seit 300 Jahren wissen, von ihm völlig getrennt funktionieren sollte. Seit Aristoteles und besonders Newton ging man von dieser Tatsache aus. Mit Erfolg, denn die gesamte industrielle Revolution wurde dadurch erst möglich. Diese Sicherheit löste sich nun auf, anders gesagt: so etwas hatte es in der Wissenschaft noch nie gegeben.

ATOMOS

Schon ca. 400 Jahre vor Christus ging *Demokrit* davon aus, daß alle Materie aus winzig kleinen, unteilbaren Teilchen bestehen müßte und entwickelte die Idee der Atome - atomos = unteilbar. Diese Theorie bestätigte sich, wie wir in endlosen Schulstunden gelernt haben, auch in der Neuzeit, obwohl es sich nach wie vor nur um eine THEORIE handelt, eine Methode, die aufmüpfige Realität da draußen besser abzubilden.

Im 20. Jahrhundert aber entdeckte die Forschung, daß die Atome garnicht so atomos sind, sondern aus noch kleineren Teilchen aufgebaut sind: einem ATOMKERN und Teilchen, die um ihn herum kreisen wie Planeten um die Sonne (oder, zeitgemäßer, um den Kern in sogenannten SCHALEN liegen) und sich verhalten, als hätten sie einen eigenen Kopf.

Man kennt sie als Elektronen, Neutronen, Protonen und viele andere mehr, Tendenz steigend. Inzwischen weiß man, daß nicht einmal die Atomkerne als Einheit gesehen werden können, sie bestehen vielmehr aus *Quarks*. Interessanter Punkt: je kleiner die Teilchen, um so größer die Energie, die sie zusammenhält (Daher: Atombombe). Bisher ist noch keine wissenschaftliche Apparatur in der Lage, die Menge an Energie zur Verfügung zu stellen, die nötig wäre, um die Quarks zu zerstückeln.

Die winzigen Teilchen, die dabei das Konglomerat des Atomkerns umkreisen, lassen sich nur über Wahrscheinlichkeiten definieren. Niemand hat bisher (1999) einem Elektron oder Neutron von Angesicht zu Angesicht gegenübergestanden, kein Mikroskop ist fein genug, sie zu zeigen - obwohl es inzwischen immerhin Fotos von Atomen gibt. Wir können nur sagen, daß sie existieren, weil sie Spuren hinterlassen - allein diese sind meßbar. Das Elektron ist also potentiell überall. Die Folge ist eine gewisse Vorsicht: Man spricht in der neuen Physik nicht mehr von Fakten, sondern von WAHRSCHEINLICHKEITEN.

Die Photonen sind es in diesem Fall, die dem klassischen Newtonschen Weltbild jede Menge Ärger bereiten. Ein Stoff ist entweder fest, flüssig oder gasförmig. Sollte er zumindest sein. Dieses *Oder* läßt sich nicht durch ein beruhigendes *Und* ersetzen. Das ist so, das haben wir so gelernt und nichts kann zwei Dinge gleichzeitig sein. Ganz anders die Quanten. Photonen sind Welle und Teilchen. Aber abhängig von der Erwartungshaltung des Beobachters?

Schlimmer noch, das Doppelspaltexperiment wurde inzwischen auch schon mit Elektronen gemacht, die den Vorteil haben, deutlich langsamer als mit Lichtgeschwindigkeit durch die Versuchsanordnung zu gehen. Das Ergebnis war das Selbe. Anfang der Neunziger entdeckte man dieses Verhalten sogar bei Atomen, den letzten bisher greifbaren Einheiten der Materie - sogar Atome reisen ab und an als Welle und kommen als Teilchen an, wie *John Gribbin* so schön formuliert. Vielleicht ein guter Zeitpunkt, Sie daran zu erinnern, daß wir alle (also wir *Materie*) aus Atomen bestehen. Vielleicht aber auch nicht.

Einmal soweit gekommen, gehen uns radikal die Kausalzusammenhänge aus. Die Welle zeigt nur die Wahrscheinlichkeit auf, an welcher Stelle sich das Teilchen eventuell befinden könnte. Das Teilchen selbst entsteht erst durch die Beobachtung, die Erwartungshaltung eines Versuchsleiters/Menschen. Das sind ungewohnte Probleme für rational-geschulte Wissenschaftler. Aber die Quantenphysiker waren motiviert und nahmen die entstandenen Paradoxien mit Kompetenz und Humor.

Kurz & Knapp:
- Es gibt ein wissenschaftliches sowohl - als auch
- Die Einstellung des Beobachters ist entscheidend
- Geniale Antworten entstehen durch ungewöhnliche Fragen

Humor als wissenschaftliche Vorgehensweise

Da wir uns im Bereich der theoretischen Physik befinden, hatten die wahren Vordenker der Quantenphysik wenig Erfahrung mit richtigen physikalischen Apparaturen, soweit diese überhaupt schon entwickelt waren. In bestimmten Physikerkreisen wurde die Qualität eines Kollegen daher nicht an seinen Praxisstunden und Ergebnissen im Labor beurteilt, sondern an der Zeitdauer, die er benötigte, um ein Experiment durch seine pure Anwesenheit zum Scheitern zu bringen. Wolfgang Pauli war in dieser Hinsicht der hervorragendste unter den Theoretikern. Sobald er auch nur in der Nähe war, zerlegten sich ganze Labors von selbst. Am bekanntesten ist die Explosion einer Vakuumanlage in Göttingen, genau und ohne Zweifel zu dem Zeitpunkt, an dem Paulis Zug in den örtlichen Bahnhof einfuhr. Dies wurde bekannt als der Pauli-Effekt, nicht zu verwechseln mit dem Pauli-Prinzip, das sich mit der möglichen Anzahl der Elektronen in einer Schale beschäftigt.
Sie sehen, die Quantenphysiker trugen ihr Schicksal mit Humor.

Ja? Nein? - Vielleicht!

Die gefundenen Paradoxien galt es zu erklären - keine leichte Aufgabe, denn eine finale Antwort kann und konnte es nicht geben. Außer einem *Ja* und einem *Nein* enthält das Universum auch ein *Vielleicht.* Alle Antworten waren zwangsläufig als *Modelle* zu verstehen, gültig bis zur Verifikation oder Falsifikation. Sie funktionieren mathematisch genauso exakt wie im Labor, auch wenn sie sich manchmal komplett widersprechen. Für Physik geht es auf jeden Fall seltsam metaphysisch zu. So entstanden unterschiedliche Interpretationen der mathematischen Gleichungen, von denen wir drei hier näher betrachten wollen.

- Die KOPENHAGENER INTERPRETATION stammt von dem Dänen *Niels Bohr* (1885-1962), dem vielleicht einflußreichsten Wissenschaftler dieses Jahrhunderts. Ein Grundstein dieser Theorie war die UNSCHÄRFERELATION seines Schülers und Assistenten *Werner Heisenberg* (1901-1976). Das Unschärfeprinzip, wie es auch genannt wird, sagt aus, daß wir von einem Teilchen niemals gleichzeitig zwei zusammenhängende Faktoren wie Ort und Impuls, oder rechter/linker Spin und auf/ab-Spin messen können. Allein durch die Messung verändern wir die Daten. Damit bricht die Kausalität komplett weg.
Dieses Problem wird in der Quantenmechanik mathematisch durch den Zusammenbruch des Zustandsvektors zum Ausdruck gebracht. Bohr versucht das Problem mit der Vermutung zu erklären, daß der Zustandsvektor nur in unseren Gedanken zusammenbricht. Man kann Bohr im Makrokosmos durchaus dahingehend interpretieren, daß wir die Welt nur nach unseren eigenen Modellen schaffen.

- Das GRAHAM-EVERETT-WHEELER MODELL, Zitat Wilson, *kommt aus der Science Fiction, und einige Physiker sind der Ansicht, daß man es dort auch hätte lassen sollen.* Aber die These ist logisch und bietet immerhin ein weiteres Erklärungsmodell. Kurz gesagt besagt sie, daß eine in die Luft geworfene Münze grundsätzlich auf beiden möglichen Seiten landet, allerdings in zwei verschiedenen Universen. Jedes Mal, wenn eine Wahrscheinlichkeit ins Haus steht, die Realität vor einem *Bifurkationspunkt,* also zwei Möglichkeiten steht, passieren alle möglichen Möglichkeiten -

und jedesmal teilt sich die Realität in neue Universen auf. Wir selbst sehen nur das eine Ergebnis (Zahl liegt oben), weil wir uns nur in diesem Universum befinden. Im Universum nebenan stehen Sie und ich und betrachten uns das andere Ergebnis (Kopf liegt oben). *John Archibald Wheeler* hat sich kurz nach Veröffentlichung dieser Theorie von ihr abgewandt, hält dieses Modell inzwischen aber grundsätzlich wieder für möglich.

- Die THEORIE DER VERBORGENEN VARIABLEN stammt von *Albert Einstein*, auch wenn er sie nie so explizit formulierte. Einstein war nicht sonderlich glücklich über die Ergebnisse der Quantenphysik, was in dem Ausspruch *Gott würfelt nicht mit dem Universum* zum Ausdruck kam. Die verborgene Variable steht für eine mögliche Ebene unterhalb (oder oberhalb) der Quantenrealität, die in sich selbst wieder logisch ist und dem rationalen Weltbild mehr entspricht. Diese SUBQUANTENEBENE ist für das anarchistische Verhalten der Teilchen verantwortlich, für die Wissenschaft aber noch nicht erkennbar. In ihr würden sich Quanten wieder so verhalten, wie es wissenschaftlich wünschenswert ist*.
So umging Einstein das Problem der Wahrscheinlichkeiten, ohne die wahrscheinlichkeitstheoretische Interpretation der Quantenmechanik anzugreifen. In den Makrokosmos übertragen, installiert diese Theorie eine externe Instanz, die den Überblick über die Realität behält. Man könnte sie auch Gott nennen. Diese Theorie wurde auch als EINSTEIN-ROSEN-PODOLSKY (ERP)-EFFEKT bekannt.

Von diesen drei Modellen liest sich also eines spirituell im Sinne des Buddhismus, eines wie Science Fiction und eines spirituell im Sinne eines potentiell existenten, wie auch immer gearteten Gottes.

Was sich in der Theorie so diffus und noethisch anläßt, bildet im alltäglichen Leben die technische Grundlage von Fax, Fernsehen und Computer. Es gibt im Labor sogar schon Chips, die riesige Datenmengen aufgrund von Quanteneigenschaften speichern und verarbeiten können. Die Quantenmechanik ist genauso richtig und wichtig, wie die Newtonschen Gesetze, nach denen das Kurvenverhalten unserer Autos berechnet wird. Beide Systeme widersprechen einander, und bilden doch in der Kombination die Grundlage unserer modernen Zivilisation.

Vielleicht sollten wir lernen, mit Widersprüchen zu leben.

Kurz & Knapp:
- Bohr: Möglicherweise findet die Welt nur in unserem Kopf statt
- Wheeler & Co: Möglicherweise geschieht alles
- ERP: Möglicherweise gibt es eine verborgene Ebene

* Und vielleicht hat er ja Recht. Wie Rudy Rucker in der *Wunderwelt der 4. Dimension* beschreibt, erleben zweidimensionale Wesen, die auf der Oberfläche eines Sees leben, Ihren badenden Oberschenkel nur als Kreis. Der ganze Rest bleibt in der 3. Dimension verborgen. Da bietet eine vierte Raumdimension noch jede Menge Platz.

Noch mehr Scherereien

Lassen Sie uns etwas tiefer ins Detail gehen. Wie Sie wahrscheinlich bereits befürchten, gibt es in der Quantenmechanik noch mehr Ungereimtheiten, denn in den Weiterentwicklungen des Doppelspaltexperimentes hat sich gezeigt, daß Photonen an jedem beliebigen Punkt auf ihrem Weg durch den Versuchsablauf irgendwie immer herausbekommen, wie die weitere Versuchsanordnung aufgebaut ist. Und sie verhalten sich schon vorab genau so, wie es von ihnen erwartet wird - sie denken nicht nur weiter, sondern buchstäblich um die Ecke.

DETERMINISMUS - ?

Ein Beispiel basiert auf Heisenbergs UNSCHÄRFEPRINZIP: Wir wissen, daß Elementarteilchen bestimmte Drehrichtungen, SPINS haben: rechts, links, up (aufwärts), down (abwärts). Laut Heisenberg wissen wir nie gleichzeitig, ob ein Photon einen Up- und gleichzeitig einen Rechts-Spin hat. Sobald wir uns des einen Spins hundertprozentig sicher sind, können wir über den anderen absolut nichts mehr sagen. Hat der Rechts-Spin eine Wahrscheinlichkeit von 80% läßt sich up/down nur noch mit 20prozentiger Wahrscheinlichkeit prognostizieren.

Das hat einen einfachen Grund: wir sprechen hier von winzigen Etwassen. Wenn Sie ein Teilchen vermessen wollen, kann dies nur mit Hilfe eines anderen Teilchens geschehen. Lassen Sie diese beiden aufeinander los, dann kollidieren sie wahrscheinlich tatsächlich, und Sie als Beobachter können den Ort ausmachen, an dem sich der gesuchte Übeltäter befindet. Aber in genau diesem Augenblick bewegt er sich auch schon wieder wei-

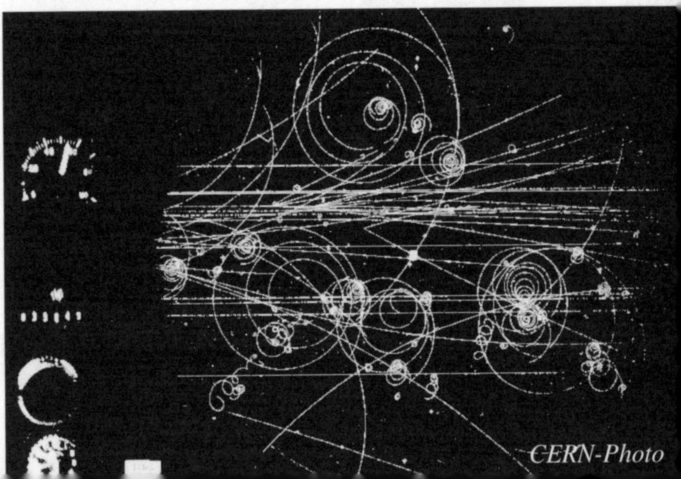
Quantenspuren in der Nebelkammer

CERN-Photo

ter. Die neue Spur läßt sich wahrscheinlich mathematisch verfolgen, aber der Impuls hat sich verändert. Die Sicherheit des einen Faktors wird mit der Unsicherheit des anderen erkauft. Das ist in etwa so, als würden Sie Ihr Gewicht dadurch verändern, daß Sie auf eine Waage steigen.

Diese Gesamtunsicherheit der Quantenphysik hat einen wirklich drolligen Nebeneffekt, die VON-NEUMANN´SCHE KATASTROPHE. Da wir uns nie sicher sein können, ob das Meßgerät wirklich richtig mißt, brauchen wir de facto einen Apparillo, der die Messung überwacht und die Einstellungen kontrolliert. Allerdings wissen wir auch vom Kontrollgerät nie sicher, ob es kontrolliert, was es kontrollieren soll. Also brauchen wir ein weiteres Überwachungsgerät ... In der Wissenschaft nennt sich dies INFINITER REGRESS, da die Kette nach hinten immer länger wird und gegen Unendlich tendiert.

UP AND DOWN

Da diese Praktik in den seltensten Fällen zum Einsatz kommt, muß sich die Forschung anders behelfen: Spins lassen sich mit Hilfe von Polarisationsfiltern messen, die nur jeweils eine Sorte von Quanten durchlassen. In einem Versuch wurden Elektronen mit einem (garantierten) Rechtsspin auf die Reise geschickt. Über eine Vertikalbox, in der ein entsprechender Filter eingebaut war, wurden diese Elektronen in up- und down-Spin getrennt. Am Ende ließ sich gemäß der Unschärferelation natürlich nur noch messen, welches Teilchen up und down war, nicht mehr, ob und welches Elektron einen Rechtsspin hatte.

Wenn man jedoch eine Apparatur in den Versuchsverlauf einbaute, die up und down nach erfolgter Messung wieder vereinigte, kamen am Ende des Versuchsablaufs wieder ausschließlich Rechts-Spins an. Die Elektronen verfielen also kurz in einen bekannten up/down-Zustand von unvorhersagbarem Rechts/Links-Spin, um nach der Vereinigung in ihren Anfangszustand zurückzuspringen. Das ist in etwa so, als würden sie dem Versuchsleiter zuzwinkern.

In einer dritten Variante wurden Elektronen mit garantiertem Rechts-Spin durch eine Vertikalbox geschickt, die sie in up- und down-Spin unterteilt. Blockierte man nun den Weg der up-Spins, erreichten am Ende nur down-Spins den Detektor. Mit diesem Verfahren gedachte man die Unschärferelation zu überlisten, denn nach den Ergebnissen des obigen Versuchs sollten nun eigentlich nur Rechts-down-Kombinationen den Detektor erreichen. Leider hielten die Elektronen nichts von dem genialen Plan. Der Spin war bei der Endmessung zu 50% Links und zu 50% Rechts. Man konnte also durch den Wegfall der up-Spins am Ende nicht nur den Rechts-/

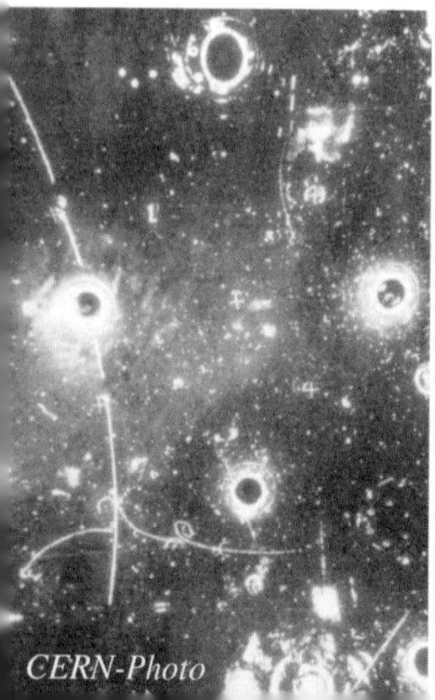

CERN-Photo

Nebelkammer, die zweite

Links-Spin feststellen, sondern auch die Auswirkungen der Messung beobachten - den Zusammenbruch des Zustandsvektors. Das entspräche dann wohl einem quantenphysikalisch-fröhlichen Winken.

BEAM ME UP, SCOTTY!

Ein weiterer, inzwischen legendärer Versuch, wurde bekannt als BELL'S THEOREM, ein Gedankenexperiment, das inzwischen schon häufiger experimentell verifiziert wurde. Der Physiker *John Bell* untersuchte theoretisch das Verhalten eines Quantensystems aus zwei Teilchen. Dazu verschränkte man zwei Elektronen, das heißt, man brachte sie gemeinsam in eine Versuchsanordnung und verpaßte ihnen einen gegensätzlichen Spin. Dann schickte man sie in unterschiedliche Richtungen ab. Änderte man nun den Spin des einen Teilchens, so änderte sich auch der Spin seines Kollegen. Gleichzeitig.

> **... ich denke, ich kann davon ausgehen, daß niemand die Quantenmechanik versteht.**
> *Richard Feynman*

Das ist natürlich fatal, denn es bedeutet, daß zwei Teilchen, die einmal miteinander in Wechselwirkung standen, permanent verbunden bleiben. Unabhängig von der Distanz. Nur zum Verständnis: Wir sprechen hier nicht nur, aber doch auch von Photonen. Diese kleinen Teufel sind manifestiertes Licht und haben eine Höchstgeschwindigkeit von 300.000 km pro Sekunde. Nach Einstein darf es im bekannten Universum nichts geben, was sich schneller als ein Photon bewegt. Wer also sagt den beiden, daß eine elegante Drehung jetzt angebracht wäre? Auf welcher Frequenz funken sie?

Zu esoterisch? Eben nicht, denn rechtzeitig zu Weihnachten ´97 ist dem Experimentalphysiker *Anton Zeilinger* und seinem Team in Innsbruck gelungen, was Gene Roddenberry (dessen Asche jetzt gemeinsam mit der von Tim Leary um die Erde kreist) nur entwickelt hatte, um teure Start- und Landeszenen in der Produktion von *Raumschiff Enterprise* zu vermeiden: Materie von Punkt A nach Punkt B zu teleportieren. Oder zu beamen*.

Im Innsbrucker Versuch arbeitet man mit zwei verschränkten Teilchen, nennen wir sie *Rot* und *Gelb*. Am Zielort befindet sich ein weiteres Teilchen - *Blau*. Das Beamen funktioniert dadurch, daß *Blau* die Identität von *Rot* annimmt. Man verschränkt quasi drei Teilchen miteinander und transportiert so Materie in Nullzeit über eine gewisse Distanz. Es wird allerdings noch eine Weile dauern, bis Sie und ich in den Genuß dieser Technik kom-

* Als Spielerei: Stellen Sie sich kurz vor, was passiert, wenn beamen tatsächlich en vogue ist und jeder sein eigenes kleines Gerät hat. Damit können Sie sowohl Eigentum, als auch Strafvollzug vergessen, denn jeder hat die Möglichkeit, sich überall hin zu beamen. Das wird eine echte Herausforderung.

men (und zu Fliegen mutieren) und über größere Entfernungen gebeamt werden können. Bisher beträgt die Distanz erst einen Meter, das nächste Ziel sind kleinere Objekte aus mehreren 1.000 Atomen auf größere Entfernungen.

ZUKUNFTSMUSIK

Und wo wir gerade bei der Nutzanwendung der Quantenphysik sind: Laut Einsteins Formel $E=mc^2$ ist der Austausch von Materie in Energie und umgekehrt mathematisch zulässig. Die erste praktische Umsetzung hat ihren Schaden bereits angerichtet, in Hiroshima und Nagasaki wurde sie mit ziemlich drastischen Auswirkungen praktiziert.

Nun sind die Physiker der umgekehrten Version und damit der Alchemie etwas näher gekommen: In Stanford, Kalifornien, hat eine Physikergruppe um *Adian Melissinos* im Projekt *E 144* zum ersten Mal aus Licht Materie geschaffen. Indem sie über einen 1.000 Milliarden Watt Laser (der in dem Zeitraum, in dem er angeschaltet war, genausoviel Strom verbraten hat, wie die gesamten USA zusammen) hochaktivierte Photonen produzierten und abschickten. Ihnen entgegen raste ein Strom von Elektronen, von denen einige mit Photonen kollidierten. Solchermaßen vor den Kopf gestoßen trudelten diese Photonen wieder zurück und prallten mit ihren Kollegen zusammen. Das Ergebnis dieser zweiten Photon-Photon-Kollision waren einige 100 Teilchenpaare bestehend aus Elektronen und Positronen (den Antimaterieteilchen der Elektronen). Die ersten praktischen Anwendungen werden in der Astronomie erwartet.

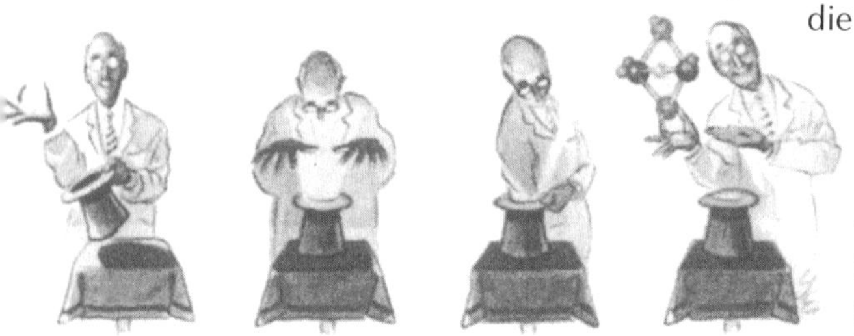

Oder: Zur Orientierung auf der Erde werden Autos zunehmend mit GPS, dem Global Positioning System ausgestattet. Eine Direktverbindung zwischen Ihrem Auto und einem Satelliten sorgt dafür, daß Sie immer genau wissen, wo und wann Sie rechts abbiegen müssen. Hier findet die Relativitätstheorie zum ersten Mal einen praktischen Einsatz: Da für Satelliten aufgrund der hohen Geschwindigkeit die Zeit schneller vergeht, wird dieser Faktor im System berücksichtigt. Ansonsten käme es zu fatalen Verschiebungen.

Einen noch, bevor es wieder theoretisch wird: *Carlo Rubbia*, der ehemalige Leiter des europäischen Kernforschungszentrums in Genf, hat ein neues System für Atomreaktoren vorgestellt, das ebenfalls über Teilchenbeschleuniger funktioniert. Das bisherige Problem der Betreiber ist dieses: Das spaltbare Material ist nicht sonderlich stabil und damit höllisch schwer zu kon-

trollieren. Kommt es zu einer Kettenreaktion wird Tschernobyl wieder aktiv. Rubbia hofft nun, mittels Dauerbeschuß mit einer Teilchenkanone stabiles Thorium in neues Uran-233 umzuwandeln. Die Munition besteht aus energiereichen Neutronen. Schaltet man den Teilchenbeschleuniger ab, stoppt die Umwandlung. So kann es nie zu einer Kettenreaktion kommen. Weiterer Vorteil: es entstehen keine hochradioaktiven Abfälle und die Radioaktivität der Abfallprodukte ist nach 500 Jahren kein Thema mehr und zum Bau von Atombomben schlichtweg nicht einsetzbar. Die wissenschaftliche Welt zögert, aber die Aussichten sind gut.

UND NUN?

Zurück aus der Zukunft zu Bell und seinen philosophischen Implikationen: Wenn die Urknalltheorie stimmt, alle Materie aus einer Quelle kommt, dann sind alle Teilchen im Universum die ganze Zeit und permanent miteinander über irgendwelche nebulösen Felder verbunden, die sich nicht von Raum und Zeit beeindrucken lassen. Es scheint etwas zu geben, das schneller ist als Licht; und es gibt Vermutungen, es könne Information sein*.

Das ist so neu nicht, auch der *Buddhismus* geht davon aus, das alles eins ist und die Welt und was wir im Allgemeinen als Realität bezeichnen, ein verträumter Tanz der Illusion. Die buddhistische Benennung lautet *Maya*.

Gleichzeitig ist alles, was existiert, miteinander verbunden. Ein Konzept der Buddhisten ist *Indras Netz*, ein Netz aus geschliffenen Diamanten, die sich gegenseitig wiederspiegeln. Jeder Diamant steht für ein Ereignis in der Raum-Zeit, alle sind voneinander abhängig und geschehen nur, weil alles andere geschieht Das entspricht einer esoterischen Seite der Quantenphysik. Gleichzeitig gibt es einen philosophischen Aspekt des Beobachtereffektes, der sich im *Konstruktivismus* wiederspiegelt. Zu beidem später mehr.

Ihre Theorie ist verrückt, junger Mann, aber nicht verrückt genug.
Niels Bohr

Manchmal hört man Quantenphysiker sagen, das Universum sei nichts anderes, als gefrorener Geist. Aber sie sagen auch, es gäbe keine Schwerkraft, sondern nur schlechte Angewohnheiten. Zumindest ich konnte mir diese Angewohnheit nicht abgewöhnen. Dennoch ist es Fakt, daß das Buch

* Wobei wir dazu die Quantenphysik nicht brauchen, denn wie wir aus der Erforschung der komplizierten Systeme der Großraumbüros wissen, gibt es zwei Dinge, die die Lichtgeschwindigkeit locker überschreiten:
Schlechte Nachrichten und Geheimnisse.

in Ihrer Hand, die Hand selbst, Sie und ich primär aus Wahrscheinlichkeitsfunktionen bestehen, die einen eigenen Kopf zu haben scheinen. Sie sehen, was wir Materie und Realität nennen, steht wissenschaftlich gesehen auf sehr wackeligen Beinen.

Werfen wir doch noch einen kurzen Blick auf den Aufbau der Materie: Stellen Sie sich einen Fußballplatz vor. Am einen Ende liegt ein Tennisball, am anderen ein Stecknadelkopf. Das sind die normalen Größenverhältnisse in einem Atom. Der Tennisball ist der Atomkern, der Stecknadelkopf ein kreisendes Elektron. Und der nächste Fußballplatz, also das nächste Atom, liegt 7.000 Kilometer weit entfernt (und dies ist nur eine Variation - die annehmbarere - die ich in der Literatur gefunden habe, andere arbeiten mit den Größenverhältnissen Erde -Tennisball). Das wirft unweigerlich die Frage auf, woraus der Mensch, das Universum und nicht zuletzt der Tennisball denn bitte bestehen.

Kurz & Knapp:
- Bell's Theorem 1: Möglicherweise ist alles miteinander verbunden
- Bell's Theorem 2: Es geht auch schneller als Lichtgeschwindigkeit
- Beamen, sicherer Atomstrom - spannend

WU LI

In Taiwan heißt Physik Wu Li. Da aber der Asiate eine sehr bildhafte Sprache hat, einzelne Silben durch andere Betonung oder einen anderen Kontext ganz neue Bedeutungen bekommen und alles sowieso viel komplizierter ist, hat Wu Li mehrere Interpretationsmöglichkeiten, die Gary Zukav in Die tanzenden Wu Li Meister wundervoll darstellt:

Wu Li - Strukturen organischer Energie
Wu Li - Mein Weg
Wu Li - Unsinn
Wu Li - Ich halte an meinen Vorstellungen fest
Wu Li - Erleuchtung

Hübsch, nicht?

Subjektive Quanten

Viele Fremdworte, viel Wissenschaft, etwas Mathematik. Warum das Ganze? In so einem Buch? *Was will uns der Autor damit sagen?* Nun, diverses. Neben humorvoller Brillianz und paradoxer Schönheit gibt es in der Quantenphysik einige Weisheiten abzugreifen, die sich problemlos auf den Alltag übertragen lassen:

MODELLE

Auf einer übergeordneten Ebene zeigt die Quantenphysik sehr deutlich, daß wir im Prinzip nichts über die Realität wissen - wir haben nur Vermutungen, die sich in Form von Modellen ausdrücken. Diese Modelle stülpen wir über die Realität, egal ob es ihr paßt, oder nicht.

... heute springt hier keiner mehr (von der Brücke), denn ich bin die Schwerkraft und ich mache jetzt Feierabend.
Samstag-Nacht-Show

Nach einiger Zeit sind diese Modelle so tief in unserem Denken verwurzelt, daß wir sie mit der Realität verwechseln. Entsprechend empört sind wir über Weiterentwicklungen und Folgemodelle. Doch die Zeit zwischen den Updates wird laut Jumping-Jesus-Factor immer kürzer, so daß die Inkubationszeit des Wissens, zumindest in der wissenschaftlichen Welt, ebenfalls immer kürzer wird. Ich glaube es war *Max Planck,* der sagte, daß ein neue wissenschaftliche Theorie sich erst durchsetzen kann, wenn die Vertreter des alten Paradigmas ausgestorben sind.

Was wir hier für die Forschung feststellen, gilt eins zu eins im Leben, in Ihrem und in meinem. Dies ist vielleicht die größte Erkenntnis, die sich aus der Quantenphysik ziehen läßt: In nahezu stoischer Arroganz neigen wir dazu, ab einem gewissen Alter und einer gewissen Erfahrung die Welt als so und nicht anders zu klassifizieren - nur in unserem Kopf. Aus wissenschaftlicher Sicht macht das nur so lange Sinn, bis diese Theorie - und um nichts anderes handelt es sich - von einer neuen Entdeckung *falsifiziert,* für ungültig bewiesen wird. Wenn Sie sich also Ihre ganz persönlichen Modelle genauer betrachten, könnte es sein, daß hier ein Update fällig wird - im eigenen Interesse.

Schritt zwei in der Erkenntnis, um mich hier gleich wieder zu bremsen: Auch wenn es mit dem heutigen Wissenstand sehr einfach ist, alte Forschungswege zu verurteilen und dem Entwickler Engstirnigkeit vorzuwerfen, hat auch er nur im Rahmen seiner Möglichkeiten und auf dem Stand seiner Zeit gehandelt, meistens mit dem Ergebnis, daß er den Grundstein für eine Weiterentwicklung erst gelegt hat. Das gilt auch für Ihren Nachbarn, Chef, Ehegatten - und wenn sie noch so viel Blödsinn machen. Diese Erkenntnis kann uns und anderen viele unnötige Diskussionen ersparen.

KONJUNK-TIEFE

Im direkten Zusammenhang wird es noch interessanter: Stellen Sie sich nur mal ganz kurz vor, was passieren würde, wenn die Gesetze der Quantenmechanik auch für den Makrokosmos gültig wären. Nun gut, das sind einige Konjunktive, versuchen wir es trotzdem. An allererster Stelle steht der Beobachter-Effekt. Die klassische Frage *Erzeugt ein umfallender Baum im Wald ein Geräusch, wenn keiner zuhört*, ist noch immer ungeklärt.

Nach der (philosophisch interpretierten) Kopenhagener Interpretation geschieht alles, was um Sie herum passiert, nur aufgrund Ihrer Erwartungshaltung und Wahrnehmung - also nur, weil Sie jetzt in diesem Moment, an dieser Stelle und bei diesem Gedanken sind. Obwohl wir später auf die philosophischen und psychologischen Varianten dieser These eingehen werden, ist das, zumindest so knapp serviert, wahrscheinlich doch etwas heftig. Wer will schon die Verantwortung für den Balkan übernehmen.

Grenzen wir also das Gebiet auf Ihre direkte Umgebung ein. Und meine, und die unserer Eltern, PartnerIn, Chefs. Ein interessanter Ansatz, nicht? Da ich in diesen Modellen denke, finde ich natürlich auch immer wieder den Beweis dafür. Wenn ich also schlecht drauf bin, kommt häufig ein Anruf, der mich noch mehr nervt. Das allerdings bekomme ich selten mit, denn in eben diesem Zustand fehlen mir Überblick und Distanz. Habe ich dagegen morgens beim Laufen beschlossen, daß dies ein guter und erfolgreicher Tag wird, klingelt nach dem Frühstück das Telefon mit der ersten Bestellung.

Diesen Aspekt halte ich für sehr spannend, trägt er doch in sich die Möglichkeiten, genau das zu (er-)schaffen, was man erreichen möchte - bewußt oder unbewußt. Wie gesagt, wir kommen später darauf zurück.

ALLES IST RELATIV

Auch zum Thema Zwischenmenschliches läßt sich einiges lernen: Dieser Ansatz liegt bei dem Physikergenie schlechthin - Albert Einstein. Seine Relativität, konkret im Leben umgesetzt, kann jede Menge Ärger ersparen. Stellen Sie sich vor, Sie werden im Restaurant von einer Kellnerin angeschnauzt. Im Dienstleistungszeitalter ist das tödlich, und Sie werden sich wahrscheinlich fragen, was um Himmels Willen Sie jetzt schon wieder angestellt haben. Wenn Sie sich jetzt kurz in die Rolle der Kellnerin hineinversetzen, hat deren schlechte Laune, wenn Sie ihr nicht zur Begrüßung unaufgefordert den Hintern getätschelt haben, wahrscheinlich gar nicht so viel mit Ihnen zu tun.

Jeder, der selbst einmal hinter der Theke stand, weiß, daß die Gäste an manchen Abenden wirklich die Pest sein können. Dazu kommt der eventuelle Streit mit dem Freund, die Unverschämtheiten des Chefs und dann Sie, ein weiterer Gast, der grundlos beleidigt daherkommt. Die Kellnerin leidet an etwas, was wir alle ab und zu haben - *schlechte Laune*. Und erschafft damit eine Situation, in der sie auch schlechte Laune erntet - nämlich Ihre. Die Bibel hat doch recht: *Wer Wind sät, wird Sturm ernten*. Wenn Sie das einmal durchgespielt haben, brauchen Sie keine Zeit damit zu verschwenden, über das Essen zu schimpfen (was ein durchaus logischer Schritt wäre), denn das wird Ihnen trotzdem schmecken. Und wenn Sie sich mit einem leisen Lächeln (und einem anständigen Trinkgeld) verabschieden, können Sie der Dame eventuell den Abend retten.

Dieses Beispiel ist nun etwas weiter von uns als Individuum entfernt, es betrifft nur die direkten Auswirkungen auf eine zweite Person. Wir alle kennen Beispiele die mit *Aber das ist doch ganz einfach . . .* beginnen. Wie oft haben wir diesen Satz schon genervt gesagt. Teilweise habe ich Geld verdient mit der Programmierung von Datenbanken, für mich das einfachste von der Welt. Die Features dann jemand anderem zu erklären gestaltet sich schon um einiges schwieriger. Denn manche Leute stellen sich wirklich dämlich an. Oder nicht? Alles relativ. Fühlen Sie sich aufgefordert, eigene Beispiele aus Ihrer Kommunikation zu finden, denn Kommunikation ist das, was zurückkommt. Auch bei Selbstgesprächen.

ALLES IST EINS?

Bell's Theorem kommt in der Praxis schon weitaus esoterischer daher. Sie sind die ganze Zeit, quasi über Funk, in Kontakt mit allem, was Ihnen in Ihrem Leben schon begegnet ist. Zellen bauen sich ab, in Ordnung. Knallhart und wissenschaftlich werden pro Jahr rund 98% unserer Atome im Körper ersetzt, und Sie sind, so gesehen, ein neuer Mensch. Diese (wieder mal deterministische) Annahme gilt allerdings maximal für sechs Wochen, denn die Haut, unser Interface zur Außenwelt, ist weitaus schneller.

Sie wären also in dieser Zeit mit sämtlichen Kollegen, Freunden, Geliebten, Verwandten und Versicherungsvertretern verbunden, zu denen Sie Kontakt hatten. Das behaupten auch sämtliche Buddhisten. Aber für den Westeuropäer ist das doch starker Tobak.

FREIHEIT

Nicht zuletzt gibt es eine sehr befreiende Perspektive in der Quantenphysik. Nach dem Newton´schen Weltbild ist alles vorhersagbar, kausal, deterministisch. Das Leben des Menschen ist vorherbestimmt und absehbar, der freie Wille existiert nicht. Die Quantenphysik gibt uns diesen Willen zurück, zeigt sie uns doch, daß wir selbst Teil des Systems sind und es anhand unserer Entscheidungen verändern können. Hört sich das gut an?

AUSSICHT

Das also ist die *final frontier* der modernen Physik, sehr vereinfacht dargestellt. Es ist Bewegung im Spiel und mit jedem neuen Buch wird mir voller Schrecken bewußt, daß ich so gut wie nichts weiß. Das wird dadurch nicht einfacher, daß auch unterschiedliche Werke über Quantenphysik kein Problem damit haben, einmal in Richtung A und im nächsten Buch in Richtung -A zu argumentieren. Wie *Gary Zukav* in seinem genialen Buch *Die tanzenden Wu Li Meister* feststellt, ist die gesamte Quantenphysik voller Koans - voller asiatischer Paradoxien.

Darüberhinaus diskutieren die Physiker noch wie selbstverständlich über Antimaterie (bestätigt), Zeitreisen (machbar) und finden immer weitere mögliche Teilchen. Dabei haben sie offensichtlich eine ganze Portion Humor gelernt - was man bei diesen Versuchsergebnissen sicher zum Überleben braucht.

So wurden die Teilchen, aus denen die Protonen (Teile des Atomkerns) aufgebaut sind, nicht wie üblich auf irgendwelche griechischen oder römischen Fachausdrücke getauft, sie heißen ganz einfach *Quarks*. Das Wort ist entliehen aus einem merkwürdigen Satz von James Joyce. Quarks haben als Zeichen ihrer Identität unterschiedliche Flavors, was auf englisch Geschmack bedeutet. Diese Flavors sind *up, down, charm, strange, bottom und top.* Fazit: Humor macht die Verwirrungen der Realität erträglich.

Literatur

Hardcore:

- Quantenuniversum - Die Welt der Wellen und Teilchen - ISBN 3-89330-709-5
  Sehr gelungener Einstieg - Grundwissen: 5 - Anspruch: hoch
- Quantenphilosophie - ISBN 3-86025-366-2
  Beiträge aus Spektrum der Wissenschaft - Grundwissen 7 - Anspruch: hoch
- John Gribbin - Schrödingers Kätzchen - ISBN 3-10-027030-4
  Locker geschrieben, etwas subjektiv - Grundwissen: 2 - Anspruch: mittel
- Roger Penrose - Schatten des Geistes - ISBN 3-86025-260-7
  Viel Mathematik, etwas Philosophie - Grundwissen: 10 - Anspruch: hoch

Grenzbereich:

- Fred Alan Wolf - Körper, Geist und neue Physik - ISBN 3-502-67651-8
  Klasse! Hier lernt man indirekt Physik, offiziell den Körper kennen
- Gary Zukav - Die tanzenden Wu Li Meister - ISBN 3-499-17910-5
  Philosophische Parallelen zwischen West und Ost, toll und manchmal trocken
- Jeremy Hayward - Die Erforschung der Innenwelt - ISBN 3-502-672-9
  Die Verbindung von Osten und Westen - Der Tip des Tages!

Wo das Chaos regiert

Um einiges jünger als die Quantenphysik, aber stark von deren Erkenntnissen beeinflußt, ist die CHAOSTHEORIE. Mit der Quantenphysik hat sie gemein, daß sie über ähnlich viele Fremdwörter verfügt und auch in ihrem Hoheitsgebiet die Linearität nahezu sämtliche Macht verloren hat. In einem Buch, das ein oder zwei Möglichkeiten mehr im Universum darstellen will, darf sie daher nicht fehlen.

Die Auswirkungen der Chaos-Theorie waren in Biologie, Chemie, Physik, in Soziologie, Politik und in der Werbung zu finden. Letzteres allerdings mit weniger Erfolg. Fast jede vernünftige Zeitschrift hat inzwischen ausführlich darüber berichtet, deshalb wollen wir uns hier nur stichwortartig mit dem Chaos beschäftigen.

APFELMÄNNCHEN IN DER U-BAHN

Den bekanntesten Vertreter dieser Disziplin haben Sie vielleicht als Bildschirmschoner auf Ihrem Rechner - das *Apfelmännchen.* Entdeckt wurde diese grafische Umsetzung einer simplen mathematischen Formel Anfang der Achtziger von Benoit Mandelbrot. Die Genese des Apfelmännchens ist sehr elegant: es handelt sich um eine einfache mathematische Gleichung, deren Ergebnis immer wieder als Variable in sich selbst eingesetzt wird. So bezieht sie sich immer wieder auf sich selbst; diesen Vorgang nennt man *selbstreferentiell.*

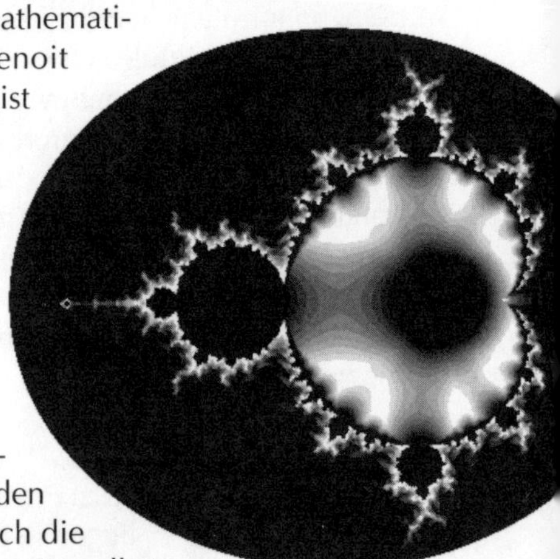

KEINE PANIK

Man könnte einen großen Teil der Chaos-Theorie in einen einzigen und sehr beruhigenden Satz fassen: *Alles ist in Ordnung.* Stellen Sie sich die Fußgängerzone von München zur rush-hour vor. Sie selbst stehen auf dem Dach eines Hochhauses und beobachten aus entspannender Distanz. Es ist kurz vor Weihnachten. Menschen rennen wild und offensichtlich planlos durch die Gegend, sehen nervös auf die Uhr, lassen sich die Brieftasche klauen. Von oben betrachtet ist das ganze Geschehen nur wenig sinnvoll und absolut nicht kalkulierbar. Und doch weiß jeder einzelne dieser Passanten ganz genau, wohin er will, was er dort will und wann er dort sein muß: alles ist in Ordnung.

In vielen wissenschaftlichen Gebieten ist das ganz ähnlich - wo sich bei oberflächlicher Betrachtung nur Chaos abzeichnet, schält sich bei längerem und genauem Beobachten eine implizite Ordnung heraus, die oftmals wunderschöne Strukturen hat.

Wissenschaftler beobachten häufig **SYSTEME**. Ein System kann so gut wie alles sein: Mein Bewußtsein, meine Familie, mein Schreibtisch, eine Termitenpopulationen in Asien oder die besagte Fußgängerzone von München. Systeme sind wichtig, denn sie beschreiben das Leben. Der Blick dafür schließt alle Randfaktoren mit ein und erweitert so die Sicht.

Systeme haben einen Nachteil: grundsätzlich neigen sie zur Unordnung, zur **ENTROPIE**. Der zweite Hauptsatz der *Thermodynamik* (keine Panik!) besagt, daß in geschlossenen (ohne Einflüsse von außen) Systemen die Entropie nicht abnehmen kann - mein Schreibtisch wird auf dem Zeitstrahl zunehmend unordentlicher und räumt sich nicht von selbst auf. Er braucht Energie von außen, nämlich mich, und wird damit zum offenen System. Die Wissenschaft vermutet übrigens, daß eben dieser zweite Hauptsatz der Thermodynamik uns, also Sie, mich und das gesamte bekannte Universum, früher oder später das Leben kosten wird. Denn wenn das Universum sich ausdehnt, ist es ein geschlossenes System. Wenn die Entropie zunimmt, also alle Moleküle immer ungeordneter - in diesem Sinn schneller werden - erzeugt das eine gewaltige Hitze - das All samt Inhalt wird einfach verglühen. Das werden wir beide allerdings nicht mehr erleben.

Der kleine Stadtstaat der Termiten in Asien hat ganz andere Probleme: Er kann starken Schwankungen ausgesetzt sein, die von allen möglichen Faktoren abhängen, wie durchschnittliche Temperatur der Umgebung, Niederschlagsmenge und der Population der blauen Luise. Unmöglich vorherzusagen und extrem sprunghaft. Beobachtet man das System der Populationen von Ameisenbär und Termiten über einige Zeit hinweg, zeigen sich bestimmte Regelmäßigkeiten, die sich, grafisch am Rechner dargestellt, ausnehmend dekorativ und wohl geordnet ausmachen. Und damit sogar wieder vorhersagbar werden.

HARMLOSE SCHMETTERLINGE

Die wirklich großen Probleme der Wissenschaft (wie die Population der Termiten in Asien) liegen in der simplen Tatsache begründet, daß komplexe System eben so erstaunlich komplex sind. Unendlich viele Faktoren beeinflussen die Anfangsbedingungen und eine winzige Variation kann schon zu völlig anderen Ergebnissen führen. Populärstes Beispiel hierfür ist der *Schmetterlingseffekt*. Ein friedlicher Luftwirbel, von einem fröhlichen Schmetterling irgendwo über den Philippinen verursacht, kann sich auf seinem Weg in die Karibik zu einem ausgewachsenen Hurrikan mausern. Er könnte einen anderen winzigen Luftwirbel beeinflussen, der sich dadurch motiviert fühlt, die Richtung zu wechseln, stärker wird, sich aufheizt, plötzlich über ein Gebiet mit warmem Wasser kommt und so noch mehr Energie aufnimmt - der Wirbel verstärkt sich zunehmend selbst, er ist autokatalytisch. Es gibt eine nahezu unglaubliche Menge von Konjunktiven in diesem System, das sich Stück für Stück hochschaukelt und zuletzt einen wahnsinnigen Schaden in einem New Yorker Versicherungsbüro anrichtet.

Der Schaden entstand durch einen Effekt, der *AUTOKATALYSE* genannte wird - Selbstverstärkung. Dieser zarte kleine Luftzug verstärkt sich, je größer er wird immer mehr und beschleunigt dadurch seine eigene Entstehung.

Dieses Phänomen bekam zuerst ein Meteorologe am M.I.T. (Massachussattes Institute of Technology - technologisch ziemliches highend) zu spüren. Er hatte ein mathematisches Modell entwickelt, das sich mit Wettervorhersagen beschäftigte. Um Rechnerzeit zu sparen (die damals noch teuer war), hatte er bei einer Dateneingabe jeweils auf die vierte Stelle nach dem Komma verzichtet. In der ersten Phase ergab das keinen gravierenden Unterschied bei den Ergebnissen, aber als er wenig später wieder auf seinen Monitor blickte, sah er sich mit völlig neuen Resultaten konfrontiert: das Wetter hatte sich komplett gewandelt. Auch das ein Beispiel dafür, wie sensibel Systeme auf kleinste Schwankungen reagieren. Soviel zum Thema *viel hilft viel.*

Was uns als Betrachter des Apfelmännchens so fasziniert, ist die Tatsache, daß wir nach allen möglichen Zooms tiefer in die Struktur, doch wieder am Anfang ankommen. Es entsteht, wie aus dem Nichts, auf der untersten Ebene ein neues Apfelmännchen. Dieses Verhalten nennen wir SELBSTÄHNLICH. Schauen Sie sich die schneebedeckten Äste eines Baumes von unten an. Oder zoomen Sie auf der Landkarte zwischen Irland und England auf die englische Küste. Oder schauen Sie sich das Video *Zehn hoch* an. Dann wissen Sie sehr genau, was selbstähnlich bedeutet: Das Ganze wiederholt sich im Kleinen.

Als Benoit Mandelbrot für IBM Fehler bei der Datenübertragung via Modem untersuchte, entdeckte er noch einen weiteren Aspekt des Chaos, nämlich die FRAKTALE (zu deutsch Brüche). Er beobachtete, daß lange Phasen problemloser Übertragung von kurzen periodischen Fehlerzeiten unterbrochen wurden. Auch diese Häufungen von Fehlern wurden wieder von periodischen Phasen fehlerfreier Übertragung unterbrochen. Hier erkennen wir wieder die Selbstähnlichkeit, eine Eigenschaft der Fraktale. 1967 veröffentlichte Mandelbrot seine Untersuchungen unter dem Titel *Wie lang ist die Küste Großbritanniens?* Die Antwort darauf hängt nur von der Länge des Metermaßes ab. Wenn Sie jede kleinste Verwerfung mit einem kleinstmöglichen Lineal einbeziehen, nähert sich die Länge der Küste rasch unendlich - das Empire kehrt zurück.

ÜBERLASTETE SYSTEME

Ein weiterer sehr schöner Aspekt, der für unsere Sicht des Bewußtseins noch interessant sein wird, ist das Modell der DISSIPATIVEN STRUKTUREN des Belgiers *Ilya Prigogine*. Wissenschaftlich liest sich das so: Lokale Systeme können durch Energiezufuhr von außen auf eine andere, komplexere Zustandsebene springen. Der neue Zustand kann dann auf einer höheren oder niedrigeren Ebene liegen. Wenn Sie Nitro und Glyzerin zusammenbringen, haben Sie ein anschauliches Beispiel. Oder wenn Ihr persönliches System durch Heavy Metal knapp unterhalb der Schmerzgrenze aus dem Zimmer Ihres Sohnes überlastet wird, explodieren auch Sie auf eine höhere Ordnung.

Gehirne sind eine dissipative Struktur par excellence: Lernen funktioniert sehr häufig über Überlastung. Stichwort Führerschein: obwohl Sie anfangs die gleichzeitige Bedienung von Kupplung und Gas als echten Streß erfahren, gelingt Ihnen das nach kurzer Praxis bereits im Halbschlaf. Mit der Theorie der dissipativen Strukturen kann man einen kompletten Bereich der Evolution ganz locker erklären. Als das System Urpferd durch zu viele Mitbewerber und daraus resultierende Nahrungsmittelknappheit am Boden überlastet wurde, mußte es eine neue Spielform auf einer buchstäblich höheren Ebene entwickeln - die Giraffe.

1997 hatte ich das Vergnügen, *Heinz-Otto Peitgen*, den deutschen Vorreiter und Fachmann für Fraktale und Chaos auf einem Vortrag zu erleben. Es war wahrhaftig ein Vergnügen, denn Peitgen versprüht eine unglaubliche Begeisterung und Liebe für sein Thema, was sich sonst eher selten findet. Er sprach von *Inseln der Prognostizierbarkeit* in *Ozeanen von Unsicherheit.* Und davon, daß es erst an den Grenzen richtig spannend wird - aber das hatten wir schon bei den Verkäufern.

SUBJEKTIVES CHAOS

Chaos hat etwas faszinierendes. Wie wir im Kapitel über das Gehirn noch sehen werden, haben wir alle irgendwie Angst vor neuem; speziell, wenn es zu viel wird und wir uns überfordert fühlen - pures Chaos. Dummerweise ist das Medienzeitalter ein ganz schlechter Zeitpunkt für diese Art von Ängsten. Zu sehen, daß im

Chaos eine ganz eigene Ordnung verborgen liegt, macht Mut. Es gibt einige Situationen, bei denen man sich unwillkürlich fragt: *Hat das jetzt wirklich sein müssen?* Und offensichtlich, es hat. Denn wie soll ohne Chaos dieses schöne Muster entstehen. Dummerweise sind wir zu selten so weit draußen, sehen uns selbst zu wenig von oben, um diese Muster unseres Lebens auch entsprechend würdigen zu können.

Und noch eine Erkenntnis: Wenn ich mich selbst als System verstehe und die Autokatalyse mit einbeziehe, kann ich auch einen gewissen Abstand zu den Standpunkten und Meinungen einnehmen, die ich üblicherweise mit Klauen und Zähnen verteidige. Denn wer da argumentiert, ist nur das System *Arvid Leyh*, das seine Informationen aus sich selbst bezieht, und sich möglicherweise immer weiter darin verstrickt. Die Daten der Außenwelt entsprechen unter Umständen nicht mehr meiner inneren Repräsentation, aber - Sie kennen das vermutlich selbst - man ist grundsätzlich immer der letzte, der diese Änderungen realisiert.

Hier vor sich selbst auf der Hut zu sein, sich kurz neben sich zu stellen und dem anderen wirklich zuhören, kann ab und an ganz sinnvoll sein. Und erspart beiden Parteien jede Menge Streß - probieren Sie´s aus, es lohnt sich.

Überhaupt System: Weiter vorne hatten wir das Beispiel der unfreundlichen Kellnerin. Wir haben nichts anderes getan, als Vermutungen über das System dieser Dame zu machen - die Hintergründe zu eruieren, vor denen sich die patzige Antwort abspielt. Schauen Sie sich Ihre Familie, Ihre Nachbarn und die Liste der Leute an, die Sie alle zwei Tage anrufen, das ist Ihr persönliches System. Auch dieses System sind anfällig für Autokatalyse, im Guten wie im Schlechten. Wut funktioniert nur autokatalytisch.

Kurz & Knapp:

- Selbstreferentiell: Ein System bezieht sich auf sich selbst
- Autokatalyse: Strukturen verstärken sich selbst
- Dissipative Strukturen: Überlastete Systeme explodieren auf eine höhere Ordnung

Literatur

- Fraktale Geometrie - ISBN 3-86025-075-2
  Wenig für's Auge, harte Mathematik
- Peitgen/Richter - The beauty of fractals - ISBN 3-540-15851-0
  Viele Bilder, es gibt sogar eine optionale Software

Morphogenetische Felder

Bis jetzt haben wir uns ausschließlich auf wissenschaftlich abgesichertem Terrain bewegt. Obwohl diese Themen alles andere als beruhigend waren, sind sie immerhin mathematisch erfaßbar und dreidimensional abgesichert. Nur einen kleinen Blick weiter über den empirischen Tellerrand liegen die morphogenetischen Felder. Diese merkwürdigen Gebilde sind noch weit davon entfernt, wissenschaftlich anerkannt zu sein. Obwohl sie mit dem bisher gesagten durchaus kompatibel und sogar erklärbar sind, immer häufiger bestätigt werden und vor allem ein gutes Model für einige Merkwürdigkeiten der Evolution darstellen, haben sie sich noch nicht auf einer breiten schulwissenschaftlichen Basis durchgesetzt.

AFFEN UND CAMBRIDGE

Der Entwickler/Entdecker der morphogenetischen Felder ist der Biologe *Rupert Sheldrake* aus Cambridge. Ihm wurde klar, daß sich einige offene Fragen in der Wissenschaft am besten und einfachsten mit einem Konzept erklären lassen, das er das Gedächtnis der Natur nennt - nichts anderes sind MORPHOGENETISCHE FELDER. Eine Informationsbibliothek, die unabhängig von einzelnen Individuen Geschehen und Entdeckungen speichert.

Die häufig erzählte Geschichte dahinter erzählt von einem Affenweibchen, das auf einem Eiland im Südpazifik in einer unter mehreren Affenhorden lebte. Diese Primatendame fing plötzlich an, ihre Süßkartoffeln vor dem Verzehr im Meer zu waschen. Das hatte sich rasch bewährt, und kurz darauf wusch das ganze Rudel die Mahlzeit vor dem Verzehr. Nachdem sich die Information innerhalb dieses Rudels ausgebreitet und bewährt hatte, aßen die anderen Affenhorden bald auch nur noch gewaschene Süßkartoffeln - ohne daß ein Kontakt zur ersten Horde bestanden hätte!

Nun ja, inzwischen wurde bekannt, daß sich diese Geschichte so nie zugetragen hat - als Illustration ist sie hübscher als in der Realität. Ganz anders im Labor:

Dieses nicht greifbare Verhalten zeigt sich bei Versuchen, in denen Ratten der 22. Generation viel schneller den Weg aus dem Labyrinth fanden, als ihre Ahnen aus der 11. Generation. Völlig unabhängig vom Genpool funktioniert das auch interkontinental, denn englische Ratten fanden den

Ausgang eines Labyrinths, dessen Form schon häufig von amerikanischen Ratten geknackt worden war, schneller, als bei ungetesteten Versionen - eine abgewandelte Informationsversion von Bell's Theorem (immerhin las ich vor kurzem, daß eine zwei Pfund schwere Katze aus 10 hoch 25 Atomen besteht - ich weiß nicht, wer sie alle gezählt hat, aber eine Ratte kommt auch auf 500 Gramm - das ergibt einen ganzen Antennenwald).

MORPHOGENETISCHE POLITIK

Sheldrake geht davon aus, daß eine Idee, die genug Energie bekommt, von einem Ort zum nächsten springen kann, sich also ohne direkten Kontakt ausbreitet. Die Energie für diese Sprünge stammt aus der Aufmerksamkeit einer möglichst großen Anzahl von Individuen auf ein bestimmtes Thema. Ist die kritische Masse erreicht, springt die Idee und ist überall verfügbar. Damit läßt sich sowohl die Evolution, als auch der Fall des eisernen Vorhangs erklären. Mir selbst fiel dies erstmals in den Achtzigern auf, als in einem Jahr die Nachrichten voll von Busunglücken, im nächsten Jahr voll von Flugzeugabstürzen schienen. 1999 sind es Tunnels. Natürlich melden Journalisten auch kleinere Unfälle, sobald die Welle einmal rollt (denn nur schlechte Nachrichten sind gute Nachrichten). Und doch schienen es mir jeweils mehr Unfälle von einer Art gewesen zu sein (siehe dazu *selektive Wahrnehmung*).

Wenn also die kritische Masse (der berühmte hundertste Affe) sich gebildet hat, breitet sich das Feld der Information aus, ohne örtlich gebunden zu sein. Hauptkriterium ist dabei tatsächlich die Anzahl der Individuen. Sollten Sie als Leser Unternehmer sein, schwören Sie am besten Ihre gesamte Belegschaft auf eine Vision ein, die alle unterschreiben können - testen Sie einfach selbst.

FAZIT

Am Ende dieses Wissenschaftskapitels wissen wir nun einiges mehr über Beobachtereffekte, daraus entstehende Realitäten und merkwürdige Quantenzusammenhänge. Wir wissen, daß sich Wissenschaft und Religion letzten Endes nicht widersprechen, und daß in einem Tennisball siebentausend Kilometer große Löcher sind. Wir wissen, daß wir nichts wissen. Und das ist auch gut so. Denn Wunder passieren nie in dem Bereich, den wir kennen.

Kurz & Knapp:

- Information springt, abhängig von der
- Kritische Masse: Die Menge machts
- Parallelen: Bohr und Jung

Literatur

- Sheldrake/McKenna/Abraham - Denken am Rande des Undenkbaren
  ISBN 3-492-12004-0 - Gute Gedanken, wenig Lacher

- Rupert Sheldrake - Das schöpferische Universum
  ISBN 3-442-11478-0 - Sheldrake erklärt Sheldrake

Wo läuft´s?
Das Gehirn

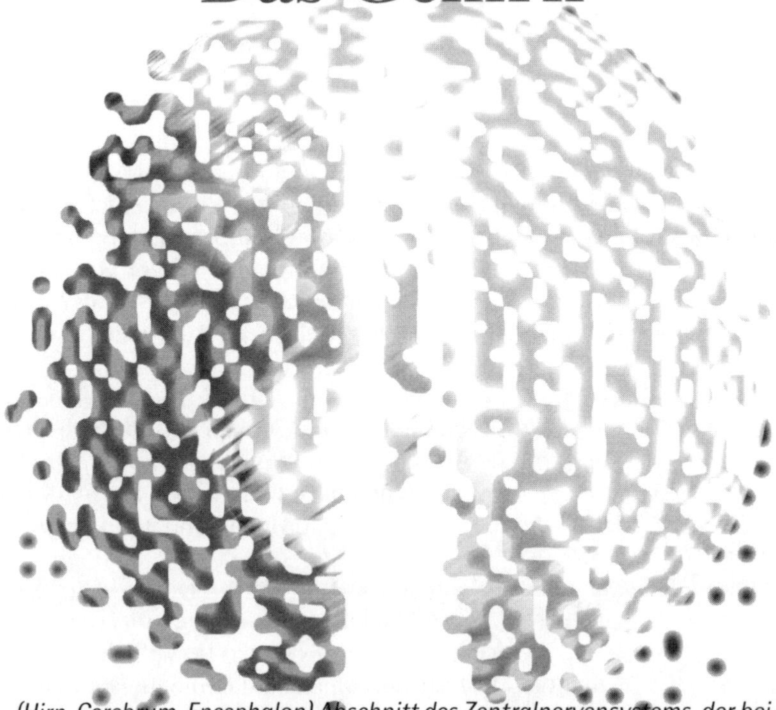

(Hirn, Cerebrum, Encephalon) Abschnitt des Zentralnervensystems, der bei den meisten Tieren in der Kopfregion lokalisiert ist. Das G. nimmt hauptsächl. die Meldungen (Afferenzen) aus den Fernsinnesorganen (...) auf, die meist ebenfalls in der Kopfregion konzentriert sind. Die Meldungen werden koordiniert und verrechnet und die (motor.) Antworten an die Muskulatur (Efferenzen) programmiert.

Anders gesagt: Alle Beobachtungen und Wahrnehmungen der Außenwelt, die wir im ersten Teil so deutlich auseinandergenommen haben, finden in unserem Kopf statt, hier laufen die Informationen zusammen und werden analysiert. Zwar weiß keiner so genau, wo sich Geist und Seele rumtreiben, wenn niemand hinsieht, aber die Start- und Landebahn von beiden ist vermutlich das Gehirn.

Robert Ornstein kreist es treffend ein: Das Herz sieht aus wie eine Pumpe und es arbeitet wie eine Pumpe. Das Gehirn sieht aus wie nichts anderes, und arbeitet wie nichts anderes.

Nun denn, willkommen in Ihrem Drei-Pfund-Universum.

Existenzgründung

Vor vier Milliarden Jahren erschuf die Evolution sich quasi selbst, indem sie die ersten als lebendig geltenden Zellen auf die Reise schickte. Dieser Prototyp des Lebens wird wissenschaftlich durch Selbsterhaltung und Stoffwechsel definiert. Ob diese Risikopiloten auf einem Meteor von anderen Planeten getrampt waren, oder ob ein durch die Ursuppe surfendes Molekül gelangweilt beschloß, ein bißchen Leben in die Bude zu bringen - wir wissen es nicht.

Leben entspringt einer planetaren Überschwenglichkeit, es ist ein der Sonne geschuldetes Phänomen.
Lynn Margulis

Fakt ist, die Idee machte Schule, euphorische Einzeller experimentierten mit sich selbst und fanden bald heraus, daß Evolution Spaß macht. Vor 3,3 Milliarden Jahren entwickelte die Erde als Zugabe den Sauerstoff; aber trotz dieser Innovation hätten Sie im Archaikum keinen Urlaub machen wollen, nach wie vor war sie ein unwirtlicher Ort. Zumal die Erstausgaben der Zellen den Sauerstoff als eher giftig empfanden*, die Anpassung brauchte ihre Zeit.

Vor 2,5 Milliarden Jahren wurde Sauerstoff häufiger. Es entstanden die ersten Seen und Meere. Das schuf doch gleich eine ganz neue Motivation, denn bereits vor 2,2 Milliarden Jahren bevölkerte Bakterienplankton die Weltmeere en masse.

ARCHAISCHE INFORMATIONSPOLITIK

Wir wollen nun einige Milliarden Jahre überspringen, nicht ohne vorher einen Blick auf die damaligen Managementkonzepte zu werfen. Denn während wir heute so tun, als sei Information eine Entdeckung des 20. Jahrhunderts, wurde bereits in der Frühzeit der Evolution in ganz großem Stil damit

* Dieses Problem begleitet uns bis heute: Freier Sauerstoff im Körper führt zur Bildung von *freien Radikalen*, die massiv am Alterungsprozeß beteiligt sind. Hier helfen Vitamine.

gedealt. Nichts war wichtiger als das passende Gen zu richtigen Zeit. Diese Gene wurden entweder getauscht, oder in guter Mafiosimanier vom Kollegen übernommen, indem man diesen einfach fraß. Laut einigen Forschern können wir davon ausgehen, daß die Mitochondrien - die Kraftwerke unserer Zellen - auf diese Weise zu uns fanden. Das Leben der einzelnen Zelle endete häufig auf diese häßliche Art, denn es gab noch keine zeitliche Begrenzung der Lebensdauer. Der programmierte Zelltod wird dieses Jahr erst 1.500.000.000 Jahre alt.

SIEBENMEILENSTIEFEL

Vor 300 Millionen Jahren war die Erde ein Dschungel, aber das wissen Sie alles aus Jurasic *Park*. Damals hatten die Gehirne das Ruder bereits übernommen, wenn es sich auch eher um Dinosaueriermodelle handelte. Bis zu den Säugetieren dauerte es noch eine ganze Weile, aber vor 60.000 Jahren wurde im Irak ein Neandertaler beerdigt.

Leben ist etwas Eßbares, Liebenswertes oder Tödliches.
James Lovelock

Das Gehirn war damals schon sehr aktiv. Es hatte bereits die ersten Werkzeuge entwickelt, Fallen gebaut und Höhlen in relativ wohnliche Apartments verwandelt. Und je mehr es entwickelte, um so mehr mußte es sich selbst entwickeln. Denn all diese neuen Fähigkeiten mußten abgespeichert werden. Die Frage ist: Trieb die Neugier die Evolution, oder die Evolution die Neugier? War die Evolution die treibende Kraft, oder mußte sie einfach nur nachbuttern, weil sie sich selbst überholte?

Dem Gehirn war das ziemlich egal, denn es befand sich auf der Zielgraden zum *Homo sapiens.*

Literatur

• Lynn Margulis/Dorion Sagan - Leben - ISBN 3-8274-0100-3
Ein wunderschönes Buch mit komplexem Über- und Einblick

Der Protagonist - ein Einblick

Sie sind überall. Manche auf chemisch-elektrischer Basis, andere (die dümmeren) auf Siliziumbasis. Sie regeln Ampeln und entwickeln das System, nach dem die Ampeln geregelt werden. Gehirne sind omnipräsent und immer den Gegebenheiten perfekt angepaßt. Taubengehirne haben einen internen Kompaß, Fledermäuse sehen infrarot und beide Spezies können diese Arten von Information perfekt verarbeiten. Das Nervensystem einer Ameise besteht aus nur 10.000 Neuronen und bietet doch genügend Kapazität, um die Spezies als solche zu einer der erfolgreichsten auf diesem Planeten zu machen.

Wir gehen davon aus, daß das Gehirn statisch ist, täglich an Kapazität abnimmt und mit zunehmendem Alter unflexibler wird. Aber es ist bei weitem nicht statisch - im Gegenteil, es ist hochgradig trainierbar: Bei Vögeln bewirken hormonelle Veränderungen, daß der Teil des Vorderhirns, der für das Singen verantwortlich ist, im Frühjahr (wenn eine erfolgreiche Fortpflanzung von den Sangeskünsten abhängt) größer ist, als im Herbst. Bei blinden Menschen hat man festgestellt, daß der rechten Zeigefingerkuppe, die beim Lesen der Blindenschrift enorm wichtig ist, ein größeres sensorisches Areal im Gehirn als bei Sehenden zugeordnet ist - alles nur Training. Ähnlich ist inzwischen umstritten, daß sich Gehirnzellen nicht regenerieren. Tim Leary spricht vom Gehirn als Hundert-Milliarden-Neuronen-Computer, der digitale Signale mit einer Geschwindigkeit von 150 Millionen Einheiten pro Sekunde verarbeitet.

Insgesamt gesehen sind Gehirne ziemlich clever.

Sie untersuchen sich auch selbst. Dazu nutzen sie Ihre Fähigkeit zu beobachten und logische Schlüsse zu ziehen. Und müssen doch immer wieder feststellen, daß das Objekt der Beobachtung zu komplex ist für den Beobachter. Allerdings ist das eine relativ neue Erkenntnis. Schon im 19. Jahrhundert trafen sogenannte Phrenologen anhand bestimmter Formen von Dellen und Hubbeln am Schädelknochen Rückschlüsse auf den Charakter der jeweiligen Person. Einer von ihnen, Redfield mit Namen, hatte es auf 186 verschiedene Merkmale gebracht. So saßen an Punkt 148 Treue und Liebe und 149 war der Sitz der republikanischen Gesinnung. Diese Methode hat sich erstaunlicherweise nie wirklich durchgesetzt.

ECKDATEN

Wenn Sie beide Hände zur Faust ballen, und die Fäuste an den Handballen zusammenlegen, haben Sie ungefähr die Größe des Gehirns vor Augen. Im Durchschnitt wiegt das weibliche Hirn 1.300 g, das männliche 1.500 g. Und - obwohl ich das nicht immer zugebe - auf diese 200 g kommt es wirklich nicht an.

Nun, Größe und Gewicht sind auf den ersten Blick nicht besonders beeindruckend. Aber es sind die inneren Werte, die zählen. Um Ihnen also etwas mehr Vertrauen in die Evolution und Mutter Natur zu geben, hier einige Eckdaten:

Das Gehirn hat ca. 100 Milliarden Gehirnzellen (NEURONEN), die untereinander vernetzt sind. Ein einzelnes Neuron ist im Durchschnitt mit 10.000 bis 20.000 anderen Neuronen direkt verschaltet. Eine Anekdote, die durch die einschlägige Literatur zieht, stellt fest, daß die Anzahl der *möglichen*(!) Verbindungen zwischen den einzelnen Neuronen die Anzahl der Atome im Universum bei weitem übertrifft.

Dabei hat der HYPOTHALAMUS, der solche Nebensächlichkeiten wie Essen, Trinken, Schlafen, Wachen, Körpertemperatur und Atmung regelt, gerade mal die Größe einer Erbse. Im *Weizmann-Institut* schätzt man, daß in jeder Minute zwischen 100.000 und 1.000.000 verschiedene chemische Reaktionen im Gehirn stattfinden. Aristoteles hielt es für das Kühlsystem des Blutes.

Als ich begann, mich für das Gehirn zu interessieren, war die Gesamtzahl der Neuronen meistens mit 10 Milliarden angegeben. Erst die jüngere Literatur arbeitet mit der Zahl von 100 Milliarden (die ich natürlich sofort übernehme). Das wirft schon jetzt die Frage auf, wie man bei diesen Toleranzen so genaue Aussagen über das Gehirn treffen kann, wie sie im folgenden dargestellt werden.

BILDER DES GEISTES

Es gibt mehrere Methoden, um dem Menschen in den Kopf zu schauen, allen voran das EEG und neue, bildgebende Verfahren. Beide haben den Vorteil, daß der Patient die Untersuchung überlebt, denn das Basiswissen über Aufbau und Funktion wurde häufig mit dem Skalpell freigelegt.

Eine bildgebende Apparatur, die sehr genaue Aussagen über Art und Ort der aktiven Gehirnregion erlaubt, ist der PET (Positronenemissionstomograph). Hier finden wir einige alte Freunde aus der Teilchenphysik wieder. Dem Patienten werden schwach radioaktive Isotope in die Halsschlagader gespritzt. Diese Isotope geben Positronen ab, die eine schwache Gammastrahlung tragen, welche wiederum von Detektoren aufgefangen werden kann. Nach kurzer Zeit ist die Strahlenbelastung verschwunden, die gesundheitliche Belastung ist geringer als bei einer Röntgenaufnahme. Über den PET läßt sich die Durchblutung des Gehirns genau beobachten. Da aktive

Gehirnareale mehr Sauerstoff benötigen, und somit stärker durchblutet werden, kann man ziemlich genau sagen, welche Bereiche für welche Aufgaben zuständig sind.

Inzwischen werden bereits Simulationen der Neuronenverschaltungen genutzt, um Lern- und Handlungsprozesse im Gehirn auf einem sehr detaillierten Niveau zu verstehen. Das funktioniert mit Hilfe *neuronaler Computernetze*, die den Verhaltensweisen des Gehirns erstaunlich nahe kommen. Neuronale Netze werden zum Beispiel auf Worterkennung oder Gesichterkennung trainiert - mit großem Erfolg. Dummerweise führt die Erkenntnis, wie leistungsfähig die Hardware, in diesem Fall Gehirn und Computer, tatsächlich ist, einige Wissenschaftler zu einer streng materialistischen Sicht des Gehirns. Wozu braucht man auch Geist und Seele, wenn die Neuronen alles allein machene organisieren?

Wieder etwas irdischer: Wenn das Gehirn arbeitet - und das tut es eigentlich immer - fließen minimale elektrische Ströme. Diese lassen sich mittels diverser Elektroden am **EEG** (Elektroenzephalogramm) abnehmen. Diese Gehirnfrequenzen, die je nach Bewußtseinszustand unterschiedlich sind, werden grafisch aufbereitet am Bildschirm dargestellt. Ist das EEG auf Nullinie, kann man vom Tod des Patienten ausgehen, selbst wenn das Herz noch arbeitet.

Via EEG kann der Anwender sogar lernen, bestimmte Prozesse im Gehirn zu verändern. Spannend wird die Darstellung, wenn sie nach linker und rechter Hemisphäre getrennt dargestellt wird. Aber ich greife voraus.

Ein Großteil unseres Wissens stammt auch aus pathologischen Fällen, in denen durch Unfall oder Natur bestimmte Gehirnareale zerstört wurden. Viele wichtige Erkenntnisse wurden hier gewonnen, daher werden wir uns diesem Bereich noch gesondert zuwenden.

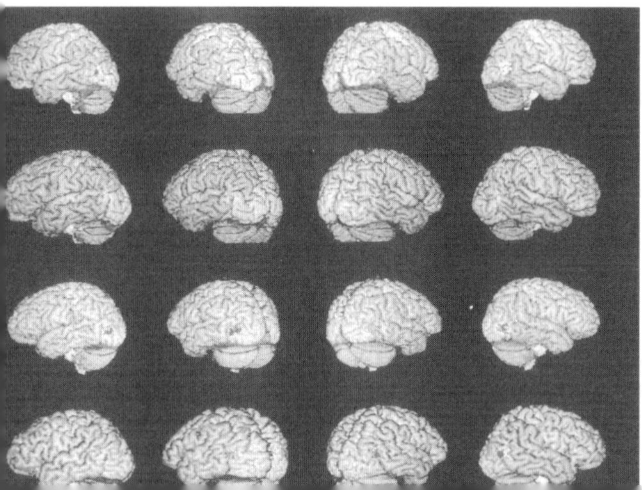

Kernspintomographien

Evolution I

Es ist nicht hundertprozentig korrekt, von dem Gehirn als solchem zu sprechen. Es handelt sich vielmehr um drei nahezu eigenständige Gehirne, die im Laufe der Evolution entstanden und nach wie vor parallel an ähnlichen Aufgabengebieten arbeiten.

Robert Ornstein beschreibt es in seinem hervorragenden Buch *Unser Gehirn, das lebendige Labyrinth* sehr zutreffend als eine Art Bauwerk: Immer, wenn die Umweltbedingungen zu komplex für die vorhandene Hardware wurden, baute die Evolution einen weiteren Flügel an. Alte Zimmer wurden nicht abgerissen, sondern einfach aus- und umgebaut. Wir haben also sämtliche Stufen der Evolution und die dazu gehörigen Gehirne in uns. Diese wurden allerdings modifiziert, und übernehmen beim Menschen teilweise völlig andere Aufgabenbereiche, als bei unserer Verwandtschaft in der Tierwelt. Trotzdem finden sich immer wieder Überlagerungen - ähnliche Aufgaben in unterschiedlichen Gehirnarealen.

Die äußere Schicht des Gehirns, der NEOCORTEX, ist vielfach gefaltet, um auf kleinstmöglichem Raum eine größtmögliche Kapazität zu bieten - das weibliche Becken ist zum Glück nicht im ähnlichen Ausmaß wie das Gehirn gewachsen. Ein noch größerer Schädel würde die Geburt allerdings unmöglich machen (das sind so die Alltagsprobleme von Mutter Natur - und sie löst sie alle).

DAS STAMMHIRN

ist mit ca. 500 Millionen Jahren der evolutionär älteste Teil des Gehirns (zum Vergleich, die Wirbelsäule hat erst 390 Millionen auf dem Buckel); es wird auch das REPTILIENGEHIRN genannt und funktioniert im Prinzip immer noch wie bei einem Krokodil.

Hier sind grundlegende motorische Funktionen, Gleichgewicht und das RETIKULÄRE AKTIVIERENDE SYSTEM (RAS) lokalisiert. Das RAS spielt eine sehr wichtige Rolle, denn es bereitet das Großhirn via Thalamus auf eintreffende Nachrichten vor und trifft gleichzeitig die Vorauswahl aus den Umgebungsinformationen; es filtert quasi die Umwelt und bestimmt, was wir *bewußt* wahrnehmen, und was nicht.

Das Stammhirn denkt nicht im eigentlichen Sinn - es handelt. Das hat große Vorteile, wenn Sie Ihre Hand gerade auf einer Herdplatte liegen haben. Während Ihr Großhirn noch überlegt, ob das jetzt wirklich so clever war, und ob die Herdplatte nicht doch eventuell an gewesen sein könnte, hat das Reptiliengehirn schon beim ersten Buchstaben des Wortes Herdplatte reagiert. Das Stammhirn geht im Hinterhauptsloch des Schädels in die Nervenstränge der Wirbelsäule über und reicht damit tatsächlich bis zum Hintern.

DAS KLEINHIRN

Scherzhaft wurde einmal gesagt, von den 10^{11} Nervenzellen des Körpers stammen 10^{12} vom Kleinhirn. Aufgefaltet kann es durchaus mit dem Großhirn mithalten, zumal es seine Größe in nur einer Million Jahre verdreifacht hat. Hier werden Erinnerungen gespeichert, Muskeln werden koordiniert und einfache Reaktionen gespeichert.

DAS LIMBISCHE SYSTEM

ist evolutionär deutlich jünger (nämlich erst 200 bis 300 Millionen Jahre) und sowohl für Emotionen, als auch für die persönliche Biographie, für Erinnerungen und Lebenserfahrung zuständig. In letzter Zeit weisen immer mehr Indizien darauf hin, daß das SÄUGETIERGEHIRN, wie es auch genannt wird, auch bei Lernprozessen eine sehr wichtige Rolle spielt. Die Emotionen decken alle Bereiche ab, die wir für eine dauerhafte Existenz in einer kargen Urwelt oder der Bronx brauchen: Angriff, Verteidigung, Fortpflanzung, Ernährung. Das heißt, das Limbische System kümmert sich redlich um das Überleben, sorgt dafür, daß Sie sich eher umdrehen und fortlaufen, wenn vor Ihnen im Wald plötzlich ein hungriger Bär auftaucht oder es hebt (wenn Sie in solchen Dingen geübt sind und stärker, sind als Sie schnell laufen können) Ihren Adrenalinspiegel auf das optimale Niveau für eine potentielle Handgreiflichkeit.

Im Limbischen System finden sich auch der Hypothalamus, die bereits angesprochene Erbse, und die von ihm kontrollierte HYPOPHYSE. Die Hypophyse ist die wichtigste Drüse im Gehirn, die über ihr hormonelles System einen Großteil des Körpers reguliert.

Den größten sensorischen Einfluß auf das Säugetiergehirn hat die Nase: Gerüche werden irgendwie nie vergessen. Wenn Sie nach zehn Jahren wieder nach Hause kommen und es plötzlich nach Mutters Selbstgebackenem riecht, können ganze Filme aus Ihrer Jugend vor Ihrem inneren Auge ablaufen. So gesehen sehr schade, daß die Nase immer wenier sensibel wird.

DER NEOCORTEX

oder **GROSSHIRN** ist der jüngste Zuwachs im Schädel (ca. 200 Millionen Jahre). Es besteht aus einer grauweißen, unappetitlichen Masse und beinhaltet alle Ihre Erinnerungen, Ihre Ziele, Träume, Vorstellungen, Hoffnungen, Befürchtungen, kurz: Ihr ganzes Leben. Der Cortex ist ein merkwürdiges Wesen. Er ist in Lappen unterteilt, wovon der hintere als Sehhirnrinde bekannt ist. In den Schläfenlappen (jeweils auf der gegenüberliegenden Seite) findet das Hören statt, die Frontallappen sind auf zielgerichtetes Denken ausgelegt. Hier werden Informationen verarbeitet, bewertet und die entsprechende Reaktion auf eingehende Informationen gewählt. Auch die entsprechenden Instruktionen für Muskeln und Drüsen kommen von hier. Es macht viel von dem, was die restlichen Gehirne auch machen. Und den Unterschied, der den Unterschied macht: Es beherbergt die Wesenszüge, die uns zum Menschen machen. Zudem ist es zweigeteilt und insgesamt so interessant, daß es ein eigenes Kapitel verdient hat:

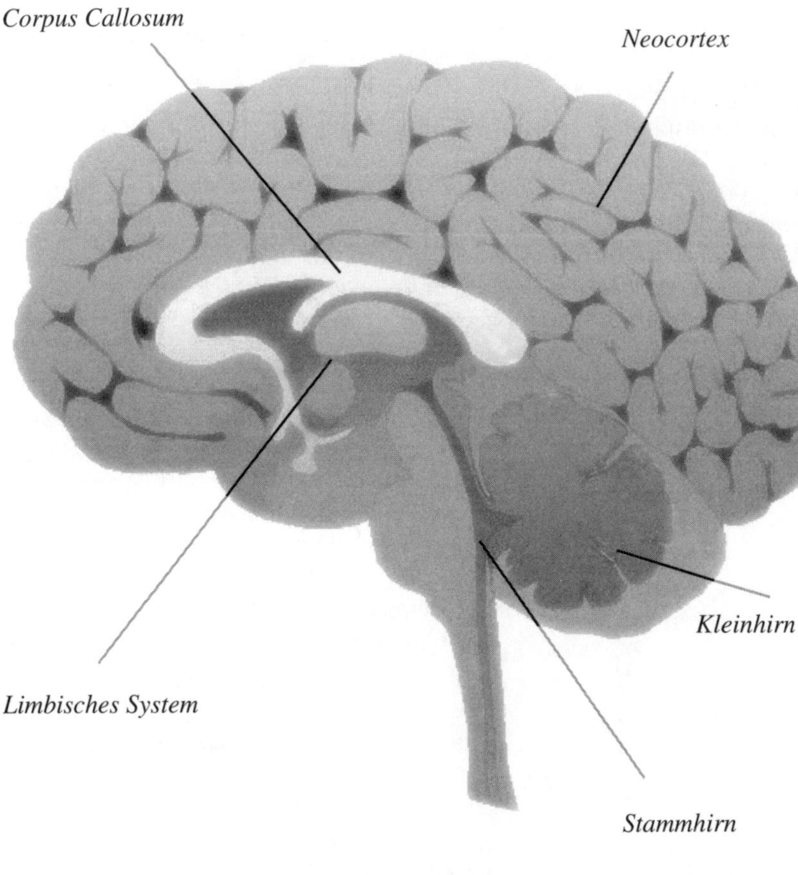

Kurz & Knapp:
- Wir haben mehrere Gehirne
- Sie arbeiten unabhängig
- Sie kooperieren

Cortext

Das Großhirn ist in zwei Hälften geteilt, die HEMISPHÄREN. Nach dem momentan gängigen wissenschaftlichen Modell ist die LINKE GEHIRNHÄLFTE eher für rationale, sprachliche, logische und analytische Aufgaben zuständig, während die RECHTE HEMISPHÄRE bildhaft, ganzheitlich und intuitiv arbeitet (alle Angaben für Rechtshänder). Beide Hälften sind durch einen Nervenstrang, dem CORPUS CALLOSUM oder Balken, verbunden. Der hintere Teil des Balkens, und hier kommt die Rache für 7.000 Jahre Patriarchat, ist bei Frauen deutlich stärker ausgeprägt als bei Männern. Damit ist er das größte Argument für die berühmte weibliche Intuition.

ÜBER KREUZ

Die Hemisphären sind für die jeweils gegenüberliegende Körperhälfte zuständig. Die linke Hemisphäre steuert also die rechte Hand und umgekehrt. Man hört immer wieder, daß Europa linkshirnig geprägt sei, da Logik unsere heiligste Kuh ist - Rechtshänder überwiegen in dieser Gesellschaft.

Gehirndominanzen sind natürlich auch nur ein Modell, und bestimmt nicht der Weisheit letzter Schluß. Nur von den Sprachzentren (Wernicke- und Brocca-Zentrum) kann man sagen, daß sie ausschließlich links repräsentiert sind. Und auch hier spielt die rechte Hemisphäre eine wichtige Rolle, denn sie liefert Bedeutung, Sinn und Inhalt.

Aber die Forschung der einzelnen Aufgabengebiete ist relativ weit gediehen. Während beispielsweise in der linken Hemisphäre der Wortschatz gelagert wird, ist die semantische Bedeutung einzelner Worte eher in der rechten Gehirnhälfte zu finden. Diese gibt den Forschern immer noch Rätsel auf. Während die linke Hemisphäre relativ eindeutige Aufgaben übernimmt, kennt man nur die grobe Richtung der rechten Hemisphäre. In dem Buch *Linkes/Rechtes Gehirn* von Springer und Deutsch werden die Ergebnisse von Hörtests beschrieben:

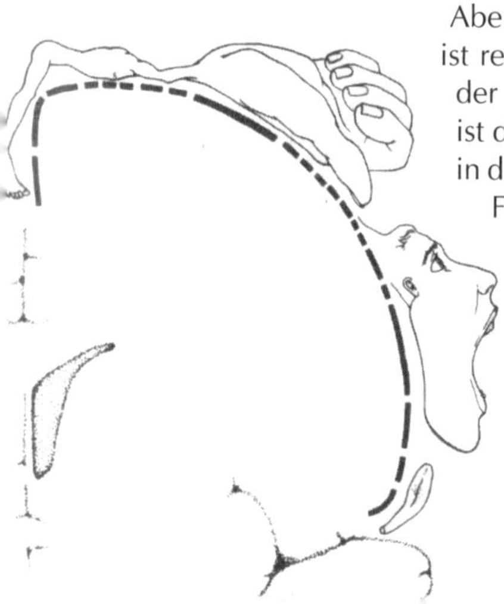

Der motorische Cortex nach Wilder Penfield.

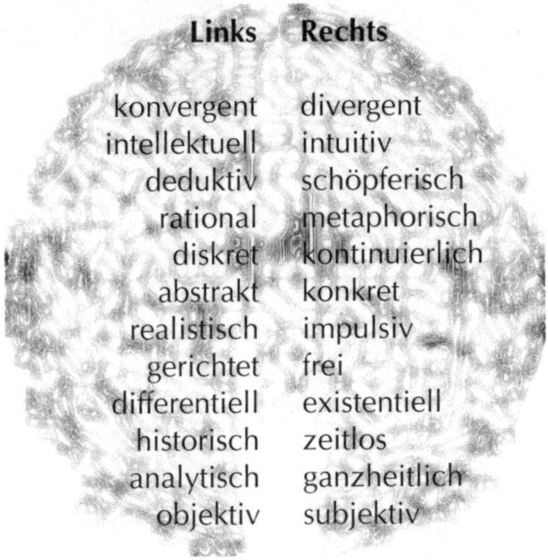

Links	Rechts
konvergent	divergent
intellektuell	intuitiv
deduktiv	schöpferisch
rational	metaphorisch
diskret	kontinuierlich
abstrakt	konkret
realistisch	impulsiv
gerichtet	frei
differentiell	existentiell
historisch	zeitlos
analytisch	ganzheitlich
objektiv	subjektiv

Linkshirnige Forschung am rechten Hirn, und wie immer mit hervorragenden Einsichten. Kreative, meditative und spielerischen Aspekte tendieren deutlich nach rechts (politisch gesehen ein Witz). Links sitzen eher Hardfacts. Aber weiche Faktoren werden immer wichtiger.

Versuche haben ergeben, daß die linke Gesichtshälfte, die von der rechten Hemisphäre kontrolliert wird, mehr über die Gefühle des Menschen aussagt, als die linksdominierte rechte Seite. Dementsprechend sollten Sie bei einem Menschen, dem Sie etwas logisch erklären wollen, eher in das rechte Ohr sprechen (da dieses von der linken Hemisphäre kontrolliert wird). Für Liebeserklärungen ist das linke Ohr besser geeignet.

KURIOSE FEHLFUNKTIONEN

Normalerweise wird das Wissen der einen Hemisphäre über den Corpus Callosum der anderen Hemisphäre zur Verfügung gestellt. Wenn wir ein Bild von Dürer sehen, werden diese Daten an die rechte Gehirnhälfte weitergeleitet. Dort wird das Kunstwerk bewertet, und das Resultat geht an die linke Gehirnhälfte, in der das Sprachzentrum einen würdevollen und überzeugenden Kommentar für die Umgebung formuliert: Intelligenz entspringt der Kooperation.

Stellen Sie sich vor, Ihr Videorekorder liese sich bedienen, ohne vorher ein Monster von Anleitung wälzen zu müssen. Ganz einfach, weil sich endlich ein pfiffiger Produktmanager Gedanken über intuitive Bedienung gemacht hat. Geht nicht? Gibt's nicht! In der Computerwelt gibt es das seit Jahren.
Man sagt uns Apple-Usern gerne einen gewissen Fanatismus nach. Völlig zurecht, denn der Mac war von Anfang an rechtshirnig ausgelegt, und damit einfacher zu bedienen. Die DOSen haben zwar aufgeholt, sind aber im Kern noch so linkslastig, daß ich regelmäßig laut fluchend verzweifle, wenn ich damit zu tun habe. Macs haben eine Seele. Jawoll.

Wie gesagt, ein Großteil des Wissens um die speziellen Aufgabengebiete der Großhirnrinde stammen aus Untersuchungen von Patienten mit Hirnschädigungen, sogenannten **LÄSIONEN**. Da Gehirne unglaublich anpassungsfähig sind, werden die Aufgaben des geschädigten Gewebes je nach Art, Umfang und vor allem Alter von anderen Gehirnarealen übernommen.

Fragt man einen Patienten mit einer regenerierten Läsion im Sprachzentrum, warum er nicht gesprochen habe, antwortet er häufig: *Es kam mir nicht in den Sinn.* Er vergißt offensichtlich die Fähigkeiten, auf die er keinen Zugriff mehr hat - eine Gnade der Natur erspart die Qual des Verlusts.

Manche rechtshemisphärisch geschädigten Patienten verlieren die Fähigkeit, Gesichter wiederzuerkennen, und erkennen den Gegenüber nur noch an der Stimme. Das ist interessant, denn wann immer es um künstliche Intelligenz geht, kommt immer wieder dieser Punkt: Computer sind (noch) nicht in der Lage ein Gesicht nach 10 oder 20 Jahren wiederzuerkennen, also die Veränderung eines Gesichts in der Zeit zu kalkulieren. Auch wenn sie inzwischen Weltmeister im Schach sind.*

Es kommt auch vor, daß ein Patient das linke Gesichtsfeld und alles darin Enthaltene, komplett vernachlässigt. In diesem Fall wird vom Teller nur das gegessen, was sich auf der rechten Hälfte befindet. Dieses Symptom nennt sich **NEGLEKT** - eine Seite der Realität wird komplett negiert. Neglekte treten auch manchmal als unangenehmer Nebeneffekt einer Operation auf: So kann es in manchen Fällen von Epilepsie sinnvoll sein, den Balken teilweise zu durchtrennen, eine sogenannte **KOMMISSUR** vorzunehmen.

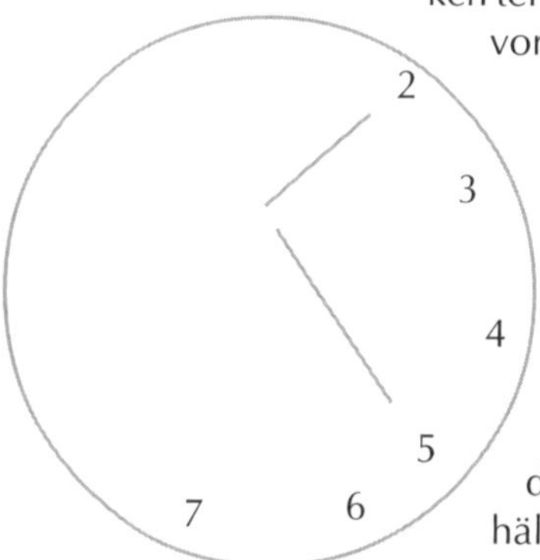

Die Uhr mit Halbseitenneglekt

Die Auswirkungen führen zu einer seltsamen Pathologie: Die Patienten sehen mit dem linken Auge nur die eine Hälfte des Tellers, mit dem rechten Auge nur die andere. Was allerdings links wahrgenommen wird, kann nicht an die linke Gehirnhälfte weitergeleitet und damit nicht verbal beschrieben werden - Dürer kann vom linken Auge nicht rezensiert werden.

Einer Patientin mit einer frischen Kommissur wurde für das linke Auge, und damit für die rechte Gehirnhälfte, ein Nacktfoto präsentiert. Die rechte Gehirnhälfte verarbeitete die Information, die Patientin kicherte und errötete. Die linke Gehirnhälfte hatte jedoch keine Ahnung, was diese Reaktion ausgelöst hatte und entsprechend verwirrt war die Patientin.

* Auch wenn die neuronalen Netzwerke inzwischen auch an diesem letzten Ast sägen und in der Gesichterkennung gar nicht mehr so schlecht sind. Das Dumme an der Simulation mit neuronalen Netzen ist, daß man nie weiß, wie sie lernen - heraus kommen nur Ergebnisse.

Es kann auch geschehen, daß Menschen mit anderen Läsionen urplötzlich ein fremdes Bein in ihrem Bett finden; bei dem Versuch, das Bein loszuwerden, fallen sie dann völlig unerwartet mit samt diesem aus dem Bett. Selbst wenn der Arzt ihnen erklärt, daß sie keine Kontrolle mehr über ihren Körper haben, negieren sie doch den Neglekt nach kurzer Zeit wieder: *Früher hatte ich ein Problem, aber inzwischen nicht mehr.* Dann muß der Arzt Ihnen langsam und vorsichtig wieder nahebringen, daß der betreffende Körperteil nach wie vor nicht wahrgenommen wird. *Oliver Sacks* hat in seinem Buch *Der Mann, der seine Frau mit einem Hut verwechselte* einige Kuriositäten zusammengetragen, die liebevoll und nachdenklich beschrieben sind.

Viele Neglekte legen sich mit der Anpassung des Gehirns an die Gegebenheiten und fallen nach einiger Zeit im Alltag nicht mehr auf, denn das Gehirn entwickelt entsprechende Strategien zur Kompensierung.

MANIFESTIERTES GEDÄCHTNIS

Andere, inzwischen legendäre Untersuchungen machte der Neurologe *Wilder Penfield* in den 30er Jahren. Sein Vorteil: Da das Gehirn kein Schmerzempfinden hat, genügt bei Operationen eine lokale Betäubung, die Patienten bleiben bei vollem Bewußtsein.

Penfield stimulierte einzelne Neuronen während dieser Operationen, und machte erstaunliche Entdeckungen. Eine Patientin fand sich durch die elektrische Stimulation in ihre heimische Küche und die Vergangenheit versetzt. Sie hörte deutlich die Kinder auf der Straße schreien und erlebte nochmals vollkommen plastisch, wie sie sich Sorgen machte und nach ihrem Mann rief. Diese ganze Szene erlebte sie, als wäre sie im Augenblick der Operation live vor Ort. Sie roch die Düfte der Küche, hörte die Geräusche der Straße und war sich trotzdem der Operation völlig bewußt - praktisch war sie an zwei Orten gleichzeitig. Und hatte seit langer Zeit nicht mehr an diese Situation gedacht. Es spricht vieles dafür, daß wir sämtliche Erinnerungen unseres Lebens irgendwo abgespeichert haben - und mit der entsprechenden Technik wieder Zugriff darauf bekommen können.

Wir hatten es auf den letzten Seiten sehr viel von Läsionen und Neglekten. Leider lassen sich genauere Erkenntnisse, welches Gehirnareal für welche Aufgabe zuständig ist, oft nur durch die Arbeit mit pathologischen Fällen gewinnen. Auch wenn manche der Beschreibungen zum Lächeln reizen, zeigen sie doch primär eines sehr deutlich: wie ungeheuer komplex und sensibel unser Gehirn aufgebaut ist und was es für echte kleine Wunder bewirken kann - Sie haben auch eins.

Kurz & Knapp:
- Links: Rational, analytisch, linear
- Rechts: Ganzheitlich, intuitiv, schöpferisch
- Wir brauchen beides. Gleichzeitig

Literatur

- Springer/Deutsch - Linkes/Rechtes Gehirn - ISBN 3-89330-711-7
  Primärliteratur, trotzdem gut zu lesen, regelmäßig upgedated
- Oliver Sacks - Der Mann, der seine Frau mit einem Hut verwechselte
  ISBN 3-499-18780-9 - Wunderschöner Einblick, lesen!

Die Sprache des Gehirns

Das Gehirngewebe besteht aus einzelnen Zellen, den NEURONEN. Neuronen sind Nervenzellen, die in der Lage sind, Impulse (Information) aufzunehmen, zu bearbeiten und anschließend weiterzuleiten. Ein Neuron hat einen Zellkern und diverse Äste, die DENDRITEN (griechisch für Baum), die Informationen von Nachbarzellen aufnehmen. Weiter ist es mit einem Hauptast, dem *Axon*, ausgestattet, über das die empfangenen Informationen je nach Relevanz weitergeleitet werden. Innerhalb des Neurons läuft die Information als *elektrisches Potential*. Ist dieses stark genug, wird die Information an das nächste Neuron weitergeleitet und durchbricht vielleicht irgendwann die Oberflächenspannung Ihres Bewußtseins. Das passiert relativ selten, primär entscheidet und bewertet das Gehirn ohne Ihre bewußte Anwesenheit.

Neuronen sind stark spezialisiert. So gibt es Zellen in der Sehhirnrinde (am Hinterkopf), deren Vorzugsreiz in der Form eines *T* besteht. Sämtliche wiederkehrende Strukturen, die Ihnen tagtäglich über den Weg laufen, haben wahrscheinlich eine dazugehörige Nervenzelle, die feuert, wenn sie diesen Reiz lokalisiert. Wird diese eine Zelle erregt, hemmt sie die Zellen in ihrer Umgebung (die selten ähnliche Aufgaben haben) um ihren Reiz mit Priorität A weiterzugeben.

Durch Lernprozesse werden Dendriten und Axon untereinander vernetzt und kommunizieren über Schnittstellen, die SYNAPSEN, miteinander. Zwischen den Synapsen werden im sogenannten SYNAPTISCHEN SPALT chemische Botenstoffe - NEUROTRANSMITTER und andere Neurochemikalien - ausgeschüttet, die von der Gegenstelle aufgenommen werden. Da es viele unterschiedliche Informationsträger gibt, funktionieren die Überträgerstoffe und deren entsprechende Rezeptoren nach dem SCHLÜSSEL-SCHLOSS-PRINZIP. Nur bestimmte Neurotransmitter können an ihrer persönlichen *docking station* rezipiert werden. Auf diese Art erhalten die Dendriten Informationen von vielen Tausenden anderer Neuronen, die im Zellkern verarbeitet werden. Danach entscheidet das Neuron nach dem ALLES-ODER-NICHTS-PRINZIP, ob es

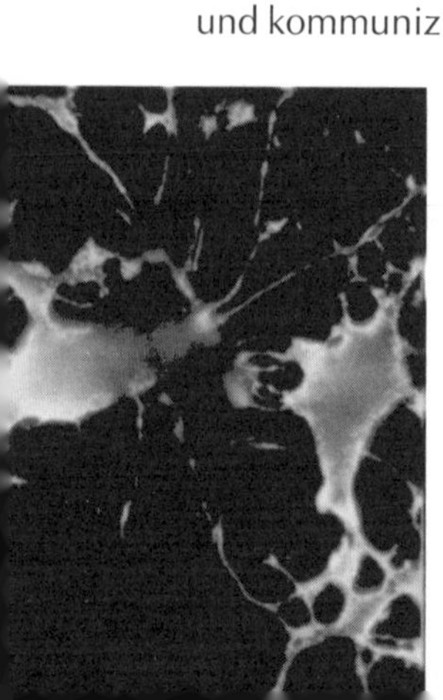

Neuronen bei der Arbeit

denn nun feuert oder nicht. Ist der Reiz stark genug, wird die Information über das Axon an andere Dendriten weitergeleitet, wenn nicht, versandet sie. Wie gesagt, in unserem Gehirn befinden sich an die 100 Milliarden Neuronen. Nur 10 Prozent davon haben Kontakt nach außen, zu Körperteilen und Sinnesorganen. Der Rest beschäftigt sich mit sich selbst und seinen Kollegen.

Trotz der komplizierten Kombination von elektrischer und chemischer Übertragung bewegen sich die Informationen sehr rasch durch den Körper - etwa 240 Stundenkilometer im Axon und einige Tausendstel Sekunden an der Synapse.

Ein praktisches Beispiel für perfekte Vernetzung: Eine der großen neuropsychologischen Fragen stellt sich nach der Reproduktion von Erinnerungen: Wie kann es sein, daß wir Ereignisse, Menschen und Fakten so zielsicher erinnern? Von verschiedenen Seiten wurde ein *Homunculus*, ein kleines Männchen vorgeschlagen, das Bibliothekarsaufgaben wahrnimmt, und immer im passenden Moment für die entsprechende Erinnerung sorgt. Hier stellt sich dann natürlich die Frage, wer diesen Homunculus managementmäßig betreut.

Es ist bekannt, daß der Mensch auf einem sehr tiefen Level in Bildern denkt und auch bildhaft memoriert. Wenn man natürlich alle jemals erlebten Bilder abspeichern will, kommt auch der luxuriöseste Biocomputer über kurz oder lang ins schwitzen. Eine sehr interessante These fand ich bei *Antonio Damasio*, einem bekannten amerikanischen Neurologen. Er geht davon aus, daß sich kleinere Zellverbände für die jeweilige Situation die An-/Ausstellung der gereizten Neuronen merken. Wenn also eine bestimmte Situation abgerufen werden soll, wird dieser Zellverband aktiviert, der seinerseits wieder einen Großteil der Neuronen aktiviert, die in der vom Archiv angeforderten Situation getriggert wurden. Hier zeigt sich einmal mehr der Vorsprung der Natur, denn die modernen Komprimierungsprogramme von Computern arbeiten ähnlich, aber bei weitem nicht so effizient.

Dendrit

Synapse

Axon

Zellkörper

ILLEGALE BEWUSSTSEINSZUSTÄNDE

Um die Komplexität der Neurotransmitter darzustellen, wollen wir das Beispiel der ENDORPHINE herausnehmen. Inzwischen durch das *runner's high* und andere Highs bekannt geworden, sind sie zum Großteil für unser Wohlbefinden verantwortlich. Sie werden bei Schmerzen ausgeschüttet, bei Überlastung und bei Glücksgefühlen. Wenn sich der Magen mit einem Salatblatt quält oder Sie sich beim Spazieren einen leichten Kratzer zugezogen haben, sind es die Endorphine, die dafür sorgen, daß die Angelegenheit nicht zu schmerzhaft wird, Sie sie meist nicht registrieren.

Bei den genannten Höchstleistungen werden ab einer gewissen Belastungsgrenze vermehrt Endorphine ausgestoßen, was den Läufer in einem euphorischen High hält. Die Bezeichnung Endorphine stammt aus der Kombination von Endogen und Morphin - also interne Morphine.

Das erklärt auch, warum Drogen wie Heroin oder Morphium eine so durchschlagende Wirkung erzielen. In einer ruhigen Minute hat die Natur einen bestimmten Mohn geschaffen, dessen Wirkstoffe genau in das Schloß der Endorphinrezeptoren passen, und somit Höhenflüge induzieren. Wenn Morphine aber in schöner Regelmäßigkeit von außen zugeführt werden, sieht das Gehirn keine Veranlassung mehr, die Eigenproduktion weiter zu fahren. Das macht den Entzug für den Junkie zur echten Qual. Bis das Gehirn die Endorphinproduktion wieder aufnimmt, schmerzt ihn jede kleinste Körperbewegung. *Johannes Holler* sagt über das Gehirn, es sei der größte Hersteller und Konsument von Drogen.

Eine kleine Auswahl weiterer wichtiger Neurochemikalien:

ADRENALIN

bereitet den Körper auf Streß vor und aktiviert ihn. Zudem unterstützt es das Gedächtnis, was als *Blitzlicht-Effekt* bekannt wurde: Viele Amerikaner erinnern sich noch, wo sie waren, als sie von Kennedys Ermordung hörten. Adrenalin kommt mehr als Hormon, denn als Neurotransmitter vor.

DOPAMIN

ist eine Vorstufe des Adrenalins und hat einen großen Anteil an unseren motorischen Fähigkeiten. Es ist aber auch zuständig für Glücksgefühle und Wohlbefinden. Daher wird es in den Staaten das *Blizz-Hormon* genannt. Es wird von Kokain getriggert. Zuviel Dopamin taucht allerdings (oder eben deswegen?) auch bei Schizophrenen auf.

SEROTONIN

Bei Untersuchungen mit Spitzenathleten kam heraus, daß die Gewinner eines Wettkampfes einen sehr hohen Serotoninlevel hatten, während die Verlierer auf einem sehr niedrigen Niveau dümpelten. Serotonin hat also sehr viel mit Selbstvertrauen zu tun. Es ist der Wirkstoff von Prozac, dem Wohlfühlmedikament in den Staaten.

Da es mit der Zirbeldrüse in Verbindung gebracht wird, dem dritten Auge der indischen Philosophie, könnte es spirituelle Aspekte haben. Der Baum, unter dem Buddha erleuchtet wurde, war jedenfalls ein Bo-Feigen Baum. Diese Feigen enthalten besonders viel Serotonin. Und sowohl LSD als auch MDMA (Extasy) bringen den Sorotoninspiegel in Bewegung.

• MELATONIN

Steht in engem Zusammenhang mit dem Tag/Nacht Rhythmus, wird daher auch als Anti-Jet-Lag-Wundermittel gehandelt. Es ist ein sehr kraftvolles Antioxidant, was ganz einfach bedeutet, daß es sehr gesund ist. Da es direkt auf das hormonelle, nervöse und Immunsystem wirkt, trägt es zu einem langen Leben bei. Im Schlaf, der Regenerationsphase wird es vermehrt ausgeschüttet. Allerdings ist die Frage nach der Überdosierung noch nicht hinreichend geklärt.

• ACETYLCHOLIN

Ist für Lernen und Gedächtnis unbedingt notwendig und kommt im Gehirn am häufigsten vor.

Die Aufstellung erhebt keinen Anspruch auf Vollständigkeit, im Gegenteil. Dies ist nur eine geringe Auswahl und die Zahl der bekannten Transmitter nimmt immer noch zu. Auch sind die Aufgabenbereiche der einzelnen Hormone so komplex, daß sie immer mehr Aufgaben aufgebrummt bekommen. Es wird Sie nicht überraschen, daß auch hier höchste Komplexität angesagt ist:

Der Kompetenzbereich von Serotonin zum Beispiel ändert sich von Ort zu Ort, von motorischer Aktivität bis zur Angst. Das steht im krassen Gegensatz zu unserem 100-Meter-Beispiel, und stört die Natur überhaupt nicht.

Oder: Bei der *Parkinson*-Krankheit verlieren die Betroffenen die Kontrolle über ihre motorischen Fähigkeiten und fangen immer heftiger an zu zittern. Der Grund liegt darin, daß die Rezeptoren für Dopamin aus bisher unbekannten Gründen absterben. Auch Medikamente helfen nicht lang, da sich der Körper an das jeweilige Medikament gewöhnt und die Wirkung immer geringer wird. In Schweden hat man ethisch umstrittene Versuche unternommen, in denen man Neuronen aus den Gehirnen von abgetriebenen Föten in das motorische Zentrum injiziert. Das bringt den Patienten für einige Zeit Erleichterung, aber auch diese Neuronen sterben mit der Zeit ab. Trotzdem sind diese Menschen teilweise ganz hervorragender Laune.

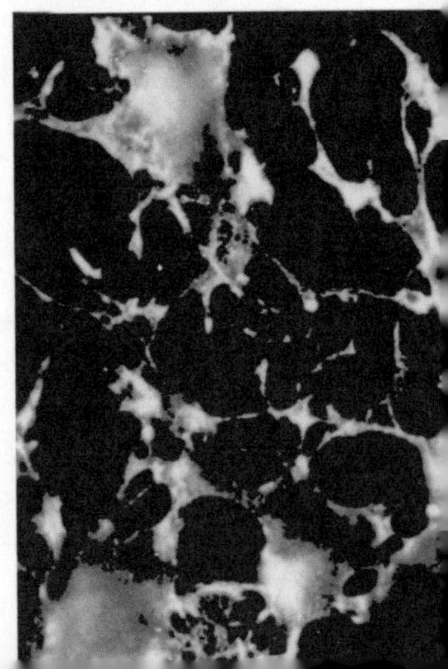

Neurotransmitter haben häufig mehrere Funktionen und wirken im Körper auch als Hormone, siehe Adrenalin. Sie bereiten den Körper auf unterschiedliche Situationen vor. Sollte vor Ihnen im Wald plötzlich besagter Bär auftauchen, wird Ihr RAS in Rekordzeit sämtliche Reaktionen einleiten, um Ihr weiteres Überleben auf diesem Planeten zu sichern. Dazu gehört die klassische FIGHT OR FLIGHT -, also Kampf-oder-Flucht-Reaktion. Ihre Atmung geht schneller und findet nur im Brustbereich statt, das Herz rast, Adrenalin wird in rauhen Mengen ausgeschwemmt und stimuliert ein hochkomplexes System, um dem Stressor - der direkten Präsenz des Bären ohne schützenden Zaun - gerecht zu werden. Jetzt sind Sie in der Lage, Ihre ganz persönliche 100-Meter Bestzeit ganz locker zu halbieren.

Durch die körperlichen Aktionen, die üblicherweise auf die Aktivierung folgen, werden die Hormone im Körper wieder abgebaut und Sie haben eine hochinteressante Geschichte zu erzählen, wenn Sie nach 15 Minuten im 5 Kilometer entfernten Dorf ankommen. Man könnte fast behaupten, daß dieses System in unserer heutigen Gesellschaftsform überholt ist, die Evolution in den meisten westlichen Zivilisationen den Gegebenheiten hinterherhinkt. Denn Bären sind in unseren Breiten eher selten und sogar in New York sinkt die Verbrechensrate - die Kampf-oder-Flucht-Reaktion wird in ihrem gesamten Ablauf nur noch sehr selten gebraucht.

Pädagogisch wertvoller Einschub: Jetzt stellen Sie sich vor, Sie sitzen vor dem Fernseher und sehen sich einen spannenden Film an. Der Held ist in einer aussichtslosen Situation, Sie beben und zittern. Ihr Reptiliengehirn bemerkt die Situation - Gefahr! - und bereitet den Körper auf Angriff und Verteidigung vor, indem es Adrenalin ausschüttet. Das ist der Moment, in dem Sie sich an einer Mandarine festkrallen, oder was sonst gerade verfügbar ist. Nun ist der Film zu Ende, der Held hat es geschafft und Sie möchten ins Bett. Aber in Ihrem Körper wartet nach wie vor das Adrenalin darauf, durch eine körperliche Aktion abgebaut zu werden. In dieser Situation schläft man nicht nur schlecht ein, auf Dauer wird dieses Verhalten für den Körper zur echten Belastung.

Dieselbe Situation haben Sie im Büro, wenn Sie unangenehme Telefonate führen, in Meetings diskutieren oder Ihr Chef Sie rufen läßt (je nach Verhältnis). Auch hier wird Adrenalin aufgebaut, und Sie sollten danach zumindest für drei Etagen auf den Aufzug verzichten. Andernfalls entwickelt sich ein ausgewachsener Dauerstreß, denn der Körper fährt über einige Zeit am Rande seiner Kapazitäten. Und wie wir später sehen werden, ist das nicht unbedingt wünschenswert, es folgen streßbedingte Störungen.

Doch zurück zum Gehirn:

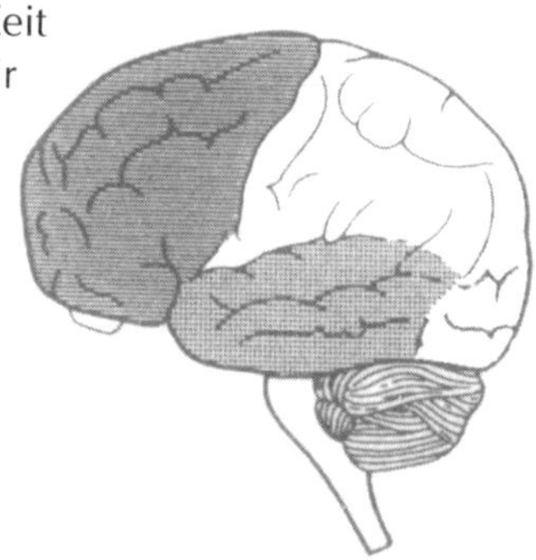

Kurz & Knapp:
- Das Hirn kommuniziert chemisch und elektrisch
- Hormongesteuert - da ist was dran
- Es gibt bestimmte Information-Highways im Gehirn

Alles schwingt

Durch die Kommunikation der Neuronen untereinander entstehen Schwingungen, die von dem deutschen Arzt Hans Berger in den 30er Jahren in Jena erstmals entdeckt wurden. Sie lassen sich am *EEG* ableiten und beobachten. Bis vor 30 Jahren dachte man, diese Schwingungen gehörten zum Autonomen Nervensystem und lägen damit außerhalb des bewußten Einflusses. Doch die Biofeedbackpioniere *Elmar* und *Alyce Green* kamen in den 70ern zu ganz anderen Ergebnissen. Bei ihrer Arbeit mit Zenmönchen stellten sie erstmals fest, daß ein Mensch ganz bewußt auch den Thetazustand erreichen kann. Natürlich durch massives Training, aber immerhin: Das war neu.

Die Gehirnfrequenzen werden in vier Bereiche unterteilt:

- Im Schlaf schwingen die Neuronen zwischen 0,5 und 4 Hz, das heißt bis zu vier mal pro Sekunde. Dieser Bereich wird DELTA-Bereich genannt. Der Körper erholt sich, Selbstheilungskräfte sind aktiviert, das Bewußtsein liegt im Tiefschlaf oder auch im Koma.

- Während tiefer Trance, in Hypnose und in sehr tiefer Meditation schwingen die Neuronen in THETA, zwischen 4 und 7 Hz. Theta ist ein zweischneidiges Schwert, in den Staaten gibt es derzeit eine große Diskussion darüber, wie es zu bewerten sei, denn es scheint *gutes* und *schlechtes* Theta zu geben.
  Schlechtes Theta tritt vereinzelt in bestimmten Gehirnregionen auf, hat eine niedrige Amplitude - also einen niedrigen Ausschlag am Bildschirm - und bietet daher wenig Energie. Menschen mit regelmäßigem schlechten Theta leiden an Konzentrationsschwäche und Motivationslosigkeit.
  Gutes Theta, und das ist unser Thema, tritt in beiden Hemisphären großflächig auf und hat eine hohe Amplitude, also viel Energie.
  In diesem Bereich lassen sich Informationen, die nicht kognitiv verarbeitet werden müssen, am besten aufnehmen. Bei Erwachsenen läßt sich (gutes) Theta meist nur noch kurz vor dem Einschlafen oder kurz vor einem Aha-Effekt, wenn die *Kreativität* am größten ist, messen. Kinder dagegen sind sehr häufig in Theta, unabhängig von ihrer Tätigkeit. Hier scheint ein

magischer Bereich zu existieren, der uns Erwachsenen im Laufe unserer persönlichen Evolution abhanden kommt.
Theta ist der vielleicht interessanteste Frequenzbereich, da er einen Schlüssel zum Unterbewußten bietet. Phantasie und Bilderwelt sind hier am meisten ausgeprägt. Aufgrund der Korrelation *Kindheit-Theta* tauchen in diesem Zustand oft Kindheitserinnerungen auf, denn Theta ist der Speicher aller Erinnerungen. Mit Speicher ist hier nicht die digitale, sondern die staubige Version gemeint.
Die Greens stellten fest, daß sehr weit fortgeschrittene Mönche mit fünfzehn Jahren Erfahrung und mehr, in der Meditation in Theta gelangten. Bei weniger erfahrenen Mönchen waren Alphawellen dominant.

- In konzentrierten Phasen, bei nach innengerichteter Aufmerksamkeit und der leichten Meditation zeigen sich im EEG Frequenzen von 7 bis 12 Hz, dem ALPHAbereich. Als er entdeckt wurde, kam es zu Sensationsmeldungen wie *Alpha - the royal route to Nirvana*. 1000e von Menschen besorgten sich ein EEG-Biofeedback-Gerät und entdeckten, daß sie ihr Gehirn in einen ruhigen und entspannten Zustand bringen konnten. Aber das war auch schon alles. Kein Nirvana. Die Enttäuschung war so groß, daß die Zahl der Alpha-erforschenden Wissenschaftler innerhalb kürzester Zeit von 6.000 auf 12 sank und die positiven Auswirkungen der Thetafrequenzen kaum bemerkt wurden. Hier beginnt die Geschichte der Greens. Wenn auch die Erleuchtung woanders zu suchen ist, vielleicht nicht einmal im Gehirn, hat Alpha doch seine Vorteile: es ist genau der richtige Zustand, um aktiv zu lernen und Informationen zu bearbeiten. Gehirn und Benutzer befinden sich in einem entspannten und doch energetischen Zustand. Hier zeigt sich, wie nahe Meditation und Konzentration beieinander liegen. Konzentration ist im oberen, Meditation im unteren Alphabereich angesiedelt, die Grenze ist fließend. Die Biofeedbackforscherin *Barbara Brown* beschreibt Alpha-dominante Personen als logisch, intellektuell angeregt, gefühlsbetont, gehobener Stimmung, träumerisch, tolerant und phantasievoll. Ein Zustand, in dem man öfter sein sollte. Zuwenig Alphaaktivität steht für Streß und erhöht die Anfälligkeit für Krankheiten.

- Leider verbringen wir Erwachsenen, die wir nicht regelmäßig meditieren, unseren Alltag meist im unsynchronisierten BETAbereich, zwischen 12 und 32 Hz Die Aufmerksamkeit ist nach außen gerichtet und je höher die Frequenz, um so hektischer wird das Verhalten. Aber natürlich haben Betafrequenzen ihren Sinn, nicht nur kurz nach dem Aufstehen, wenn zumindest ich gerne in Beta wäre, mein Gehirn sich allerdings noch nicht von Theta lösen kann.

Auch Beta hat zwei Seiten. Es kann bei hoher Amplitude für Wohlgefühle, hohe Konzentration auf die Umgebung, Wachheit und gezielte Aktion stehen. In einem Biofeedback-Training mit hyperaktiven Kindern (die sehr häufig schlechtes Theta haben und ihre geistige Stagnation durch körperliche Aktion ausleben) auf Beta, stellte man eine IQ-Steigerung von 25% fest. Und um wirklich wach zu sein, ist Beta unentberlich.

- Es gibt einen Zwischenbereich, der relativ neu ist: der *sensory motor rhythm*, kurz SMR. Der SMR liegt im unteren Beta an der Grenze zu Alpha, bei 13 bis 15 Hz. So bietet er das beste aus zwei Welten, steht für hohe Intelligenz und schnelle Reaktionen. In Untersuchungen mit Stimulation auf den SMR gingen bei den epileptischen Versuchspersonen die Anfälle rapide zurück. Den Zustand selbst vergleicht *Michael Hutchison* mit dem einer Katze vor einem Mauseloch: entspannt aber jederzeit bereit.

Diese Einteilung ist nicht dogmatisch zu betrachten, die Übergänge sind immer fließend und stellen nur Tendenzen dar. Es gibt auch eine Einteilung der schottischen Forschungsgruppe *Equinox*, die die Grenzen bei 4, 8 und 16 Hz zieht. Man beachte die harmonische Aufteilung - und die Natur liebt harmonikale Einteilungen.

Auch taucht im Gehirn natürlich niemals nur eine einzige Frequenz auf, das wäre zu einfach. Es kann sein, daß ein gewisser Teil Ihres motorischen Zentrums in Alpha schwingt, während Sie in der REM-Phase vom Skifahren träumen. Das Resthirn genießt währenddessen die Vorzüge von Delta. Auch im Alltag handelt es sich immer, je nach situativer Anforderung, um Frequenzcocktails. So ist für Aufgaben mit hoher Anforderung die Kombination Beta/Theta sehr zu empfehlen.

Interessant wird es, wenn beide Gehirnhälften die jeweiligen höchsten Ausschläge, die Peaks, gemeinsam erreichen - dann spricht man von *Hemisphärensynchronisation*, einem sehr kraftvollen und geistig enorm potenten Zustand. Doch dazu später mehr.

Kurz & Knapp:

- Delta: Tiefschlaf, Rekonvaleszenz
- Theta: Sehr tiefe Meditation, Kreativität
- Alpha: Leichte Meditation, Konzentration
- Beta: Aktivierung, Aufmerksamkeit nach außen, Hektik

Literatur

- Robert Ornstein - Unser Gehirn, ein lebendiges Labyrinth
  ISBN 3-498-05009-5 - Detailliert, toll illustriert
- Richard Thompson - Das Gehirn - ISBN 3-86025-222-4
  Extrem wissenschaftlich und genauso detailliert
- Johannes Holler - Das neue Gehirn - ISBN 3-87387-311-7
  Ein richtig gutes Buch - kompetent und gut verständlich

Evolution II

Soweit unsere trocken-wissenschaftliche Expedition in das interessanteste Organ, über das die Natur verfügt. Auch wenn kein anderes Tier ein derart nobel ausgestattetes Gehirn sein eigen nennen kann, sind wir trotz aller obigen Fakten noch weit davon entfernt, die genaue Arbeitsweise in aller Tiefe und Breite zu verstehen.

Wenn das Gehirn so einfach wäre, daß wir es verstehen könnten, wären wir so einfach, daß wir es nicht verstehen könnten.
Emerson Pugh Trost

Stellen Sie sich vor, Ihr Telefon klingelt. Das Stammhirn schlägt Alarm und meldet dem Großhirn, daß da ein Reiz unterwegs ist. Das Limbische System steuert die allgemeine Befindlichkeit zur Diskussion bei (*nein, wir hatten heute einen harten Tag, wir werden nicht abheben . . .*), das Großhirn wägt alle eingebrachten Faktoren ab, macht eine Aufstellung von für und wider, entscheidet schlußendlich, dreht sich und den Körper auf die andere Seite und läßt es einfach klingeln.

Das war einfach. Wie allerdings Ideen, Geistesblitze, Visionen und Pläne entstehen, kann uns auch kein Kernspintomograph beantworten.

STARTFREIGABE

Es ist allerdings auch nicht einfach, etwas zu verstehen, was sich ständig wandelt. Die *Gesellschaft für Rationelle Psychologie* (GRP) in München macht seit den 70ern alle fünf Jahre eine große Untersuchung mit den Deutschen. Dabei werden auf sogenannten *Testparties* sensorische Fähigkeiten wie Geschmack, Geruch oder Gehör, sowie kognitive Fähigkeiten getestet.

Ein handfestes Ergebnis: mit Geschmack und Geruch geht es steil bergab. Um die gleiche Sensation dieser Nervenzellen zu erleben, brauchen wir heute den doppelten Input an Reizen, als noch vor zwanzig Jahren. Aber die GRP hat auch herausgefunden, daß sich das Bewußtsein und die Auffassungsgabe der Deutschen rapide verändern. Es scheinen ganze Verbindungen zwischen Sehzentrum und Limbischem System zu den Akten gelegt zu werden. Das Gesehene wird nicht mehr bewert, und damit kann das Gehirn viel schneller aufnehmen und auch scheinbar widersprüchliche Informationen parallel verarbeiten und umsetzen. So ist es heute kein Problem mehr, Porsche zu fahren, und trotzdem Greenpeace zu unterstützen - eine leichte, gesellschaftlich inzwischen etablierte Schizophrenie. *Gerd Gerken* nennt diese Generation die *Hyperrealisten.*

Den ersten Shift in das neuronale Multitasking erlebten die Generationen ab Baujahr 1946. Richtig interessant wird es ab Baujahr 1965 - hier spricht die GRP von *Turbohirnen.* Wenn die Entwicklung so weitergeht, vermutet *Henner Ertl*, der Versuchsleiter, werden in fünfzig Jahren völlig andere Menschen leben, die anders fühlen, denken und entscheiden. Natürlich paßt sich die Natur den veränderten Gegebenheiten an, aber wer hätte gedacht, daß es so schnell geht.

Die GRP steht mit Ihren Erkenntnissen nicht allein, in den Industrieländern werden zunehmend ähnliche Erkenntnisse gewonnen. Das Gehirn verändert sich.

How come? Wir haben seit einigen Jahren keinen Mangel mehr an Information, wir haben Farbfernsehen. Wenn Sie sich kurz überlegen, wieviele Informationen wir in fünfzehn Minuten Tagesschau bekommen - davon mußten unsere Großeltern bestimmt zwei Monate leben. Wir wissen, wie es in Südafrika oder der Antarktis aussieht, auch wenn wir körperlich noch nie dort waren. Zusätzlich werden wir ohne Ende im MTV-Format mit Bildern und schnellen Schnitten beschossen, was der rechten Hemisphäre sehr entgegenkommt - eine kulturell bedingte Gehirnmodulation. Und da soll noch einer sagen, Fernsehen bildet nicht.

Der Fortschritt mach das Leben für unsere Muskeln leichter, aber nicht für unser Gehirn
J. A. Wojciechowsk

Ähnliches gilt, wie ich vermute, auch für Geschmacks- und Geruchsnerven, oder waren Sie vor 30 Jahren schon in einem mexikanischen Restaurant? Pizza ist für uns zum Grundnahrungsmittel geworden. Daher müssen unsere Geschmacksnerven gar nicht mehr so sensibel sein, um täglich ein Maximum an Genuß aus einer Portion Kartoffeln mit Kraut herauszuholen (obwohl unbestritten ist, daß wir langsamer, bewußter und gesünder essen könnten!).

Hier könnte man jetzt stundenlang diskutieren, denn ich persönlich sehe diesen neuronalen Shift durch die Brille eines Basisoptimisten. Sie können genausogut entgegenhalten, daß unsere Nahrung künstlich abgeschmackt wurde und wir daher keinen Sinn für die subtileren Reize der Natur haben. Und tatsächlich, Turbohirne haben auch ihre Schattenseiten. So geht das *Mitleid* ganz gravierend bergab. Klar, denn auch Mitleid beginnt im Limbischen System. Das stimmt bedenklich.

Auf der anderen Seite sehe ich eine Riesenchance, denn wie wir später sehen werden, sind es zum Großteil *Bewertungen*, die uns das Leben vermiesen. Nicht umsonst bemühen sich Millionen von Buddhisten, nicht zu bewerten - den Geist frei von Vorurteilen zu halten und nur wahrzunehmen, was tatsächlich geschieht. Und so kommt diese Trennung von optischem Reiz und limbischer Kategorisierung - entsprechend angewendet, durchaus einem pseudoerleuchteten Zustand gleich. Es kommt drauf an, was man draus macht.

Ein menschliches Wesen sollte in der Lage sein, eine Windel zu wechseln, eine Invasion zu planen, ein Schwein zu schlachten, ein Schiff zu steuern, ein Gebäude zu planen, ein Sonett zu schreiben, Konten abzuschließen, eine Mauer zu bauen, einen gebrochenen Knochen zu richten, die Sterbenden zu trösten, Befehle anzunehmen, Befehle zu geben, zusammenzuarbeiten, allein tätig zu werden, Gleichungen zu lösen, ein neues Problem zu analysieren, Mist zu gabeln, einen Computer zu programmieren, ein schmackhaftes Mahl zu bereiten, wirkungsvoll zu kämpfen und tapfer zu sterben. Die Spezialisierung taugt für Insekten.
R. Heinlein

Vor einigen Jahren begegnete ich einem typischen Turbohirn. Der Kleine war in der Lage, mir sämtliche Tiere zu nennen, die er im Zoo gesehen hatte, kannte mehr Automarken als ich (was zugegebenermaßen nicht so schwierig ist), wußte, wie er seine Lieblings-CD zum Spielen brachte (seine Mutter wußte das noch nicht) und war gerade 18 Monate alt.

Wenn Sie gerade Eltern geworden sind, achten Sie doch einmal auf die Entwicklungsschritte Ihres Sprößlings und erkundigen Sie sich bei Ihren Eltern, was Sie selbst in diesem Alter getrieben haben - aber hüten Sie sich vor Minderwertigkeitskomplexen.

AUSBAUFÄHIG

Um Ihnen wieder Mut zu machen, ähnliches funktioniert nicht nur im gesellschaftlichen Bereich, sondern auch in unserer ganz persönlichen Entwicklung. *Mark Rosenzweig,* ein Wissenschaftler in den USA, konnte mit seinen inzwischen legendären Untersuchungen mit Ratten belegen, daß das Gehirn durchaus zum Wachstum fähig ist.

Dazu arbeitete er mit drei Gruppen von Ratten. Die erste Gruppe wurde in Einzelhaft gehalten, wenig Licht, allein im Käfig, zweimal pro Tag Futter, keine Ansprache. Die zweite Gruppe wurde unter den üblichen Laborbedingungen gehalten: zwei bis drei Tiere, Licht, aber kein Entertainment. Die dritte Gruppe lebte in Rudeln bis zu fünfzehn Tieren in einer Art Abenteuerspielplatz. Jede Woche wurde die Einrichtung verändert, um den Tieren ein Höchstmaß an Information zu liefern.

Im ekligen Teil der Untersuchung wurde dann das Gewicht der Gehirne der einzelnen Gruppen verglichen. Dabei stellte sich heraus, daß die Einzelhaftgruppe weitaus leichtere Gehirne (= weniger dichtes Gewebe) hatte, als die Gruppe aus dem Abenteuerspielplatz. Es zeigte sich eine deutliche Abhängigkeit zwischen Information in der Umgebung und Dendritendichte; im einzelnen ergaben sich folgende Ergebnisse:

- Vermehrung der dendritischen Verästellungen
- Vermehrung der dendritischen Fortsätze pro Längeneinheit des Dendriten
- Vermehrung der Synapsen
- Vergrößerung der synaptischen Kontaktfläche
- zahlenmäßige Zunahme der Gliazellen um 15%

Dazu muß man wissen, daß sich jedes Mal, wenn Sie etwas neues hören und lernen, von einem Neuron zum nächsten eine Verbindung bildet. Wenn dieses Buch für Sie interessant ist und ich meinen Job gut mache, dann bilden sich in dieser Sekunde Hunderte von synaptischen Verbindungen in Ihrem Gehirn, indem sich an den Dendriten neue Äste zu anderen Ästen bilden - Ihre Neuronen glühen im Wachstum und vernetzen sich fortlaufend. Dieser Prozeß heißt *lernen*.

Zurück zu den Ratten: Der zweite Schritt der Untersuchung bestand darin, Einzelhaftratten in den Abenteuerspielplatz zu setzen, um deren weitere Entwicklung zu beobachten. Das Ergebnis war verblüffend: in der superreichen Informationsumgebung hatten auch diese Ratten nach 30 Tagen dieselbe Gewebedichte wie ihre Kollegen, die schon einige Monate im Informationshimmel gelebt hatten. Dabei war es nicht einmal wichtig, ob es sich um alte oder junge Tiere handelte. Soviel zum Thema der zwangsläufigen altersbedingten Demenz.

Wenn man Rattengehirne mit Menschengehirnen vergleichen kann - und es gibt außer einem gewissen entwicklungsgeschichtlichen Standesdünkel keinen Grund, dies nicht zu tun - bedeutet das für den Menschen, daß ein hohes Maß an Information die kognitiven Fähigkeiten bis ins hohe Alter

Das Gehirn von oben nach unten gescant

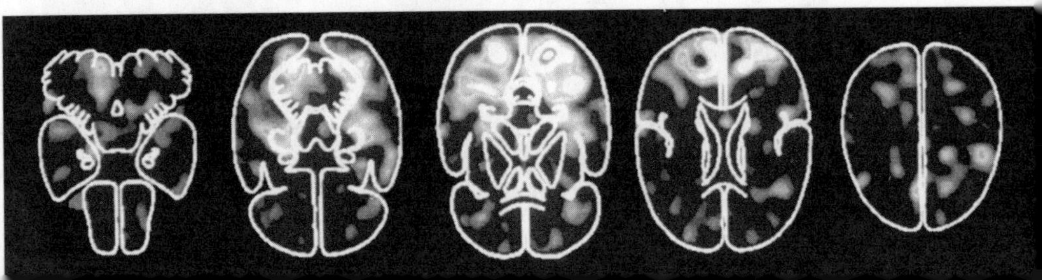

funktionsfähig hält. Information wird definiert als etwas, das neu ist, das wir vorher noch nicht kannten. Information ist damit das Gegenteil von Langeweile. Aber Vorsicht vor Extremen - bei einem dauerhaften Zuviel an Information, einer Überlastung, geht dieser Aspekt wieder verloren und schlägt in Streß um. Achten Sie daher darauf, daß Sie ein wirkliches Interesse an den Neuheiten haben, daß der Spaßfaktor möglichst hoch ist.

Ansonsten gibt es an dieser Stelle nur einen logischen Tip: lernen Sie. Wann immer und wo immer und wieviel auch immer Sie können.

Das Gehirn bei der Arbeit: Der PET-Scan zeigt die stärker durchbluteten und damit aktivierten Areale. Je heller, um so aktiver.

A. Passives Betrachten von Wörtern
B. Hören von Wörtern
C. Aussprechen von Wörtern
D. Generieren geeigneter Verben

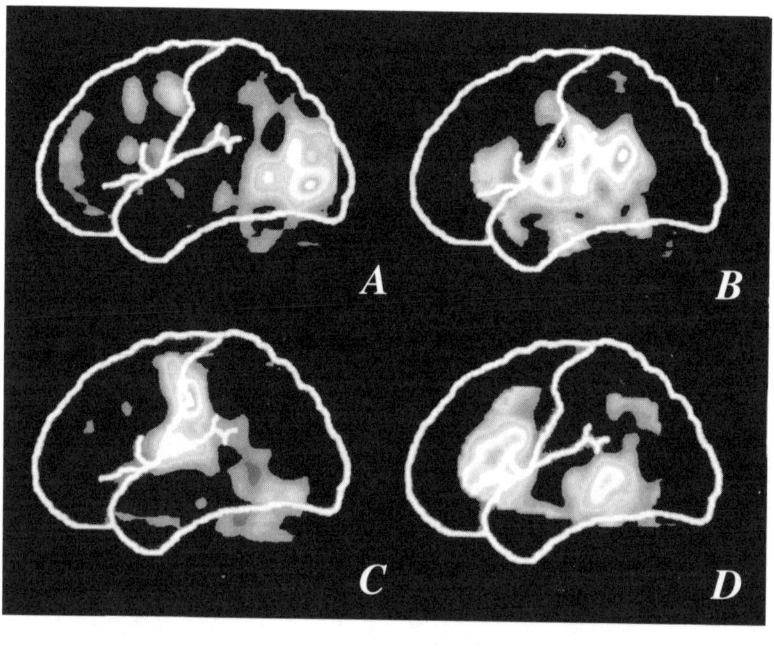

Kurz & Knapp:
- Intelligenz ist machbar
- Intelligenz ist eine Sache der Stimulation
- Intelligenz ist eine Sache der Motivation

Herz und Hirn

Man kann nicht über das Gehirn schreiben, ohne das Herz zu würdigen. Denn beide haben eine enge Verbindung: Zum einen direkt neuronal, aber das ist nicht überraschend. Zum anderen bei den Gehirnforschern, die von ganzem Herzen bei der Sache sind.

Ganz vorne mit dabei der genialste EEG-Forscher, den ich zumindest in Deutschland, wahrscheinlich sogar in Europa, kenne. Sein Name ist *Günter Haffelder* und er ist der Leiter des Instituts für Kommunikation und Gehirnforschung. Er hat ein Herz wie ein Wal. An seinem Institut zeigt sich, wie die neuen Erkenntnisse zum Gehirn außerhalb von Krankenhäusern und Militärbasen vielversprechend eingesetzt werden können.

Haffelder begann seine akademische Laufbahn als Physiker, und entwikkelte schon in jungen Jahren ein Grundlagenpatent. Diese Phase dauerte allerdings nicht lange, und er studierte nochmals, diesmal Psychologie. Nach einigen Jahren als Managementtrainer begann er sich intensiver mit dem Gehirn zu befassen und kaufte sich zum Einstieg ein altes EEG. Das EEG wurde seitdem diverse Male ausgetauscht und auf den neuesten Stand der Technik gebracht, die Versuchsreihe dagegen läuft immer noch. Unter anderem mit Hunderten von Heilern, Dutzenden von Schnelldenkern, PSI-Experten, Gedächtniskünstlern, Topmanagern, heiligen Männern und Rennfahrern.

LERNEN UND LERNEN LASSEN

In den Genuß der praktischen Einsatzmöglichkeiten seiner Technik kamen auch an die 2.000 Schulkinder. Haffelder dazu: *Ich finde es schrecklich, wie Kinder mit etwas geplagt werden, was im Grunde ganz einfach ist: Lernen und spielerisch etwas zu erreichen. Wenn Eltern und Erzieher wüßten, wie unser Gehirn funktioniert, wenn sie wüßten, wieviel ein Lob an der richtigen Stelle bewirken kann, dann wäre sicher vieles leichter. Oder eine Berührung im richtigen Moment, um einen Anker zu setzen - so geht Lernen sehr viel schneller. Wenn ich jedoch einen Klaps als Strafe gebe, programmiere ich das Kind grundfalsch! Würden wir unser Wissen vom gehirngerechten Lernen anwenden, hätten wir eine leichtere Welt. Ich will nicht sagen bessere, aber sicher eine leichtere. Und ich möchte mit dazu beitragen, Mittel zu entwickeln, um leichter mit dem Lernen umzugehen.*

Vor seinem interdisziplinären Hintergrund entwickelte Günter Haffelder einen gänzlich neuen Ansatz, unser Drei-Pfund-Universum zu beobachten. Vor allem reizt ihn die Verbindung von Gefühlen und Denken: Uns interessiert zum Beispiel die Frage, was geht in einer Person vor, die lernt oder über etwas Bestimmtes nachdenkt. Dies ist natürlich ein revolutionärer Ansatz, verglichen mit einem amtsärztlichen EEG - normalerweise werden die Frontallappen an der Stirn vermessen, Haffelder dagegen mißt am Limbischen System, also hinter den Ohren.

Im Gehirn liegen, anders als im wirklichen Leben, Lernen und Lust nahe beieinander. Zu den Endorphinen, die für die Lust zuständig sind, gehört auch Acetylcholin, das, wie wir schon gesehen haben, für das Lernen enorm wichtig ist. In unserem Schulsystem werden SchülerInnen jedoch auf das Auswendiglernen von Zahlen und Fakten trainiert, und nicht auf das Lernen des Lernens. Die Rückmeldung erfolgt auch selten durch positive Verstärker, sondern meist durch benotete Tests, negatives Feedback. Das zeigt sich schon daran, daß wir nach Fehlern benotet werden. Insgesamt schafft das wenig Vertrauen in die eigenen Fähigkeiten und mehr Frust als Lust. Was in diesem komplexen System zu einer Über- oder Unterproduktion besagter Neurotransmitter führen kann. Durch spezielle Software ist das Institut für Kommunikation und Gehirnforschung in der Lage, diese Verteilung zu beobachten und zu analysieren.

Es ist ein schlechtes Gedächtnis, das nur rückwärtsgerichtet funktioniert.
Lewis Carroll

Gemeinsam mit interessierten Lehrern entwickelte das Institut einen standardisierten Test, den sie Schüler je nach Klassenstufe ausführen ließen. Durch die parallele Messung am EEG ergibt sich ein tiefer Blick in das Gehirn des Schülers: Wo und wann treten Schwierigkeiten auf und in welchem Kontext stehen sie, wo gibt es Asymetrien der beiden Gehirnhälften und wo fehlen wichtige Frequenzen. Aus dem individuellen Profil des Schülers wird dann ein ebenso individuelles Trainingsprogramm entwickelt. Der Erfolg gibt ihm Recht: Teilweise heben sich die Leistungen der vermessenen und solchermaßen trainierten Schüler um ein vielfaches.

Günter Haffelder hat eine Reihe von Werkzeugen entwickelt, die am EEG gestellte Diagnose umzusetzen und so die erkannten Defizite auszugleichen. Dabei hilft vor allem die Tatsache, daß das Gehirn angebotene Frequenzen rasch und mühelos aufnimmt. Einige seiner Techniken sind der Mind Machine Technologie entnommen. So arbeitet er beispielsweise mit *Binaural Beats* und speziellen Licht und Ton Signalen (wir kommen noch dazu). Da die Frequenzen sehr genau sein müssen, arbeitet er mit digitaler Technik. Diese Präzision erlaubt die gezielte Übertragung von Frequenzen, die das Gehirn an sein natürliches Spektrum erinnert und angleicht: Die

Kinder bekommen eine eigens gebrannte CD, individuell auf die Bedürfnisse angepaßt und über ein spezielles Gerät abzuspielen.

Eine weitere Möglichkeit der Stimulation ist klassische Musik, die im Original, also in normaler Geschwindigkeit abgespielt, zu schnell ist, als daß sich das Gehirn darauf einschwingen könnte. Allerdings ergibt sich, bei halber Geschwindigkeit und gleichbleibender Tonhöhe eingespielt, ein ganz eigener Effekt.

Diese Technik in Verbindung mit Binaural Beats nutzte Günter Haffelder bei Menschen, zu denen sonst nichts mehr durchdringt - Komapatienten. Im Koma nimmt das visuelle Zentrum des Gehirns keine Informationen mehr auf, wohl aber das auditive. So scheint es nur logisch und naheliegend, dem Patienten Kopfhörer aufzusetzten und bestimmte Frequenzverläufe vorzuspielen. Auch hier kann sich der Erfolg sehen lassen: Zehn von zehn Versuchspersonen erwachten binnen kurzer Zeit. Dieses System kommt modifiziert auch bei Schlaganfallspatienten zum Einsatz. In Kombination mit bestimmten Bewegungsabläufen werden neue Bahnungen angelegt und - je nach Patient - entwickeln sich die Lähmungserscheinungen zurück.

Interessanterweise bedeuten Musikfrequenzen keine Einbahnstraße. Haffelder entdeckte, daß die charakteristischen Gehirnfrequenzen von depressiven Patienten oktaviert und in Musik umwandelt (wobei es einem Rechner egal ist, ob er die Daten als Musikfrequenzen, Graphik oder in Zahlen ausgibt), verdächtig nach Moll klingen. Bei glücklichen oder besonders begabten Menschen ist die neuronale Musik sehr harmonisch und der Zuhörer möchte geradewegs mittanzen.

SOFTWARE UND HARDWARE

Haffelders Ansatz, das Gehirn nicht nur von der rationalen Seite zu betrachten, korreliert mit den neuesten Erkenntnissen von *Antonio Damasio*. Er arbeitete mit Patienten, die eine ganz bestimmte Kombination von Gehirnschädigungen erlitten hatten, unter denen primär die emotionalen Teile gelitten hatten (in diesem Fall im Cortex lokalisiert). Diese Menschen waren vor ihrem Unfall häufig als sehr sensible, auch durchsetzungsstarke, aber immer freundliche Personen beschrieben worden. Nach dem Unfall entbehrten sie sämtlicher sozialer Aspekte, anders ausgedrückt, sie benahmen sich ihren Mitmenschen gegenüber ziemlich gräßlich. Es war, als seien sie geradewegs ausgetauscht worden. Die soziale Verrohung hatte noch einen interessanten Nebenaspekt: Die Patienten waren nicht mehr in der Lage, logische Entscheidungen zu treffen und diese umzusetzen. Zwar entwickelten sie nach wie vor jede Menge Pläne, viele davon aber so abgehoben, daß sie weder umsetzbar waren, noch irgend jemand sie ernst nahm. Was man im Allgemeinen als Vernunft bezeichnet, war bei ihnen nur noch rudimentär vorhanden.

Es scheint so zu sein, daß Vernunft ohne die entsprechenden emotionale Rückendeckung nicht machbar ist. Damasios These lautet, daß zu den täglichen Situationen und Entscheidungen der Körper gewisse Empfindungen produziert, die uns bei der Entscheidungsfindung unterstützen. Wenn Sie sich überlegen, ob Sie sich vor den nächsten Zug werfen sollen, wird Ihr Körper wahrscheinlich mit einem lautstarken *Autsch* antworten, was Sie hoffentlich von dieser Tat abhält. Intuition scheint eine Angelegenheit des Körpers zu sein. Dafür sprechen auch Dinge, die Ihnen schwer im Magen liegen oder an die Nieren gehen.

Während Damasio daraus schließt, daß so etwas diffuses wie eine Seele garnicht von Nöten ist, gibt es zum Glück weitere Tatsachen:

Ohne Ihnen Angst machen zu wollen, aber die pure Tatsache Ihrer Existenz bedeutet nicht zwangsläufig, daß Sie mit einem Gehirn ausgestattet sind. In den Staaten wurde der Fall eines Mathematikstudenten bekannt, der mit dem Auto gegen einen Baum fuhr und an den Folgen des Unfalls starb. Bei der anschließenden Obduktion stellte sich heraus, daß dieser Student kein Großhirn besaß. Zwar gab es eine dünne Zellschicht, aber diese war direkt an der Schädeldecke angewachsen und hatte keinerlei Verbindung zum Limbischem System oder zum Stammhirn. Tatsächlich treten solche Fälle häufiger auf, nur studieren die Betroffenen normalerweise nicht Mathematik. Dieses Beispiel zeigt, daß wir weder Mathematik noch das Gehirn überbewerten sollten.

Kurz & Knapp:
- Lust und Lernen liegen nahe beieinander
- Vernunft ist ohne Emotion nicht denkbar
- Intuition ist tief im Körper verankert

Literatur

- Antonio Damasio - Descartes' Irrtum - ISBN 3-423-30587-8
  Trotz Materialismus ein tolles Buch

- Paul Churchland - Die Seelenmaschine - ISBN 3-8274-0125-9
  Damasios Philosophenspezi - Feindesland, aber interessant

Bahn frei!

Das biologische Gehirn hat gegenüber dem Siliziumgehirn meines Macs einen entscheidenden Vorteil: es ist vernetzt und flexibel. Das menschliche Gehirn kann ohne größere Probleme 10% seiner Masse verlustig gehen, vorausgesetzt, es handelt sich um keinen spezialisierten Bereich. Versuchen Sie das mal mit Ihrem Rechner, es geht garantiert schief. Die Netzwerke des Gehirns bestehen aus verknüpften Zellarealen, die auch ganze Aufgaben übernehmen. So gibt es zur Bewertung eines optischen Reizes *Was-* und *Wo-Bahnen*. In den ersteren wird die Information der Sehnerven kategorisiert, in der zweiten (in der Außenwelt) lokalisiert.

Der Entstehungsprozeß einer solchen Bahn, wie er auch beim Lernen und Abspeichern neuer Informationen abläuft, heißt *Bahnung*. Im Laufe unserer persönlichen Entwicklung bilden sich eine ganze Reihe von Bahnen heraus, die für die entsprechenden Problemlösungen herangezogen werden.

Das macht Sinn in einer Welt, die von mentalen Säbelzahntigern und fallenden Aktienkursen nur so wimmelt. Wenn es sein muß - und wir uns in diesem Gebiet auskennen - sind wir in der Lage, wie aus der Pistole geschossen Antworten, Lösungen und Bewertungen zu liefern, und können meistens sicher sein, daß wir nicht allzuweit vorbeischießen. All das, was wir in unserem persönlichen Bereich der Alltagsaufgaben haben, wird so quasi im Autopiloten erledigt.

SINN UND UNSINN

Solchermaßen automatisiert zu sein hat nicht nur Vorteile. Es bedeutet auch, daß wir mit zunehmendem Alter immer unflexibler werden. Wir entwickeln bestimmte Vorstellungen und Meinungen von der Außenwelt, speichern diese neurologisch ab und packen neue Erlebnisse in diese Schubladen. Das wird der Außenwelt nicht immer gerecht, speziell in unserer Zeit, in der das einzig Beständige der Wandel ist. Völlig unbeeindruckt von dieser Tatsache nutzen wir weiter die Trampelpfade im Hirn und passen im Notfall das Problem an die bereits bestehende Lösungstrategie an - um uns später zu wundern, daß unsere Lösung nicht funktioniert: Wir denken in eingefahrenen Gleisen.

Das Gehirn ist süchtig nach Informationen, es schaltet nie ab und produziert auch nachts noch die schönsten Bilder - aber es hat gleichzeitig auch Angst vor neuem. Jede Information, die wir bekommen, wird verglichen mit bereits bestehenden Daten. Wir suchen immer nach einem Sinn in dem, was wir wahrnehmen. Das Gehirn braucht sehr wenig Zeit, um das Wort *rot* in roter Farbe zu verarbeiten. Wird das Wort rot allerdings in blau präsentiert, müssen wir über eine interne Hürde springen, einen neuronalen Umweg nehmen, um das Wort zu lesen.

Sie können einem Bekannten eine x-beliebige Zahlenreihe nennen, und ihn jeweils die dritte oder vierte Zahl vermuten lassen. Dazu sagen Sie streng nach der Gaus'schen Verteilungskurve richtig oder falsch. Nach wenigen Minuten werden Sie ziemlich erstaunt sein, was Ihr Bekannter alles in eine völlig sinnlose Zahlenreihe interpretiert hat. Er wird Ihnen sehr genau erklären können, was Sie durch Zufall an Logik produziert haben oder entsprechend über Ihre Ignoranz empört sein. Die Suche nach dem Sinn sitzt tief.

GEBRAUCHSANWEISUNG

Wir denken angeblich 65.000 Gedanken jeden Tag. Davon unterscheiden sich keine 10% vom gestrigen Tag, und mindestens 60% sind unnützer, unfreundlicher Mumpitz. Um diesen Teufelskreis zu durchbrechen, gibt es einige Möglichkeiten. Zum einen sollten Sie nicht aufhören, zu lernen. Das bezieht sich nicht nur auf Fakten, sondern speziell auf andere Denkmodelle, Kulturen, Menschen. Zum anderen, und das ist auch nur eine weitere Form des Lernens, machen Sie Dinge, die Sie noch nie getan haben. Sie gehen nicht tanzen - los gehts. Sie waren noch nie im Rotlichtbezirk, weil man das nicht macht - laufen Sie durch, am besten mit Ihrem Partner. Sie haben Angst vor Computern - kaufen Sie sich einen.

Beschäftigen Sie sich so viel wie möglich mit Kindern. Wenn mitten auf dem Bahnhof Ihr Nebenmann plötzlich, jegliche Schwerkraftgesetze mißachtend, zu fliegen anfängt, wer wird wohl mehr überrascht sein, Sie oder das fünfjährige Kind gegenüber? Kinder haben noch kein festgestricktes Modell der Welt, sie sind viel freier im Denken - schneiden Sie sich eine Scheibe ab. Neuere Forschungsergebnisse lassen vermuten, daß sich Neuronen entgegen aller bisherigen Erkenntnisse doch regenerieren können, aber was auf Dauer nicht genutzt wird, fällt weg - *use it or loose it.*

SUBJEKTIVES GEHIRN

Eine Untersuchung der Werbebranche hat ergeben, daß das Gehirn von der Allgemeinbevölkerung als unsympathischstes aller Organe angesehen wird - wir haben Angst davor. Das hat seinen Grund, denn die Auswirkungen eines minimalen Schadens sind enorm, also lieber nicht darüber nachdenken. Denn es repräsentiert unser ganzes Fühlen, Denken, Handeln. Nichts läuft ohne das Gehirn, nirgendwo kommen Geist und Körper näher zusammen. Das Gehirn ist gleichzeitig Hard- und Software. Es ist die gesammelte

Grundlage für all das, was Sie täglich in die Hand nehmen. Denn bevor irgendwelche Produkte auf den Markt kommen, bevor ein Laden eröffnet oder ein Kunstwerk geschaffen wird, waren sie als Idee in irgend jemandes Gehirn.

Viele meiner persönlichen Umsetzungen haben Sie schon im vorherigen Kapitel gelesen - die vehemente Aufforderung, sich nach neuem umzutun, neugierig zu sein, und das Gehirn mit Informationen zu füttern. Wenn wir die Thesen von Niels Bohr entsprechend auslegen, dann tragen wir unser gesamtes persönliches Universum Tag und Nacht mit uns spazieren. Wie wir dem am besten gerecht werden, darum wird es im weiteren noch gehen. Frequenz- und Hemisphärenforschung liefern da einige praktische Hebel, die sich auch ohne großen Aufwand nutzen lassen. Vielleicht sollte ein mögliches Fazit dieses Kapitels sich an Toyota orientieren: *Nichts ist unmöglich!*

Um nun diese Ebenen zu erreichen, gibt es einige Hilfsmittel, die die Arbeitsweise des Gehirns nutzen. So lassen sich bestimmte Alpha- und Thetazustände leichter erreichen, indem man genau diese Frequenzen von außen vorgibt. Doch dazu später mehr. Ebenso wie zu den neuen Lernmethoden, die sich ebenfalls an der natürlichen Arbeitsweise des Gehirns orientieren. Das Gehirn ist wie jedes andere Wesen - wenn man darauf eingeht, kommt viel mehr rüber.

Was bleibt, ist die Frage nach der Seele. Antonio Damasio und ähnlich hochkarätige Neurologen finden zunehmend neuronale Fähigkeiten heraus, die einer Seele nicht mehr bedürfen. Emotionen, Kreativität, bis auf die Liebe wurde über die Arbeit mit neuronalen Netzwerken der gesamte Softwarebereich des Gehirns als unnütz erklärt. Selbst wenn Sie an Punkte wie Intuition denken, wissen wir inzwischen, daß und wie sich Gehirnfrequenzen von Personen in einem Raum gegenseitig überlagern und beeinflussen. Irgendwie verliert das Konstrukt *Seele* zunehmend an wissenschaftlichem Boden - die Materialisten sind auf dem Vormarsch.

Zu meinem Verdruß, wie ich zugeben muß. Da halte ich mich lieber an *Wilder Penfield*, den großen alten Mann der Gehirnforschung. Er kam nach 50 Jahren Praxis zu dem Schluß, daß Gehirn und Geist zwar eine funktionale Einheit bilden, aber keineswegs identisch sind. Aus der Quantenphysik können wir sogar im Gegenteil vermuten, daß alle Materie nur Geist ist. Die mir am vernünftigsten erscheinende Aussage kommt von *Wolfgang Pauli*, der vermutet, daß es zwischen dem Welle-Teilchen-Rätsel und dem Körper-Geist-Problem Parallelen geben könnte.

Wie läuft´s:
Der Geist

Geist (zu althochdt. geist, eigtl. „Erregung"), philosoph. Begriff, der der systemat. Unterscheidung naturgemäßer menschlicher Fähigkeiten und Tätigkeiten von bloßen natürl. Gegebenheiten dient. (...) G. ist nach Heraklit die intuitive Einsicht in das göttl. Gesetz, die allerdings nur wenigen Menschen vorbehalten bleibt.

Zu Zeiten des Heraklit war das Bildungsniveau noch etwas niedriger, inzwischen hat Einsicht mehr mit Neugier zu tun. Denn Wissen entsteht immer durch die richtigen Fragen: Warum fällt ein Stein zu Boden? Was ist Licht? Wie funktioniert das Herz?

Nun ist eine gute Frage allemal besser als eine gute Antwort, aber wer oder was stellt die Fragen? Wir fühlen uns gut, weil unser Gehirn Endorphine ausschüttet. Warum schüttet es Endorphine aus, wer hat die Anweisung gegeben? Eine Rose ist rot, aber wer entscheidet, was rot ist? Wie funktioniert Wahrnehmung, wie der menschliche Geist?

Diese letzte aller Fragen macht dem Menschen nach wie vor Kummer. 1000e von Denkern brüteten erfolglos darüber und fielen dem Vergessen anheim. Es ist die Frage aller Fragen.

Um Ihre etwaigen Hoffnungen gleich zu ent-täuschen - ich habe keinen blassen Schimmer. Aber im allgemeinen hat es, je nach Sicht der Dinge, Namen wie Psyche, Seele, Geist, Ich. Es entzieht sich beharrlich jedem Versuch, es nachzuweisen, und glauben heißt ja bekanntlich nicht wissen. Doch fast jeder glaubt in irgendeiner Form, daß da irgendwo irgendetwas sein muß/sollte/könnte. Ich zumindest werde ein sehr dämliches Gesicht machen, wenn nach meinem Tod rein garnichts passiert.

Psychoprominenz

Psychologie nennt sich die Wissenschaft, die es sich zur Aufgabe gemacht hat, die Art zu untersuchen, in der wir mit der Umwelt und auch mit uns selbst umgehen. Seit Mitte des 19. Jh. als unabhängige wissenschaftliche Disziplin etabliert, versucht sie sich in der Analyse des Bewußtseins. Aber auch Hippokrates, Platon und Aristotels waren in dieser Beziehung nicht untätig. Wir wollen allerdings mit der Person beginnen, die jeder sofort frei assoziiert:

FREUD UND LEID

Im 19. Jh. war *Sigmund Freud* (1856-1939) der erste westliche Wissenschaftler, der das Hobby erfolgreich zum Beruf machte, und sich ausschließlich um das ominöse Innenleben der Menschen kümmerte, indem er die *Psychoanalyse* begründete - und mit einer interessanten These aufwartete:

Freud stellte sich den Geist-Seele-Komplex als einen Eisberg vor. Er zerteilte die Psyche in ein ÜBER-ICH, das für den erhobenen Zeigefinger und Kontrollfunktionen zuständig ist, und ein ES, das wie ein ständig sexuell erregtes kleines Monster daherkommt und unsere ganzen unbewußten Wünsche und Gefühle durchsetzen will. Zwischen beiden, taktisch unklug, ein verzweifelndes ICH, das sich redlich bemüht, uns halbwegs erfolgreich durch den Alltag zu navigieren und ständig von beiden Seiten beschossen wird. *Es* und *Über-Ich* liegen natürlich irgendwo zwischen Trieb und elterlichen Ansprüchen in ständigem Clinch, das *Ich* als einsame Spitze des Eisberges muß es ausbaden.

Im allgemeinen wird *Es* UNTERBEWUSSTSEIN genannt und stellt sich dar wie ein nicht faßbares Etwas, das im Traum komplett die Kontrolle übernimmt und sie im Wachzustand subversiv auch hat - ausgedrückt in unseren unbewußten Handlungen, Blicken und Worten, die - für den, der sie lesen kann - sehr viel über uns verraten. Für *Freud* war das Unterbewußtsein ein unfreundlicher Ort, an dem sich die Haken und Ösen unseres Lebens stapelten - all die ungelösten Probleme, Verletzungen, Neurosen, Psychosen und all unsere unbekannten Triebe.

Häufig bringt *Es* uns dazu, Dinge zu tun, zu denken, zu sagen, die wir uns und unserer Umgebung besser erspart hätten - *Freud´sche*

Bitte recht Freud-lich

Fehlleistungen von fatalster Form. Es verleitet uns, Beziehungen zu kippen, Abhängigkeiten zu entwickeln und unsere Selbstsicherheit bei jeder unpassenden Gelegenheit über Bord zu werfen. *Es* scheint ein rachsüchtiges Wesen zu sein, denn wenn wir seinen Wünschen nicht umgehend nachkommen - diese *verdrängen* - sorgt es dafür, daß wir nach einem unbestimmten Zeitraum die Auswirkungen rechts und links um die Ohren geschlagen bekommen - in welcher Form auch immer. Es ist der Teil des Freud´schen Psychoeisbergs, der unterhalb des Wasserspiegels liegt.

Ein Weg, dem Unterbewußtsein auf die Spur zu kommen, besteht in der Deutung von Träumen. Relativ genau definierte Muster und Bilder weisen nach Freud auf bestimmte Arten des unterbewußten Denkens hin. So gewinnen Klient und Therapeut den gewünschten Einblick in die Psyche und können einige Probleme abbauen. Neben der Traumdeutung nutzte Freud die *freie Assoziation* - die Ausläufer kennen Sie wahrscheinlich vom *Rorschach-Test*, bei dem ein zufälliges Tintenklecksmuster interpretiert werden soll. Beide Wege, mit dem Unterbewußtsein ins Gespräch zu kommen, funktionieren natürlich nur im direkten Kontakt mit dem Ich.

Das *Ich* kann nur aus dem *Es* erwachsen, es ist der handelnde und organisierende Teil des *Es*, allerdings mit der schweren Aufgabe, zwischen diesem und der Umwelt zu vermitteln. Es versucht sich in realistischem Denken und kontrollierten Handlungen, die in der Außenwelt ankommen, verstanden und akzeptiert werden. Damit wird es zum Vollzugsorgan der Persönlichkeit.

Das *Über-Ich* glaubt an Ideale. Es ist das personifizierte Gewissen, das je nach Umfeld und Erziehung die Wertmaßstäbe an die Handlungen des *Ich* anlegt. Sie können es sich als Ihre eigene Mutter vorstellen, aber zu Ihren vorwurfsvollen Zeiten - ziemlich hollywoodmäßig. Das *Über-Ich* sucht daher nach Belohnungen, nach Stolz und moralischer Anerkennung.

Freud hatte einen ausgeprägten Hang zur Prüderie, und wahrscheinlich deshalb sein besonderes Augenmerk auf die Sexualität gerichtet. Von ihm stammen Fachworte wie *Penisneid* oder *Kastrationskomplex*. Als Triebfeder des Menschen outete er die LIBIDO - den Geschlechtstrieb. So war er, für ihn unsichtbar, gefangen in seinem eigenen System (siehe später unter PROJEKTION) - aber das ist nur ein weiterer Treppenwitz der Geschichte.

Wenn vielleicht auch nicht als Antrieb für sämtliche Errungenschaften der Menschheit, spielt Sexualität doch zumindest eine große Rolle, wenn es um unbewußte Probleme geht. Dazu kommen Faktoren wie Macht, Verletztheit, Unterdrückung, Anerkennung. Das ist alles nur halb so martialisch, wie es sich jetzt anhört, und obwohl Freud teilweise umstritten und

teilweise nicht mehr aktuell ist, hat er doch den soliden Grundstein für unser heutiges Verständnis der Psyche gelegt. Dabei war er relativ häufig auf Koks. Er hatte eine ganze Reihe Schüler, wobei die bekanntesten wohl diejenigen sind, mit denen er sich verkracht hat.

AUF DEN SPUREN DER ALTEN: JUNG

Der Schweizer *Carl Gustav Jung* (1875-1961) war einer dieser abtrünnigen Schüler. Nach anfänglicher Begeisterung für Freuds Weg der Traumdeutung und daraus resultierender Freundschaft entzweiten sich die beiden 1913 erst privat, dann beruflich - und sahen sich konsequenterweise nie wieder.

Die Systeme von Jung und Freud differierten in mehreren Punkten. So fand Jung als zugrundeliegende Triebkraft des Menschen eben nicht die Libido, er war ein ganzes Stück spiritueller. Das Unterbewußtsein als schwarzes Loch war ihm ebenfalls zu statisch, er wählte den Begriff des UNBEWUSSTEN. Dieses Jung´sche Unbewußte ist nicht nur ein Ort der Leiden, sondern auch der Leistungen. Hier kann Wissen versteckt sein, oder Intuition, Potentiale für größere Aufgaben oder Ideen, die es bisher nicht an die Oberfläche geschafft haben.

Während Freud ein komplexes System von Traumbedeutungen hatte - Codes, die ihm Einblicke in das Unterbewußtsein seiner Patienten lieferten - arbeitete Jung immer kontextsensitiv, immer auf den Patienten bezogen. So kann eine Klippe im Traum für Patient A den Aufbruch zu neuen Ufern, für Patient B den sozialen Abstieg bedeuten. Bei Jung gibt es immer ein, zwei Möglichkeiten mehr als bei Freud. Insgesamt bewegt er sich deutlich mehr im Bereich der Mythen und archaischen Gebilde.

Eine seiner Entdeckungen, und einer meiner persönlichen Favoriten, ist die SYNCHRONIZITÄT - all die sinnvollen Zufälle, die dafür sorgen, daß wir doch nicht in den Flieger steigen, der später abstürzt. Synchronizitäten kommen häufiger vor, als wir uns bewußt sind. Und wie oft denken Sie an jemanden, der dann keine fünf Minuten später anruft?

Offiziell haben beide Ereignisse im Raum-Zeit-Koordinatenkreuz nichts miteinander zu tun, bekommen aber in der Kombination eine deutlich mystische Bedeutung. Wenn man den Blick für Synchronizitäten einmal geschärft hat, findet man jede Menge davon. Für mich persönlich häufig ein Zeichen, daß ich jetzt gerade mit dem Universum auf einer Welle schwinge. Oder an einer gravierenden selektiven Wahrnehmung leide.

Jungs kontroversestes Modell ist das des KOLLEKTIVEN UNBEWUSSTEN. Unter dieser Wortschöpfung versteht er eine Art Menschheitsbibliothek, zu der wir alle in irgendeiner Art Zugang

Jung im Alter

haben. Es ist nicht nur geprägt vom kulturellem Umfeld sondern auch von den Erfahrungen sämtlicher Vorfahren. Man kann das kollektive Unbewußte in der Terminologie dieses Buches auch als morphogenetisches Feld beschreiben, das sämtliches Wissen der Menschen umfaßt und das uns allen offen steht; allerdings nur selten außerhalb eines Traums.

Ein weiteres Konzept von Jung ist sehr interessant - die PERSONA. Hier handelt es sich um einen gelebten Kompromiß an die Außenwelt, eine Persönlichkeit, die wir uns zulegen, um kompatibel zur Umwelt zu sein. Die Persona ist eine Maske, eine Rolle, die wir annehmen und durchziehen, weil wir denken, diese Art von Persönlichkeit sei momentan besonders angesagt/gefragt/gewünscht. Wir alle haben diese verschiedenen Masken, ab und an oder auch häufiger. Sobald wir anfangen, uns mit dieser Maske zu identifizieren, wird es kritisch, denn das wahre Selbst wird dadurch in den Hintergrund gedrängt - wir leben nicht mehr unsere eigenen Wünsche und Gefühle, sondern die der Persona. Hier knallen *Ich* und *Es* mit Höchstgeschwindigkeit aufeinander. Kritisch.

Der größte Unterschied in den psychologischen Betrachtungen von Jung und Freud liegt in der Entwicklung des Menschen als solche: Für Freud bewegte sich der Mensch in immer wiederkehrenden Zyklen von Trieb zu Trieb, bis er irgendwann auf und an dieser Reise stirbt. Jung sieht dagegen eine menschliche Bestimmung, basierend auf Ursachen und Zielen des Individuums, kurz gesagt: Jung sieht die Möglichkeit einer Entwicklung und des freien Willens. Das entspricht dem wissenschaftlichen Shift von Determinismus zu Wahrscheinlichkeiten und macht mir persönlich viel mehr Spaß.

ARM DRAN: REICH

Wilhelm Reich (1897-1957), ein weiterer verlorener Sohn Freuds, erweiterte das psychologische Konzept um den körperlichen Aspekt. Er bemerkte, daß seelische Probleme sich in regelrechten Muskelpanzerungen äußern können - was außerhalb des Yoga-Einzugsgebietes noch niemand ernsthaft in Erwägung gezogen hatte. Konsequenterweise - und dem Establishment entschieden zu frech - war er ein lautstarker Befürworter eines erfüllten und häufigen Sexuallebens, da dies seiner Meinung nach die Panzerungen auflöst. Seine Erkenntnis war: Sex bedeutet die freudige Aufgabe der Kontrolle zugunsten des Vergnügens. Je weniger Sex, umso größer ist die Versuchung, andere zu kontrollieren.

Reich entdeckte eine Energie, die er *Orgon* (von organischer Energie) nannte und die dem indischen *Prana* und dem chinesischen *Chi* sehr nahe kommt. Er entwickelte auch gleich die entsprechenden Gerätschaften, um diese Energie an den Mann zu bringen. Sollte Ihnen jemand eine Orgon-Session anbieten, sagen Sie auf alle Fälle ja - es ist sehr angenehm. Leider wirkt es nicht bei jedem. Einige bemerkten garnichts, andere mußte ich schon fast an den Füßen festhalten, damit sie nicht davon flogen.

Um das Thema Orgon kreisen vielerlei Geschichten. So ist die Rede von umgekippten amerikanischen Seen, die im Beisein von deutschen TÜV-Mitarbeitern mit einer kleinen Orgonplatte behandelt wurden. Nach zwei Wochen waren die Seen wieder jungfräulich und die Nachfahren der Forellen, die man sofort eingesetzt hatte, erfreuen sich immer noch ihres Daseins. Eine andere Anekdote berichtet von Werkzeugmaschinen, die statt der üblichen drei Monate nach einer Orgonbehandlung sechs Monate scharf blieben. Beides unter Aufsicht des TÜV.

Die einschlägige Literatur zum Thema Orgon hat sichtlich Mühe, das Phänomen zu erklären. Keiner kann sagen, woher die Energie kommt, wie sie aufgefangen und an den Organismus weitergegeben wird. Reich selbst konnte als einzelnes Indiz nur die Körpertemperatur ausmachen, die bei den Versuchspersonen im Akkumulator um 0,5 bis 1 Grad Celsius anstieg, es trat also eine Art künstliches Fieber ein. An Heilungserfolgen dagegen mangelte es nie. Von Anämie über Blutwerte, Schwächezustände, Erkältungskrankheiten bis hin zur Krebsheilung reichten seine Ergebnisse.

Reich dazu: *Wir müssen endlich die Existenz einer grundsätzlich neuartigen, funktionellen und nicht mechanischen Gesetzen gehorchenden, überall existenten kosmischen Energie anerkennen, eben der Energie, die ich Orgon genannt habe, wenn wir die Krebserkrankung in einfacher Weise begreifen wollen.*

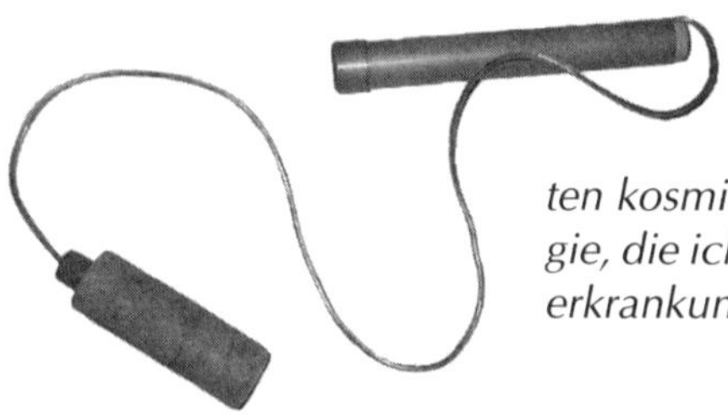

Ein Orgon- akumulator von A.H.E.
Einfach in die Hand und los gehts

Reich´s Körperarbeit und -deutung haben allen Widrigkeiten zum Trotz überlebt. Sie wurde von seinem Schüler *Alexander Lowen* weiterentwickelt und nennt sich heute **BIOENERGETIK**. Diese besteht größtenteils aus bestimmten Körperstellungen, die über einen längeren Zeitraum eingenommen werden. Ein Mensch mit wenig Selbstbewußtsein kann beispielsweise häufig die Schultern einziehen, was sich in Verspannungen äußert und mit der Zeit zunehmend irreparabel wird. Nun gibt der Therapeut dem Klienten eine Körperhaltung vor, um die Energie der verspannten Muskel wieder zum fließen zu bringen. Sehr interessant die Tatsache, daß bei bioenergetischen Übungen plötzlich lang vergessene Verletzungen hochkommen und auch regelrechte Weinkrämpfe auftreten können. Danach haben sich häufig sowohl die Verspannung, als auch das Problem selbst einfach aufgelöst. Vieles spricht jedenfalls dafür, daß Emotionen im Körper, und speziell in Muskeln gespeichert werden (und es gibt allein 600 willkürliche Muskeln im Körper). Reich folgten einige Körpertherapien nach, und vielleicht ist seine Arbeit einer der Grundsteine der Psychosomatik. Aber darauf kommen wir noch.

Soweit zum psychologischen Urgestein, ohne Anspruch auf Vollständigkeit. Inzwischen hat sich die Psychologie damit abgefunden, in nächster Zeit nicht hinter das allerletzte Geheimnis zu kommen, und bringt jedem Erstsemester bei, daß es irgendwo im Menschen eine *black box* gibt - jeder weiß, daß sie da ist, aber niemand weiß, was drin ist, geschweige denn wie sie funktioniert. Der Frage an sich tut das keinen Abbruch, sie wird nach wie vor tapfer gestellt, und täglich werden neue mögliche Antworten in Form neuer Therapieformen entwickelt.

Kurz & Knapp:
- Wir wissen nichts über diese black box
- Geist und Körper sind eng verwoben
- Ein Blick in die Tiefen kann sich lohnen

Literatur +

- Alexander Lowen - Bioenergetik - ISBN 3-499-18435-4
  Wenn Sie das Thema interessiert - unbedingt lesen!

- Irvin Yalom - Und Nietzsche weinte - ISBN - 3-442-72011-7
  Ein ganz wundervoller Roman: Breuer, Nietzsche und der junge Freud

Von Reich gibt es einige Bücher, viele etwas trocken und verletzt, aber alle interessant.

Orgon:
Bioaktiv GmbH - 09803-91110
A.H.E. - 06105-921652

Die Familie - ein komplexes System

. . . und damit zum allgemeinen Teil: Die meisten Menschen sind sich darüber einig, daß wir alle in unserer Kindheit die eine oder andere Erfahrung gemacht haben, die uns im heutigen Leben eher bremst denn fördert. Als mir mein Mathelehrer in der Prägungsphase das Gefühl gab, daß ich für Mathematik nicht unbedingt geboren, sondern eher zu dumm sei - und ich das tatsächlich glaubte! - wurde mir Mathe in den restlichen 10 Schuljahren zunehmend verhaßter - und fiel mir dementsprechend schwer. Das ist nur eines von tausend möglichen Beispielen, denn vorrangig geht es um das eigene Verhältnis zu *Mutter* und *Vater*.

Die jeweiligen Religionen wußten genau, warum sie mit Muttergottheiten arbeiteten oder Gott *Vater* nannten. Das ist jetzt ausnahmsweise nicht böse gemeint. Wenn ich für meinen Gott das selbe Substantiv wie für meinen leiblichen Vater verwende, werde ich auf mögliche Gefühle und Gedanken weitaus mehr achtgeben. Und einige psychologische Verstrikkungen lassen sich so relativ elegant umgehen. Wir sind allerdings nicht mehr ganz so simple-minded wie unsere Vorfahren im Mittelalter, wir haben auch etwas mehr Zeit (Psychologie muß man sich leisten können) - für uns werden Eltern daher Thema.

In diesem Kontext gibt es unendlich viele graduelle Abstufungen, und es lohnt sich immer, das Verhältnis zu den eigenen Eltern etwas genauer zu betrachten. Eltern können es im Prinzip nur falsch machen, und das ist bis zu einem gewissen Grad(!) auch gut so. Woran sollte das Kind sich sonst reiben und sein eigenes Wertesystem entwickeln? Die Pubertät war bei den meisten von uns eine Zeit der persönlichen Revolution und Unabhängigkeitserklärung. Kulturell gesehen hat uns das sehr gute Musik beschert.

Doch wo beginnt der pathologische Bereich? Es gibt einen ganz deutlichen Hinweis - wenn sich im Leben eine oder mehrere unangenehme Erlebnisse wiederholen, scheint hier ein Haken zu liegen. Hier gibt´s dann was zu lernen. Sind

Ihre Frauen immer zu anhänglich, Ihre Männer grundsätzlich Looser? Unsere Partner finden wir nicht durch Zufall - häufig steckt ein bestimmtes Muster dahinter. Und die erste Erfahrung im Zusammenleben von Mann und Frau machen wir natürlich bei unseren Eltern. Wir lernen wie man es macht, oder wie man es eben nicht macht. Das ist ziemlich komplex.

So entlassen manche Väter ihre Söhne nicht in das Erwachsenenleben. Diese Väter sind stark, dominieren die Familie und schaffen so Söhne, die ihr Leben lang verzweifelt versuchen, den eigenen Wert zu beweisen. Die andere Seite ist: Häufig haben solche Väter das Loben einfach nicht gelernt - denn wir dürfen nicht vergessen, daß wir wahrscheinlich in einer offeneren und liebevolleren Atmosphäre aufgewachsen sind, als unsere Eltern - und so kann sich der Sohn eben diesen Wert nur einer einzigen Person beweisen: sich selbst.

Ist der Vater zu stark, wird der Sohn zum Weichei, ist der Vater zu schwach, unter Umständen auch. Es kann auch sein, daß er sein Leben lang in den eigenen Beziehungen die Partnerin dafür leiden läßt, daß die Mutter den Vater unterdrückt hat. Der Sohn entwickelt dann die Tendenz zum gefühlskalten Rohling, und lebt in gewissem Sinn das Leben, das sein Vater hätte leben können, bzw. in seinen Augen hätte leben sollen. Aber er selbst lebt nur sekundär: *Vater, aus Liebe zu Dir versaue ich mir mein Leben.* Weichei und Rohling liegen nahe beieinander - es sind nur unterschiedliche Interpretationen des selben Sachverhalts. Für Frauen gilt dasselbe. Je nachdem, wieviel Eigenverantwortung das Kind im späteren Leben übernimmt, wird es den Eltern Vorwürfe machen, oder auch nicht.

KLEINER FAMILIENAUSFLUG

Eine relativ junge Methode zur Aufdeckung von unbewußten Gefühlen sei hier als geniales Beispiel kurz erwähnt: Die *systemische Familienaufstellung* nach *Bert Hellinger.*

Familienaufstellungen werden gemacht, um im therapeutischen Rahmen einen Einblick in die Beziehungsverflechtungen innerhalb des *Systems* einer Familie zu gewinnen. Hierzu bekommen wildfremde Leute die Rollen von Angehörigen des Aufstellers, der die Personen dann im Raum plaziert. Steht zum Beispiel die Mutter viel näher am Aufsteller, als seine eigene Frau, wird es kritisch.

Soweit war auch die Familientherapeutin *Virginia Satyr*, aber Hellinger geht einen Schritt weiter und macht es damit richtig spannend: In der systemischen Familienaufstellung werden auch die Aufgestellten, die Rollenspieler, befragt, wie sie sich denn in dieser Position fühlen. Interessanterweise übertragen sich die Emotionen der realen Verwandtschaft häufig auf den Aufgestellten - ob er nun will oder nicht. Im Beispiel von Ehefrau und Mutter fühlt sich dann eine dem Aufstellenden vollkommen fremde Frau, die die Rolle der Gattin übernimmt, stark vernachlässigt und fehl am Platz.

So merkwürdig es sich anhört, die Erfolge und Übereinstimmungen zum wahren Leben sind enorm, und so wird das System auch in öffentlichen Therapiestellen genutzt.

DIE DOSIS MACHT DAS GIFT

Inzwischen ist es schon beinahe zur Mode geworden, in der Vergangenheit nach potentiellen Traumata zu stochern und zu wühlen, um dann die eigenen Defizite auf schlechte und lieblose Erziehung in der Prägungsphase zurückzuführen. Diese Stocherei (*Peter Gabriel: digging in the dirt*), wenn sie übertrieben wird, bietet andererseits nur einen weiteren Weg, sich für die Unzulänglichkeiten der eigenen Existenz zu entschuldigen und auch gleich einen Sündenbock zu benennen. An dem Zustand selbst wird sich dadurch nichts ändern, im Gegenteil. Wir wissen ja, wo es herkommt, und haben uns von daher mit der Miesere abgefunden: *Geschieht meinen Eltern recht, wenn es mich an den Händen friert, hätten sie mir Handschuhe gekauft.*

Anders betrachtet haben wir nach diesem Modell die Chance aufgegeben, an der Miesere zu wachsen. Und unseren Eltern wird das bestimmt nicht gerecht. Auch sie haben nur im Rahmen ihrer Möglichkeiten gehandelt, mal mit mehr, mal mit weniger Liebe, aber wahrscheinlich nur in Einzelfällen mit dem festen Vorsatz, uns zu schaden. Dazu kommt, daß unsere Eltern die einzigen Menschen sind, für die wir immer etwas besonderes sein werden. Ein lebenswichtiges Gefühl.

VERGANGENHEITSBEWÄLTIGUNG

In meinem direkten Umfeld gibt es einen Expertenstreit, was den Umgang mit Verletzungen in der Kindheit angeht. Es handelt sich um zwei Freunde von mir, beides hochkompetente Trainer und Berater.

Die *Hermann-Richtung* vertritt die These, daß Verletzungen bewußtgemacht und verarbeitet werden müssen. Nur so kann der Mensch frei von Blockaden im hier und jetzt handeln. Zu diesem Behufe hat dieser Trainer sehr gute Seminare entwickelt, die innerhalb kurzer Zeit den Geist von unnötigem Ballast befreien und in einen kraftvollen Zustand bringen.

Die *Karl-Richtung* tendiert ziemlich deutlich zum Gegenteil. Seiner Meinung nach macht es überhaupt keinen Sinn, alte Verletzungen zu reaktivieren, und ihnen damit nur wieder Kraft und Futter zu geben. Für ihn ist es viel effektiver, neue, kraftvolle Programme zu entwickeln, um unbeeinflußt von der Vergangenheit die Zukunft in eine positive Richtung zu leben. Zu diesem Behufe hat dieser Trainer sehr gute Einzelcaochings entwickelt, die innerhalb kurzer Zeit den Geist neu orientieren in einen kraftvollen Zustand bringen.

Ich bin mir nicht sicher, ob die beiden Meinungen tatsächlich so weit auseinanderliegen - so oder so entdeckt man gewisse Defizite und beschäftigt sich mit ihnen. Wenn man ein Seminarwochenende damit verbracht haben, die Beziehung mit seinen Eltern zu klären, fühlt man sich danach um einiges freier. Beschließt man, die Vergangenheit ruhen zu lassen, ist der Effekt der selbe. Vorausgesetzt, man läßt die Vorwürfe den Eltern gegenüber los. Ich habe beide Seminare gemacht, und beide gaben mir wertvolle Impulse.

Wichtigster Punkt nach wie vor ist dabei die Liebe und der Respekt (*respect!*) den Eltern gegenüber. Ein persönlicher Loop: Ich habe mich lange von meiner Mutter abgeschottet, als ich erkannte (und auch gleich verurteilte), daß ihre gesammelten Krankheiten primär seelischer Natur sind und einen direkten Hilferuf darstellen. So versuchte ich - überlegener Therapeut mit Durchblick, für den ich mich hielt - ihr positives Feedback zu geben, wenn sie gesund war, und sie zu meiden (= zu strafen), wenn sie krank im Bett lag. Das änderte natürlich nicht viel an ihrem Verhalten, vor allem aber war auch meine persönliche Einstellung nicht die sauberste.

Irgendwann, mitten in der Nacht auf der Autobahn, fiel mir auf, daß ich sie einfach nur liebe. Dann begann ich, sie ab und an anzurufen, und mich nach ihrem Leben zu erkundigen. *Hallo Arvid, was brauchst Du denn?* Als ich antwortete, daß ich nur wissen wolle, wie es ihr ginge, war die Überraschung groß. Seitdem führen wir ein sehr angenehmes Mutter-Sohn-Verhältnis, obwohl wir uns manchmal zum Wahnsinn treiben können.

Der Grad zwischen Freiheit und Restriktion in der Erziehung ist sehr schmal. Wenn das Kind zu enge Grenzen hat, wird es weniger Selbstbewußtsein entwickeln und später für sich selbst die Verantwortung nicht übernehmen können. Aber ich kann mich noch gut an die Kinder erinnern, die im Supermarkt in die Ecke pinkeln, und an deren Mutter, die nicht einschritt, weil das Kind antiautoritär erzogen wurde und von daher seine natürlichen Impulse ausleben mußte. In beiden Fällen wird es das Kind in seinem zukünftigen Leben nicht unbedingt einfach haben. Aber Schluß mit dem erhobenen Zeigefinger, zumal das Thema unendlich und das Buch begrenzt ist - ich möchte mit Ihnen einen kurzen Streifzug durch West und Ost machen. Und jetzt wird´s interessant - jetzt können Sie sich entscheiden:

Kurz & knapp:

- Geistige Verspannungen manifestieren sich körperlich
- Wir tragen einiges an Ballast aus unserer Vergangenheit
- Eltern können es nur falsch machen - und dürfen das auch

Literatur+

- Bert Hellinger - Zweierlei Glück - ISNB 3-89670-005-7
  Hervorragende Einführung vom Meister selbst

- Rhea Powers - Durch´s Feuer - ISBN 3-924161-87-9
  Das beste Buch über Beziehungen, das ich kenne. Schwer spirituell

- OM-Services - 06221-800886 - Seminar The Sage Experience
  Ein fantastisch gutes Seminar, das viel Einblick und Bewegung bringt. Bezahlbar.

Behaviorismus - Keine Chance

In den dreißiger Jahren war eine Gruppe amerikanischer Psychologen um *J. B. Watson* der Meinung, man solle sich bei der Erforschung des menschlichen Geistes nur auf objektiv beobachtbare Fakten und meßbares Verhalten (behavior) verlassen. Als Beschreibung desselben war nur der wissenschaftliche Kategorienapparat erlaubt. Die entsprechenden Untersuchungsmethoden vermieden nicht-meßbare Verhaltensweisen wie Emotionen (Denken, Fühlen, Wollen). Diese Gruppe hieß Behavioristen. Burrhus Frederic Skinner, direkter Gegenspieler Leary´s in Harvard, war einer der Hauptvertreter. Hurra Descartes!

Der Mensch kann zwar tun, was er will, aber nicht wollen, was er will.
Schopenhauer

ROBOTER MIT SAUGREFLEX

Die Schlußfolgerung war rein mechanisch: Es handele sich beim Menschen im Grunde nur um einen Roboter. Erfahrungen und Lernprozesse in der Kindheit prägen ihn sein Leben lang. Einige Reflexe wie *Speichelbildung* und *Saugreflex* sind von Geburt an eingebaut, die restliche Entwicklung funktioniert in Form einer REIZ-REAKTIONS-MASCHINE, vorne schüttet man was rein (Information), das wird verarbeitet (gelernt), später kommt hinten was raus (Reaktion). Ein kleines Kind wird von einem liebestollen Bernhardiner attackiert, von oben bis unten abgeleckt, empfindet diese Erfahrung nicht als angenehm und fürchtet sich das ganze weitere Leben vor großen Hunden. Die Wahrnehmung samt Lernprozeß erfolgt nicht aktiv und kontrolliert, sondern passiv. Begründet war die Theorie jedoch zum Großteil auf den genialen Versuchen von *Iwan Pawlow*.

Selbiger machte Untersuchungen mit Hunden, indem er ihnen zur Futterzeit das Fressen stets mit einer Glocke ankündigte. Bereits nach kurzer Zeit genügte das akustische Signal, um bei den Hunden den Speichelfluß zu aktivieren. Für deren Nervensystem waren der Ton der Glocke und die Präsentation des gefüllten Fressnapfes zu einem einzigen Reiz verschmolzen. Es fand eine *Kopplung* zwischen Reiz A und Reaktion B statt - diesen Vorgang nennt man wissenschaftlich KONDITIONIERUNG oder *bedingten Reflex*.

1984

Was für den Hund gilt, trifft 1:1 auch auf uns zu. Wir alle sind konditioniert, auch wenn wir nicht wahrnehmen, woher und wovon. Denken Sie an rote Ampeln (*STOP!!!*), weiße Kittel von Ärzten (*der weiß Bescheid...)*, Anisgeruch (Weihnachten), grün-weiße Autos im Rückspiegel (schlechtes Gewissen), oder beenden Sie diesen Satz: Always...(*vier Silben*). Besonders die Werbung profitiertiert von diesem Mechanismus.

Im allgemeinen sind Konditionierungen eindimensional: Der Reiz kommt, und es gibt nur eine Möglichkeit, zu antworten. Der ganze Vorgang läuft völlig autonom und unbewußt ab und entzieht sich damit jeglicher bewußter Kontrolle. Was wir einmal gelernt haben, bestimmt unser Leben.

Das sind keine guten Nachrichten, denn wer will sein Leben schon auf den Daten eines Dreijährigen aufbauen. Daher bin ich kein großer Anhänger des Behaviorismus. Trotzdem ist der (unbewußte) Mensch tatsächlich eine Reiz-Reaktions-Maschine, Konditionierung ein Faktum. Sie entsteht, wie weiter oben beschrieben, größtenteils in der Kindheitsphase durch Eltern, pädagogisch unfähige Mathematiklehrer und Bernhardiner. Unser gesamtes Leben baut darauf auf, sie beeinflussen nachhaltig unser Weltbild: Womit wir uns identifizieren, in wen wir uns verlieben, welchen Job wir haben, wo und wie wir leben. Sie wirken in unterschiedlichen Abstufungen - als Prägungen oder komplexe Programme. So funktioniert das Leben.

Man kann Konditionierungen glücklicherweise auch zum Positiven nutzen, wie wir nachher bei einem kurzen Ausflug ins NLP sehen werden: Freiheit ist das Schlüsselwort, Freiheit von Konditionierungen und alten Prägungen. Von Pawlow´s Hund zu Schrödingers Katze.

Der Behaviorismus läßt die Aspekte, die den Menschen zum Menschen machen, schlicht außen vor. Roboter haben weder eine Wahl, noch Emotionen. Allerdings gilt dies nur auf den radikalen Behaviorismus. Seit Skinner hat sich einiges getan, und der Neobaviorismus ist deutlich offener geworden. So gelten die klassischen Pawlow´schen Konditionierungen nur noch für viszerale (längsgestreifte, unbewußte Muskulatur) und vaskuläre (Drüsen inklusive Hormone) Reaktionen.

AFFEN UND ZOMBIES

Wilson spricht in diesem Zusammenhang von *domestizierten Primaten*, von häuslich gewordenen Affen. Primaten deshalb, weil viele Menschen nicht der Freiheitsgrade im eigenen Leben bewußt werden. Selbst wenn ein gewisses Maß an Selbstbewußtsein vorhanden ist, gibt es in jedem Leben blinde Flecken, in denen wir aufgrund unserer Konditionierungen handeln. Dann vergessen wir, was wir sind, und beziehen uns auf Geschichten, auf *Stories* aus unserer Vergangenheit. Charles Tart bezeichnet diese Art des Leben als *Bioroboter*. All das hört sich gräßlich an, ist aber partiell richtig.

Kurz & Knapp:

- Der Mensch ist ein Bioroboter
- Un-bewußt handeln wir nach festen Mustern
- Das ist langweilig, aber veränderbar

Konstruktivismus - die Chance

Der Konstruktivismus ist weniger eine Richtung der Psychologie, als vielmehr eine Philosophie - wenn auch eine sehr psychologische Philosophie. Zu den Vätern des Konstruktivismus gehören so renommierte Namen wie *Humberto Maturana, Francisco Varela,* der Kommunikationsforscher *Paul Watzlawick* und der Biophysiker *Heinz von Foerster* (der durch sein Modell des Gedächtnisses quasi aus Versehen die Grundlagen der Kybernetik gelegt hat).

Die Grundfrage des Konstruktivismus lautet: *Wie wirklich ist die Wirklichkeit?* Gibt es überhaupt so etwas wie *Objektivität,* oder leben wir alle in unserem eigenen Weltbild, das entstanden ist durch Erfahrung, Meinungen und Überzeugungen? Und sind nicht manche Vorstellungen, die wir haben, eventuell etwas abstrus?

DAS IST DER HAMMER

Ein Grund, warum mir der Konstruktivismus sehr nahesteht, ist diese ganz spezielle Art von Humor, der den Behavioristen zum Großteil abgeht. Beispiel Watzlawick: Er erzählt in seinem hervorragenden Buch *Die Anleitung zum Unglücklichsein* die Geschichte eines Mannes, der sich von seinem Nachbarn einen Hammer leihen möchte. Auf dem Weg nach nebenan fallen ihm immer mehr merkwürdige Begebenheiten ein: Dieser Nachbar grüßt nicht, parkt immer vor der Einfahrt und überhaupt, ärgert ihn zu häufig. Auf jedem Schritt steigert sich diese Wahrnehmung, kommt ihm ein neuer Affront des Nachbarn ins Bewußtsein. Vor dessen Haustür hat er sich so überzeugt, daß dieser ihm nie im Leben einen Hammer leihen wird und sich selbst dabei so in Rage versetzt (Autokatalyse!), daß er dem erstaunten Nachbarn ins Gesicht schreit: *Dann behalt doch deinen blöden Hammer,* sich umdreht und empört das Feld räumt.

Der Mensch ist kein human being, er ist ein human becoming
Heinz von Förster

Diese Anekdote ist natürlich hemmungslos überzogen. Und entspricht daher ziemlich genau unserem (zeitweiligen) Verhalten in der Welt. Dieser Mann hat erstaunliches geleistet: Innerhalb kürzester Zeit hat er sich davon überzeugt, daß der Nachbar ein höchst unangenehmer Zeitgenosse ist, dem nicht zu trauen ist und der nur Böses im Sinn hat. Ob dem jetzt so ist, oder nicht, spielt keine Rolle.

UND JETZT?

Der Konstruktivismus geht davon aus, daß es keine Objektivität im strengen Sinn gibt - es gibt keine allgemein verbindliche Wirklichkeit. Wir können uns unserer eigenen Wahrnehmung nie sicher sein. Das Modell geht von zwei Wirklichkeitsebenen aus, *Wirklichkeiten erster* und *zweiter Ordnung*. Die Wirklichkeit erster Ordnung entspricht der Realität, soweit diese eben vorhanden ist. Sie ist der Blumenstrauß, den der Mann der Frau zum Geburtstag schenkt - greifbar, objektiv duftend, erkenn- und benennbar. Die Wirklichkeit zweiter Ordnung besteht in der Wahrnehmung und der Bewertung des Blumenstraußes. Hat die Frau einen Diamanten erwartet, bedeutet der Strauß Ärger und Enttäuschung; ist sie froh, daß er wenigstens dieses Jahr den Geburtstag nicht vergessen hat, ist es wahrscheinlich der schönste Strauß der Welt.

Das stimmt natürlich, ist aber nicht die Wahrheit.
Altkanzler Kohl zu einem Journalisten

Die Welt findet nur in unserem Kopf statt. Zumindest der größte Teil*. Eben durch die Bewertungen, die wir über Situationen und Systeme ausschütten. Beeinflußt von Erfahrung, Präferenzen und allgemeiner Gemütsverfassung. Dumm daran: In diesem Spiel sind wir nur Zuschauer, die vom Entscheidungsfindungsprozeß außer dem Ergebnis nichts mitbekommen. Automatismen, wohin man schaut. Der Zug, der über den Nachbarn mit dem Hammer gedonnert ist, stand absolut nicht auf dem Fahrplan. Er hat sich innerhalb kürzester Zeit manifestiert und enorm Fahrt aufgenommen.

Wahrscheinlich haben Sie, vielleicht nicht ganz so heftig, diese Situation auch schon aus der Sicht des Nachbarn erlebt. Aber haben Sie auch selbst schon einen solchen Emotionsexpreß konstruiert und auf Höchstgeschwindigkeit gebracht? Das ist eine Falle, in der ich mich immer wieder fange: Den großen Überblick über den Fahrplan anderer Leute zu haben, und am eigenen Bahnhof ohne Pfeife zu stehen.

AUS KRISEN CHANCEN MACHEN

Der Konstruktivismus ist nicht das Gegenteil des Behaviorismus - er ist der Ausweg, die zweite Option. Wenn man diesen Prozeß kennt, und als Modell für sich akzeptiert, liefert das die Möglichkeit, die eingefahrenen (neuronalen) Trampelpfade zu verlassen und neue, breitere Wege zu gehen. Analog zur Quantenphysik kann man mit diesem Werkzeugkasten ganz neue

* Finanzamt und große Politik ist im Allgemeinen ziemlich autark.

Welten schaffen. Allein das Wissen, daß man selbst die Umwelt durch Bewertung quasi erschafft, durch die eigenen Bewertungen einkreist, besitzt sehr viel Kraft. Man beginnt sich zu fragen, was denn der Gegenüber wohl heute erlebt hat, was ihn in diesen (potentiellen) Zustand von Unmut gebracht hat. Dadurch nimmt man nicht alles *so* ernst und steigert die eigene Empathie. Solchermaßen mental gerüstet muß man das Konditionierungsspiel nicht zu Ende spielen, und den Hammer ungefragt ablehnen. Das erspart zahllose italienische Arien.

Jedermann kann unglücklich sein, aber sich unglücklich zu machen, muß gelernt werden, und zu diesem Zwekke reicht eine Erfahrung mit ein paar persönlichen Schicksalschlägen einfach nicht aus.
Paul Watzlawick

Analog dazu muß man sich zwangsläufig auch selbst in Frage stellen, wenn man mit seiner Umwelt in der einen oder anderen Form kollidiert - *Kommunikation ist das, was zurückkommt.* Das klassische Beispiel unserer Ente - zufriedene Menschen regen sich selten auf. Sie können die Ente also auch als Feedback-Schleife verwenden, die Ihnen mitteilt, daß Sie die Umwelt gerade durch einen Filter wahrnehmen, der Ihrem Blutdruck nicht gut tut. Für mich persönlich ist der Konstruktivismus die zwischenmenschliche Variante der Kopenhagener Interpretation.

Dabei leugnet das Modell die Existenz eines Universums nicht (ganz im Gegensatz zum Solipsismus, für den das Universum nicht existiert, wenn wir nicht gerade hinsehen). Der Krieg auf dem Balkan findet trotzdem statt, aber der Krieg im Schlafzimmer kann heute mal ausgelassen werden.

Es geht nur um unbewußte oder, im Idealfall, bewußte Entscheidungen, die Welt so und nicht anders wahrzunehmen. Hier kann es sinnvoll sein, klein anzufangen und dann in immer größeren Dimensionen zu agieren. Wer sich einmal eingetunt hat, entwickelt über die Zeit einen inneren Beobachter, der die eigenen Reaktionen zurückmeldet: *Hallo, wir sind gerade dabei, uns emotional zu verfahren, gib dem Gegenüber mal eine Chance.* Ein Pendant dazu findet sich auch im Osten, aber dazu später.

Kurz & Knapp:
- Wirk-lichkeiten entsprechen unserer Bewertung
- Die Wahrheit gibt es nicht
- Erleben ist situativ

Literatur

- Paul Watzlawick (Hrsg.) - Wie wirklich ist die Wirklichkeit
  ISBN 3-492-10373-1 - Wissenschaftlich, aber klasse

- Paul Watzlawick - Anleitung zum Unglücklichsein - ISBN 3-492-22100-9
  Der Klassiker - Lesen!

- Lynn Segal - Das 18. Kamel oder Die Welt als Erfindung
  ISBN 3-492-03044-0 - Theorien von Heinz von Foersters

Standortbestimmung

Offensichtlich schaffen wir also unsere Welt durch die Art, wie wir sie wahrnehmen und bewerten. Wir leben in unseren persönlichen Glaubenssystemen, die *Tim Leary Tunnelrealitäten* nannte. Die Auswirkungen sind die gleichen wie die von Scheuklappen. Was außerhalb des Tunnels stattfindet, existiert nicht, es wird einfach wegbetoniert. Weil nicht sein kann, was nicht sein darf. Das macht das Leben sehr einfach. Und schrecklich kompliziert. Und kommt dem Beobachtereffekt der Quantenphysik sehr nahe.

In dieser kommt die Realität zum Beobachter, das heißt, die Teilchen verhalten sich immer so, wie es von ihnen erwartet wird. Mit soviel Entgegenkommen von Seite der Materie kann man sich das - bewußte - Leben sehr angenehm gestalten. Andererseits, wenn es wirklich so einfach wäre, hätte das fatale Auswirkungen auf den Goldpreis. Denn jeder Student, dem sich das Prinzip vollumfänglich erschlossen hat, würde den Alchimisten in sich kultivieren (was den Goldpreis nur noch weiter drücken würde). Man muß wohl schon ein ausgewachsener Schamane sein, um die Vorteile einer Realität auf dem Silbertablett nutzen zu können.

Handle stets so, daß sich die Zahl Deiner Möglichkeiten vergrößert
Heinz von Foerster

Im Kopf geht es tatsächlich mehr um Wirklichkeiten erster und zweiter Ordnung, wobei es die zweite ist, die unser Leben bestimmt. Hier findet die Bewertung Kopf statt, entsprechend unseren Erfahrungen, Hoffnungen und Befürchtungen. Wie auch immer, die Effekte sind sich sehr ähnlich.

Dummerweise sind wir im Normalfall selten in dem klaren Zustand, der einen Blick über die Tunnelgrenzen heraus erlaubt. Nicht einmal, wenn wir die Möglichkeit dazu haben. Beispiele von Wahrnehmungsfiltern und kollidierenden Wirklichkeiten gefällig? Für Katholiken gilt die Nächstenliebe für alle Menschen - außer den Protestanten in Nordirland. Wir halten heilige Steine für Aberglauben, aber in unseren Kirchen werden Gewänder, abgesägte und mumifizierte Körperteile von hilflosen Heiligen ausgestellt, zu denen gebetet werden kann, darf und soll. In Indien sind Kühe heilig und die Menschen verhungern. In Europa sind Kühe wahnsinnig.

Wirklichkeiten sind immer nur lokal gültig. Das erklärt auch den global sehr dehnbaren Begriff der Ethik: Wir tragen auf Beerdigungen schwarz und sind voller Trauer, in Indien trägt man weiß und feiert froh und glücklich das Ende eines Lebens (wenn man nicht gerade die Witwe ist).

ALLES WAHNSINNIGE

Ungefähr 99% der Menschen, die ich kenne, haben einen wie auch immer gearteten Schuß. Das ist eine 99%ige Wahrscheinlichkeit, daß ich auch einen Schuß habe. Und so ist auch dieses Buch nur ein weiteres Beispiel von jemandem, der sein Füllhorn an segensbringenden Einsichten über die Menschheit ergießt, damit sie in den Himmel kommt. Meine Tunnelrealität besteht darin, daß alles machbar ist, so gut wie immer. Jedes Ding hat mindestens drei Seiten und Gott ist eine schwarze Frau. Also: Glauben Sie mir kein Wort. Niemand kann Ihnen die schlußendlichen Wahrheiten liefern.

Robert Anton Wilson beschreibt in *Illuminatus!* ein Bild von Moses auf dem Berg, mit ausgebreiteten Armen stehend und auf die zehn Gebote wartend. Von oben kommt allerdings nur eine Sprechblase, in der geschrieben steht: *Denk für dich selbst, du Narr!*

AUF EINEM AUGE BLIND

Charles Darwin erlebte auf seinen Reisen, daß die Eingeborenen auf den Inseln das Forschungsschiff Beagle vor der Küste nicht sehen konnten, auch wenn man sie darauf hinwies. Das hatte nichts mit den ansonsten hervorragenden Augen der Eingeborenen zu tun und ganz sicher war der Dreimaster nicht zu klein. In der Realität der Indios gab es einfach keine so großen Schiffe, sie existierten nicht. Was wir uns nicht vorstellen können, können wir nicht wahrnehmen. Da wir sowieso von Millionen Informationen pro Sekunde beschossen werden, filtert das Gehirn den unwichtigen und vor allem unwahrscheinlichen Teil einfach raus - das RAS der Insulaner war nicht auf Dreimaster programmiert.

Das hat in diesem Fall evolutionär-kulturelle Gründe und fängt schon früh in der Entwicklung des einzelnen Lebewesens an. *Deepak Chopra* berichtet von Untersuchungen an jungen Katzen mit einem ähnlichen Ergebnis, aber in einem neurologischen Kontext: Die Kätzchen wurden direkt nach der Geburt in zwei Gruppen geteilt. Die eine Gruppe wuchs in einem Raum auf, in dem es nur horizontale Linien gab, die andere Gruppe in einem Raum mit ausschließlich vertikalen Linien - eine simulierte zweidimensionale Welt. Als die Katzen nach drei Monaten in die normale Welt entlassen wurden, rannte die horizontale Gruppe regelmäßig gegen Stuhl- und Tischbeine. Bei der zweiten Gruppe geschah genau das gleiche, allerdings um 90° verdreht. Den Grund kennen Sie schon: Die Gehirne der Tiere hatten keine entsprechenden Bahnen entwickelt, um sich auf die Realität der jeweils fehlenden dritten Dimension kognitiv einzustellen. Daher gab es kein Konzept, um mit einer dreidimensionalen Umwelt klarzukommen. Seine nächste Frage im Vortrag war: Haben Sie heute schon ein Ufo gesehen?

Menschen werden zum Glück selten in einer zweidimensionalen Welt geboren, daher ist das Problem der Katzen nicht unseres. Wir haben dafür unsere ganz eigenen Scheuklappen. Was bleibt, ist die Befürchtung, daß was wir so gerne Realität nennen, entweder nicht existiert, oder aber ganz anders, nämlich gefiltert ist. So stellt sich zwangsläufig die Frage nach der Objektivität. Wenn jeder Mensch die Umwelt subjektiv *wahr-nimmt*, wie finden wir dann unseren gemeinsamen Nenner? Kollektive Hypnose? Kollektives (Unter-)Bewußtsein? Kulturelles morphogenetisches Feld? Es sieht ganz so aus, als wären dies die psychoaktiven Punkte, denn in anderen Kulturen herrschen, wie wir gesehen haben, andere objektive Realitäten.

AKTIVPOSTEN

Gut, Zwischenbilanz, was haben wir bisher: Zum einen die These, daß wir unser Weltbild, und damit unsere Welt, selbst erschaffen. Das hört sich ja alles sehr spannend an, aber ist das auch anwendbar? Und wenn ja, tun wir uns selbst einen Gefallen damit?

Es gibt wohl ein Unbewußtes, das uns je nach Vorliebe und Situation Steine in den Weg legt, oder uns nach Kräften hilft, diese aus dem Weg zu räumen. Können wir es zur Kooperation bewegen? Die gute Nachricht lautet *ja*. Die schlechte Nachricht lautet auch *ja*. Denn das Unbewußte hilft uns die ganze Zeit. Es hilft uns nach Kräften durch Maßnahmen, von denen es denkt, daß sie uns nützlich sind. In der Priorität A beschützt es uns vor Schmerzen und emotionalen Verletzungen.

Leider ist das häufig nicht das, was wir uns wünschen würden. Wie sagt mir doch mein Bildschirmschoner immer wieder: *Alles, worum ich bitte, ist eine Chance zu beweisen, daß Geld mich nicht glücklich macht.* Wenn das Unbewußte dafür sorgt, daß wir unsere Beziehungen regelmäßig zu einem mehr oder weniger dramatischen Ende bringen, hat es aus alten Erfahrungen gelernt und schützt uns vor dem Schmerz, verlassen zu werden. Wenn wir keinen finanziellen Erfolg haben, schützt es uns vielleicht vor Geld, weil wir irgendwann in der Vergangenheit festgestellt haben, daß Geld den Charakter verdirbt. Es mischt sich also völlig ungefragt in sämtliche Phasen unseres Lebens ein, und das immer mit gutem Willen; aber manchmal zeigt sich, daß gut gemeint und gut gemacht himmelschreiende Gegensätze sind. Und so hilft uns das Unbewußte sogar, indem es uns krank macht.

Kurz & Knapp:

- Wir nehmen nur war, was in unser Raster paßt
- Dieser Prozeß beginnt vom ersten Tag an.
- Das Unbewußte tut alles, um uns zu helfen

Psychosomatik - verletzte Seele

Wir wollen diesen Prozeß unter medizinischen Gesichtspunkten genauer beleuchten. Aber bevor ich nun beginne, Ihr Vertrauen in die Schulmedizin systematisch zu untergraben, gilt es einige ehrliche Worte zu sagen. In diesem Moment, da ich hier an meinem Mac sitze und schreibe, bin ich physisch vollkommen gesund (und psychisch zumindest nicht auffällig). Ich bin relativ jung, und aus dieser Position heraus ist es ziemlich einfach, über die Schulmedizin etwas zu sagen, was man auch als herumhacken bezeichnen kann. Daher:

ACHTUNG: SUBJEKTIV

Dabei habe ich schon zur Genüge Gebrauch von ihr gemacht. Bereits mit zwei Jahren kamen die Mandeln raus, alle sechs Monate platzte ein Trommelfell. Mein Fußskelet war unterentwickelt, und ich durfte keinen Sport machen. Noch zu meinen Zivildienstzeiten hatte ich einen riesigen Stapel Krankmeldungen und natürlich war ich auch immer tatsächlich krank.

Nach meinem Zivildienst änderte sich das gravierend. Ich hatte mit einigen östlichen Techniken und autogenem Training experimentiert und zunehmend beschlossen, einfach nicht mehr krank zu werden. Seit Jahren mache ich fast täglich Sport, erfreue ich mich einer stabilen Gesundheit, ich stoße mir nur noch selten die Zehen an und bekomme etwa zweimal im Jahr einen dickeren Schnupfen.

Alles in allem eine sehr gute Position, um für die These einzutreten, daß fast alle Krankheiten vom Kopf kommen. Vielleicht ändert sich das im Alter, vielleicht auch nicht. Bisher sind die Erfahrungen mit meinen Selbstheilungskräften sehr zuverlässig.

DESCARTES IST SCHULD!

Er hat es nicht leicht in diesem Buch: Schon öfter haben wir auf *René Descartes* und seinen Exorzismus - seine Vertreibung der Seele aus dem *Automaten* Körper - eingeprügelt. In diesem linearen Weltbild ist Krankheit etwas, was ausschließlich mit dem Körper zu tun hat. Und tatsächlich, die Ärzte waren jahrhundertelang schwer begeistert von diesem Ansatz. Dementsprechend sind die Reaktionen auf die diversen Maladien, mit denen wir zu ihnen kommen. Krankheit hat mit Bazillen und Viren zu tun, mit Pech oder Dummheit. Wenn wir Schnupfen bekommen, liegt das einfach daran, daß wir uns irgendwo angesteckt haben.

Reader´s Digest hat mir vor 20 Jahren erklärt, wie das mit dem Schnupfen funktioniert: Wir stehen im Fahrstuhl und drücken auf den selben Knopf, den der Gast vor uns angenießt hat - mit diesem Finger kratzen wir uns an der Nase, damit haben wir einen Bazillus eingefangen und werden krank. Logisch, kausal, erklärbar. Das macht die Therapie auch einfacher, denn gegen jedes Übel ist ja ein Kraut gewachsen, zumindest in den Labors der Pharmaindustrie (und wir sprechen hier von einem Markt mit 70 bis 75 Milliarden allein in Deutschland)*.

Leider wissen wir in unserem linkshirnigen Denken weitaus mehr über die Ursachen der Krankheit, als über die Ursachen der Gesundheit. Im alten China wurden Ärzte ausschließlich für die Gesunderhaltung des Patienten bezahlt. Bei uns werden die Ärzte für die Reparatur eines gestörten Systems bezahlt. Und je kranker das System, umso mehr kann man daran verdienen. Bis man als Arzt ein fixes Budget verpaßt bekommt und bei Überschreitung desselben einen blauen Brief. Damit sind sogar persönliche Gespräche eingeschränkt und Ärzte klagen über Fließbandarbeit. Feuer wird mit Feuer bekämpft.

Ethnologisch und in einschlägigen Arztserien ist das wieder ganz anders zu betrachten. Hier spielt der Geist eine große Rolle bei der Genesung. Der Medizinmann, respektive der einfühlsame Serienheld aus der Schwarzwaldklinik (die perfekte Manifestation der Güte), hat dann bei der Diagnose meist ein weises und wissendes Lächeln auf den Lippen und durchschaut sämtliche psychopathologischen Hintergründe.

* Wenn Sie im Krankenhaus sind, werden Sie wahrscheinlich erst an einem Montag entlassen - das Bett muß ja ausgelastet werden. Wahrscheinlich haben Sie während Ihres Aufenthalts auch die Maschine mit dem *Biep* kennengelernt. Und wahrscheinlich würde ich das als Krankenhausbetreiber ähnlich machen. Unser Gesundheitssystem ist groß und komplex, und weit jenseits meiner (wenn überhaupt irgendjemandes) Übersicht. Ich denke, ganz so groß müßte es nicht sein, wenn man ein, zwei Spielregeln beachtet. Aber dann verdienen nicht nur weniger Leute daran, es gibt auch weniger Arbeitsplätze. Aber Krankenschwestern werden unterbezahlt. Alles hat soundsoviele Seiten. Kompliziert.

Vielleicht haben diese vertrauensvollen Ärzte ein morphisches Feld geschaffen, auf jeden Fall ist seit einigen Jahren ein sehr positiver Trend in der Arztpraxis zu beobachten. Es werden plötzlich - wenn denn Zeit ist - familiäre Hintergründe und Lebensgewohnheiten in der Anamnese besprochen, die noch vor zwanzig Jahren weder für den Arzt, noch den Patienten interessant gewesen wären.

PSYCHE UND GESUNDHEIT

Verliebte Menschen bekommen keinen Schnupfen. Oder nur, wenn es ganz dringend ist, und eine längere Bettruhe samt dazugehöriger hingebungsvoller Pflege wirklich notwendig ist. Aber selbst dann wird der gesunde Partner sich nicht anstecken - wenn er nicht will.

Das liegt an dem inzwischen bekannten Zusammenhang zwischen emotionaler Befindlichkeit und Abwehrkräften. Hormone bilden die direkte Verbindung zwischen Gehirn und *Immunsystem*. Es ist erwiesen, daß unter chronischem seelischen Streß ein bestimmter Stoff, das *CGRP*, vermehrt ausgeschüttet wird, und durch genau diesen Stoff eine spezielle Art der Immunzellen, die *Langerhans-Zellen*, gelähmt werden. Damit schafft Streß die Möglichkeit für handfeste Infektionskrankheiten, denn eine ganze Abteilung der körpereigenen Abwehr wird einfach lahmgelegt. Dieses Verhalten erforscht eine relativ neue Wissenschaft mit dem wohlklingenden Namen *Psychoneuroimmunologie*.

Beispiel: Jeder kennt diesen Ärger mit dem Kollegen oder dem ungerechten Chef - und die anschließende Sommergrippe. Wie unangenehm, oder nicht? Eine Sommergrippe mit dieser Vorgeschichte hat zwei mögliche und wahrscheinliche Gründe: Zum einen schlägt, wie wir oben gesehen haben, Streß nicht unerheblich auf das Immunsystem (inzwischen weiß man sogar, daß Lachen tatsächlich die beste Medizin ist. Aus einem herzhaften Lachen holt sich das Immunsystem die Energie für volle zwei Tage). Einem potentiellen Krankheitserreger erscheint das wie der Schlüssel zur Stadt, und er kann sich, ohne großangelegte Gegenmaßnahmen befürchten zu müssen, im Körper breitmachen. Das Immunsystem scheint eine Art eigene Intelligenz zu haben, die stark an die emotionale Befindlichkeit gekoppelt ist.

Der zweite mögliche Grund (und wahrscheinlich gehen beide Hand in Hand) besteht darin, daß das Unbewußte ein echter Freund ist. Wenn *Es* den Eindruck hat, Sie könnten einige Tage Pause durchaus vertragen, besorgt es Ihnen einen echten Grund, offiziell anerkannt, samt Krankmeldung. Denn wer krank ist, bekommt auch garantiert sein Maß an Liebe, Zuwendung und Aufmerksamkeit. Hier kann man sich die Wunden lecken und betüddeln lassen. Wenn alle Stricke reißen, funktioniert das immer. Und das ist gut so.

Aber auch nur bis zu einem gewissen Grad, denn die Dosis macht ja bekanntlich das Gift. Wenn der Rückzug in die Krankheit allzu häufig vorkommt, wird er sehr schnell zur Flucht. *Gregory Bateson* spricht in diesem Zusammenhang von DOUBLE BIND, der Doppelbindung. Das System hat die Wahl zwischen zwei negativen Möglichkeiten: Der bewußten Auseinandersetzung mit dem Problem und der Flucht in die Krankheit. Die erste Variante kostet Energie und macht keinen Spaß, die zweite verheißt die nötige Dosis Ruhe und Frieden. Wenn diese Lösungsstrategie dauerhaft greift, wird es schwierig. Ich vermute bei mir selbst, daß ich eine ganze Zeit lang, vom Kleinkind bis zum Zivildienst, diese Strategie gefahren habe. Ab da hatte ich zum Glück nur noch Jobs, an denen mein Herzblut hing, ich hatte also auf einem sehr tiefen Level kein Interesse mehr, krank zu sein. Privatversicherte sind selten krank.

TRAUBENZUCKER

Das Welle-Teilchen-Problem der Medizin heißt PLACEBO. Ein Placebo ist eine kleine Pille mit großem Beipackzettel und diversen Nebenwirkungen. Angeblich. Denn häufig ist die einzige medizinisch wirksame Ingredienz Traubenzucker, oder, noch besser, eine gräßlich schmeckende, aber wirkungsvolle Substanz, denn Medizin muß ja bitter sein. Trotzdem wirken diese Medikamente in 30 bis 50 Prozent aller Fälle. Offensichtlich setzt allein der Glaube an das Medikament so viel Energie frei, daß das Immunsystem einen kleinen Quantensprung macht und die Krankheit ganz locker besiegt. How come?

Tatsächlich wirksame Stoffe des Medikaments sind nur der Glaube an die Fähigkeit des Arztes, den Beipackzettel und die Wirkung des Mittels selbst. Wobei jeder einzelne Punkt ein eigenes Placebo darstellt, speziell das Vertrauen in den Arzt. Der Körper nutzt dieses Vertrauen quasi als Turbolader oder Ausrede, um sich selbst zu helfen. Suchen Sie sich also einen Arzt, dem Sie wirklich vertrauen, der nicht nur kompetent, sondern auch sympathisch ist.

Wie mächtig das Wissen um bestimmte eingenommene Substanzen wirklich ist, zeigt folgender Versuch: Bei einer Untersuchung gab man Studenten Aufputschmittel (rote Pillen) und beruhigende Substanzen (blaue Pillen) und beobachtete die Folgen. Der zusätzliche Reiz bestand darin, daß ein forschender Geist wie der eines Studenten nicht jeden Tag illegale Substanzen wie Amphetamin zu Versuchszwecken völlig legal einnehmen darf.

Wie immer in solchen Versuchen war ein Haken bei der Sache. In diesem Fall waren die Inhaltsstoffe ohne Wissen der Versuchspersonen vertauscht. Es handelte sich hier also nicht um Placebos, sondern um genau entgegengesetzt wirkende Stoffe: Die angeblichen *Upper* waren rotverpackte

Downer und umgekehrt. Völlig unbeeindruckt von dieser simplen Tatsache wurden fast alle Studenten von den Aufputschmitteln aufgeputscht und von den Beruhigungspillen beruhigt. Sie waren einfach überzeugt von deren Wirksamkeit. Nur in ihrem Kopf.

WAS DIE SEELE KRANK MACHT

Bei psychosomatischen (seelisch bedingten) Beschwerden zeigt sich die Weisheit des Volksmundes. Trauriges geht uns zu Herzen, ärgerliches schlägt uns auf den Magen, verzweifeltes geht an die Nieren. Noch in der Renaissance waren den Ärzten weitaus mehr Zusammenhänge bekannt.

Doch, auch wenn er es ja nur gut gemeint hat, hier muß man schon wieder Descartes verantwortlich machen. Laut ihm war *der Geist eine Substanz, deren ganze Wesenheit oder Natur bloß im Denken besteht, und zu Ihrem Dasein weder eine Ortes bedürfe, noch von einem materiellen Dinge abhänge.* Das hört sich stimmig an, aber im Umkehrschluß ist der Zustand des Körpers sehr wohl von dem Zustand des Geistes abhängig.

Ein befreundeter Arzt hat mir einmal erklärt, was alles zusammenkommen muß, um an Krebs zu erkranken. Zuerst muß das Karzinogen (der krebserregende Stoff) die körpereigene Abwehr überleben. Das ist garnicht so einfach, denn unser Immunsystem ist ziemlich fix. Als nächstes muß es in die Zelle eindringen und das interne Abwehrsystem der Zelle überwinden. Es folgt ein weiteres Abwehrsystem im Zellkern, dann erst gelangt das Karzinogen an die Chromosomen und kann diese in seinem Sinn auf unkontrolliertes Wachstum umprogrammieren. Das ist ein sehr langer Weg, auf dem das Karzinogen jede Hilfe brauchen kann - und sei es vom Seelenleben des Betroffenen. Die bekannte Sicht ist allerdings genauso richtig, bei häufigem Beschuß mit Karzinogenen steigt natürlich die Wahrscheinlichkeit, daß ein Angreifer überlebt und sich durchsetzt.

DAS LEBEN IST STRESS

Dr. *Ruediger Dahlke* ist der bekannte Fachmann für Psychosomatische Krankheiten, und für meine Begriffe sehr intuitiv und weise. Er geht davon aus, daß unser Körper keine unnötigen Aktionen macht, sondern *Krankheit als Sprache der Seele* verstanden werden kann. Am Beispiel *Tinitus* wollen wir uns seine Sicht der Dinge ansehen:

Tinituspatienten leiden unter unangenehmen Ohrgeräuschen, auf die sie keinen Einfluß haben. In Deutschland gibt es schätzungsweise sechs Millionen Betroffene. Für Dahlke sind diese Geräusche eine Alarmsirene des Körpers. Irgendetwas läuft gravierend schief, zu viele Geräusche, zu viel Streß, zu viele gute Ratschläge.

Um den Grundbaustein der Krankheit zu finden, betrachtet man am besten die Ausgangssituation, in der das Geräusch zum ersten Mal auftrat - sie verrät einiges. Der Tinitus will uns häufig aufmerksam machen auf pathologische Sackgassen, die wir beschreiten. Die Beschwerden vergehen im allgemeinen erst dann, wenn die Botschaft dieser inneren Stimme verstanden wurde, wenn äußere, und vor allem die innere Ruhe eingetreten sind.

Ein weiteres, schon klassisches Beispiel sind die Herzprobleme chronischer Arbeitstiere. Selbständige sind per definitionem unersetzlich (davon sind sie zutiefst überzeugt). Das hat Vorteile, wenn sie sich intensiver mit den tieferen Gründen einer Krankheit auseinandersetzen müssen/können/sollten. Aber es gibt auch Nachteile: Von den amerikanischen Ärzten *Friedmann* und *Rosenberg* stammt die Einteilung in *A-Typ* und *B-Typ*.

A-Typen leiden unter Streß, sind ungeduldig, aggressiv und ehrgeizig - und sitzen meistens auf Stuhlkanten. Sie sind immer in Zeitnot, auch wenn sie angeblich entspannt sind. B-Typen sind um einiges ruhiger und haben nicht nur weniger Herzprobleme, sondern sind auch weniger beim Arzt.

Beim A-Typ, besonders bei Selbständigen, tun Ängste, Streß und mangelnder Ausgleich das ihre, und häufig werden die ersten Beschwerden nicht beachtet, sondern der Betroffene nimmt es *wie ein Mann* und verdrängt die Symptome. Die dann doppelt zurückschlagen. Helden leiden schweigend. Bei Beschwerden mit dieser Vorgeschichte wird kein Medikament auf Dauer helfen können, denn das System Körper ist durch wilden Aktionismus, zu viele Sorgen und häufiges Sitzen am Computer aus dem Gleichgewicht. Betablocker überdecken das entstandene Loch, aber die Verhaltensweise ändert sich nicht. Das Loch wird wieder aufreißen. Wie Dahlke sagt: *Wenn der Geist das Problem als solches nicht erkennt, wird der Körper weiter die Folgen zu tragen haben.*

Dabei steckt in jeder Krise eine Chance. Wenn der Körper die Notbremse in Form von Krankheit zieht, und der Betroffene tatsächlich zuhört, werden nicht nur die Beschwerden verschwinden. Der regenerierte Körper und der um eine Erfahrung reichere Geist können noch ein halbes Leben lang gemeinsam Spaß haben.

ROLLING STONES: KONTRAINDIKATIONEN

Eine weitere Wissenschaftsanekdote, diesmal wieder mit Ratten (man hat inzwischen herausgefunden, daß die Wissenschaft Krebs bei Ratten verursacht): Eine Gruppe von Ratten wurde systematisch auf ein bestimmtes Eiweiß allergisch gemacht. Wann immer ihnen dieses spezielle Eiweiß gefüttert wurde, lief Musik von der Stones. Als die Ratten so weit waren, daß mit jeder Gabe ein allergischer Schub ausgelöst wurde, verzichteten die Wissenschaftler auf das Eiweiß und spielten nur noch Rolling Stones. Prompt bekamen die Ratten allergische Schübe - start me up!

Nun fällt mir auf Anhieb in meinem Bekanntenkreis niemand ein, der eine (wirklich gefährliche) Allergie gegen Mick Jagger hätte - und Allergien werden doch nur durch bestimmte Stoffe ausgelöst, oder?

Eine meiner Exfreundinnen war begeisterte Pferdeliebhaberin. Da mein Vater zu der gleichen Spezies gehörte, hatten wir teilweise bis zu sechs Pferde - das Paradies für jeden Pferdefanatiker (ich gehörte nicht dazu, mir macht misten keinen Spaß). Nach dem ziemlich dramatischen Ende unserer Beziehung wurde sie völlig unvorhersehbar allergisch auf Pferde. Was sich sofort wieder legte, als wir unsere Kriegsbeile begraben hatten und wieder miteinander redeten. Dazwischen lagen sieben Jahre.

In beiden Fällen haben wir es mit pathologischen Konditionierungen zu tun, Pawlow wäre gleichermaßen fasziniert und entsetzt.

Der Krebsforscher *O. C. Simonton* sagt: *Um die Vorstellung wirklich zu begreifen, daß sie (die Patienten) die Immunmechanismen ihres Körpers geistig beeinflussen können, müssen sie erst gewahr werden, daß ihr Geist, ihre Emontionen und ihr Körper als Einheit arbeiten und nicht voneinander getrennt werden können . . .(und) daß eine geistige und psychische ebenso wie eine körperliche Beteiligung bei der Entwicklung ihrer Krankheit vorhanden war.*

Nun ist bestimmt nicht jede Krankheit der Aufschrei einer geschundenen Seele und automatisch psychosomatisch. Wir wollen hier nicht zu Mental-Darwinisten werden. Aber vielleicht hören Sie bei Ihrem nächsten Zipperlein einfach tief in sich hinein und fragen sich, ob da vielleicht noch weitere Ursachen im Spiel sind.

Kurz & Knapp:
- Möglicherweise wirkenEmotionen direkt auf die Gesundheit
- Möglicherweise beginnen Krankheiten im Kopf
- Wir lachen uns gesund

Literatur

- Düdiger Dahlke - Krankheit als Sprache der Seele - ISBN 3-442-12756-4
  Der Fachmann für Psychosomatik

- Kenneth H. Pelletier - Die neue Medizin - ISBN 3-596-23874-9
  Ein Visionär - altes Buch, aber hochaktueller Inhalt

Böse Fallen

Und wieder einmal sehen wir, zu welch eindrucksvollen Höchstleistungen das Unbewußte in der Lage ist, um uns, seinem Herrn und Meister, zu dienen. Da die Informationen die unser Gehirn erhält, nicht gleich den Informationen sind, die uns bewußt sind (unter 0,01%), können wir uns ungefähr vorstellen, wie komplex das System ist.

Wobei ich *Gehirn* nicht gleich *Geist* setzen möchte, obwohl beide Berührungspunkte haben. Der Geist scheint etwas zu sein, das mindestens durch den gesamten Körper surft. Wahrscheinlich surft er auch drüber hinaus. Denn wo sind wir, wenn wir - zum Beispiel - an Afrika denken? Uns an ein Erlebnis dort erinnern?

Unser Geist ist freier als wir - und wir gehen uns häufig auf denselben. Blockieren ihn, indem wir ihn in Raster und Tunnelrealitäten pferchen. Wie entstehen sie, und was kann man dagegen tun, ein Bioroboter zu sein? Wie wird aus Pawlow´s Hund Schrödinger´s Katze?

Durch die neuen Ergebnisse der Gehirnforschung wird immer ersichtlicher, wie kompliziert der Prozeß der Wahrnehmung tatsächlich ist. Komplexe Aufgaben werden nicht nur von einem Gehirnareal, sondern von verschiedenen Systemen übernommen, die gleichzeitig in mehrere Richtungen kommunizieren.

So kann eine visuelle Information neben der Sehhirnrinde noch zu fünf und mehr Arealen gesendet werden, die alle an der Wahrnehmung teilhaben und sich untereinander über die Auswertung unterhalten. Der Reiz wird mit den vorhandenen Daten verglichen und mit der aktuellen Tagesform abgestimmt. Dann bewertet das RAS die Priorität und entscheidet, ob der dazugehörige Mensch jetzt gerade in der Stimmung oder Lage ist, dieses Ereignis zu verarbeiten. Obwohl dieser Prozeß extrem rasch vonstatten geht, ist er hochkomplex. Und es spielen eine Unzahl subjektiver Faktoren eine Rolle.

Daher sehen Bayern-Fans ein Foul, während der HSV über das Tor jubelt. Jede *Wahr-Nehmung* ist subjektiv, es sind die eigenen Wertesysteme, die den Reiz für wahr-nehmen. Und ihn dann voller Überzeugung als objektive Tatsache weiterleiten.

Dieser Faktor macht das Leben im allgemeinen und die Kommunikation im besonderen ziemlich mühsam. Wenn die Fußballfans zur Spezies der Hooligans gehören, werden sie die (Fehl-)Entscheidung des Schiedsrichters nach dem Spiel auf ihre eigene Weise diskutieren. Im normalen Leben sind solche Lösungsstrategien glücklicherweise nicht sonderlich weit verbreitet - obwohl manche verbalen Attacken durchaus mit Kampfhandlungen verglichen werden können und ähnliche Blessuren zum Ergebnis haben, wie wir in der Psychosomatik gesehen haben. Als *homo sapiens sapiens* sollten wir mit dem Gegenüber auf möglichst zivilisierte Weise zu einer Synthese von Argument und Gegenargument kommen. Das funktioniert nicht immer, das ist jedem klar. Ab und zu, in bestimmten auserlesenen Situationen, muß man auch die Sau rauslassen - denn immer nur schlucken geht auf den Magen.

DAS UNAUSGESPROCHENE WORT

... währt ewig - eine Weisheit nicht nur von Thomas D. Neben all diesem *hätte, würde, könnte, sollte* in unserem Kopf - einem Zustand, den Wilson elegant als *Mindfuck* beschreibt - lohnt sich etwas Aufmerksamkeit für sensible Punkte. Haben Sie sie gefunden, sprechen Sie sie an. Wie soll denn Ihr Partner wissen, daß seine Käsefüße auf Ihrer Libido herumtrampeln, wenn Sie nichts sagen? Wenn Sie es tun, wird sich wahrscheinlich etwas ändern. Sagen Sie es nicht, weiß er gar nicht, warum Sie sich immer weiter zurückziehen. Das bringt Sie weder weiter, noch ist es fair. Die kurze Verletzung - wenn es eine ist, und das hängt nur von Ihrer Formulierung ab - ist nichts gegen die dauerhafte Unzufriedenheit, die weit mehr Schaden anrichtet. Loop Ende.

Lieber Wunden als Narben
Heinz Kaspar

Es gibt jede Menge Schlaufen und Fallen in unserem Kopf, die den Sinn haben, unsere Tunnelrealitäten aufrecht zu erhalten, und die wir uns jetzt näher ansehen wollen.

WER BIN ICH?

Haben Sie sich schon überlegt, wer Sie sind, wie Sie sich definieren? Als Kind konnte ich in diese Frage richtig hineinfallen, mich darin bewegen und das schwindlige Gefühl im Kopf genießen. Inzwischen erreiche ich das Gefühl nicht mehr so leicht, neue Gedanken und Aspekte kommen hinzu. Machen Sie ein kurzes Gedankenexperiment, kreisen Sie sich selbst ein.

Wir können knallharte Einkäufer sein, und uns abends hilfsbedürftig an unseren Partner kuscheln. Wir können strenge Eltern sein, und ohne Probleme und Gewissensbisse genau das tun, was wir unseren Kindern im Brustton der Überzeugung als falsch verkaufen. Wir sind alle Kinder, denn wir haben Eltern. Zwangsläufig ist unser Verhalten im Elternhaus ein anderes, als bei uns daheim. Sie sehen, worauf das hinausläuft.

EIN EINSTIEG

Ein Begriff, der nicht nur in der aktuellen Esoterikszene, sondern auch schon den Hopi-Indianern bekannt war, ist der des *inneren Kindes*. Das möchte spielen, geliebt werden, und es repräsentiert alle Verletzungen, die wir während der Kindheit möglicherweise erlebt haben. Es gibt deutliche Parallelen zum Unbewußten, das die Hopis in dieser Form personifizieren und so zu einem möglichen Ansprechpartner machen. Sehr schlau, denn dieses Kind zu finden und anzunehmen, es zu versöhnen und mit ihm zu kooperieren kann sehr hilfreich sein; denn wie stark das Unbewußte noch unter alten Verletzungen leidet, ist niemandem so richtig klar.

Wie gesagt, wir haben alle unterschiedliche Persönlichkeiten in uns: Führernaturen, Angsthasen, Erwachsene, Kinder, Machos, Softies, Weise und Tölpel - und damit hört es noch lange nicht auf. Wir sind nicht entweder faul oder fleißig - wir sind beides. Ich selbst kenne in mir (unter anderen) den skeptischen Logiker, den verrückten Techno-Schamanen, den wißbegierigen Philosophen, den Marketingstrategen, den Rechthaber, das verletzte Kind (befragen Sie hierzu auch meine ehemaligen Partnerinnen), den genialen Kontakter und Kommunikator und den dämlichen, dümmlich grinsenden Trottel. Die Frage, korrekt gestellt, müßte lauten: *Wer bin ich und wenn ja, wieviele?*

PLURALISMUS

Der Psychologe *Robert Ornstein* hat für diesen Sachverhalt den Begriff MULTIMIND gewählt. Ansätze dazu haben wir ja bereits bei Freud gesehen: *Es, Ich, Über-Ich*. Die Forschung zum Multimind-Modell fand an pathologischen Extremfällen statt, wie einer Frau, die als Kind mißhandelt wurde. Mit jeder Verletzung entstand eine neue Teilpersönlichkeit in ihr; bis zu dreißig unterschiedliche Persönlichkeiten lebten in ihrem Körper, die sich untereinander kannten und absprechen konnten. Je nach Anforderungen der Außenwelt wurde die passende Persönlichkeit nach vorne geschickt, um das Ruder zu übernehmen. Bei diesen Patienten kommt es sogar vor, daß einige Einzelpersönlichkeiten in Streit miteinander geraten. Häufig gibt es einen Führer, dem die anderen Teilpersönlichkeiten untergeordnet sind.

Der Unterschied von normalen Menschen zu pathologischen Fällen besteht wohl hauptsächlich darin, daß wir im täglichen Leben unsere Zusatz-Persönlichkeiten nicht kennen und diese sich nicht miteinander unterhalten. Vielleicht wird das Konzept auch einfacher zu handhaben, wenn wir den Begriff der unterschiedlichen Persönlichkeiten durch den der *kleinen Geister* oder *Aspekte* ersetzen.

Wir haben also, wenn wir dieses Modell - und um nichts anderes handelt es sich - als stimmig akzeptieren, in uns nicht eine einzige, wahre, nach eigenem Willen handelnde Persönlichkeit, sondern einen kleinen Kindergarten, wilde randalierende mongolische Horden, eine Abordnung des Vatikans und einige Teilpersönlichkeiten mehr. In wie weit sind wir dann noch wir selbst? Und andere? Damit wir uns nicht falsch verstehen - es sind keine Rollen, die wir professionell abziehen um dann zuhause wieder in unser heimeliges Ur-Ich schlüpfen. Es sind Zustände, die wir leben.

DER RICHTER

Das Modell bietet interessante Möglichkeiten, sich besser kennenzulernen. So kennt wohl jeder in sich den *Richter*, eine Person, die die widerliche Angewohnheit hat, dem Rest von uns Vorhaltungen zu machen. *Dieses Stück Sahnetorte war zuviel, Du solltest wirklich mal wieder Deine Eltern besuchen ...* Dieser Richter hat mir schon manches Mal das Leben schwer gemacht, zumal er auch so gar nicht mit sich reden läßt. Ich finde mich wieder in einem Strom von Selbstvorwürfen, der zum einen meistens übertrieben ist und zum anderen keinen Sinn mehr macht, weil die Situation bereits durch ist.

Ich kann mir nicht einmal vornehmen, es das nächste Mal besser zu machen, denn ich werde automatisch ein schlechtes Gewissen bekommen - und das wird mir dann nicht besonders helfen. Der Richter ist eine aggressive Verkörperung des Über-Ich.

Schauen Sie sich mal in Ihrem Innenleben um, dort gibt es erstaunliche Persönlichkeiten kennenzulernen. Wenn Sie einen Überblick bekommen haben, wer und wieviele Sie sind, können Sie sogar je nach Situation den angemessenen Aspekt leben.

DIE HYPERREALISTEN KOMMEN!

Unser nationaler Trendheiliger *Gerd Gerken* (übrigens der einzige Trainer, der den Sprung in die Staaten mit Erfolg geschafft hat) nennt die Kombination von Turbohirngeneration und Multimind in seinem Buch Trends 2015 die *Hyperrealisten,* und das oben beschriebene Konzept *Gleich-Gültigkeit.* Er beschreibt den Fall eines türkischen Mädchens, das in Deutschland, der Türkei und New York großgeworden war. Durch die Einsicht, daß die jeweils anderen zwei Kulturen in der dritten Kultur für Quatsch gehalten wurden, konnte sie mehrere Bewußtseinsebenen leben, die sie auch problemlos auseinanderhalten und ganz nach Belieben einsetzen konnte. Sie begriff die jeweils gültigen kulturellen Werte eher als Begrenzung ihrer selbst und anderer.

Alle Konzepte sind für Hyperrealisten gleichermaßen gültig. Sie begreifen, *daß sie den Scheiß, den andere heute machen, morgen selbst machen werden.* Und entkommen damit den Vorwürfen und Bewertungen, sparen sich Streit und Ärger und werden extrem friedfertig. Gerken hebt hervor, daß für den erfolgreichen Einsatz eines solchen Konzepts ein starkes *Ich* nötig ist, das auch mit den Gegensätzen umgehen kann. Denn es gibt auch eine pathologische Entsprechung, die *Borderline*-Krankheit. Borderliner haben das Gefühl, daß ihnen die Realität entgleitet, sich das *Ich* auflöst. Gerken empfiehlt, so zu tun, als ob man sich im Unbekannten geborgen und zuhause fühlt, eine Technik, die schon *John C. Lilly* als sehr wertvoll empfunden hat.

Von Lilly stammt der Begriff des **METABEWUSSTSEINS**. Dieses Gebilde repräsentiert den Teil in uns, der andere Persönlichkeitsaspekte erschafft, bzw. orchestriert. Es ist ein doppeltes Bewußtsein. Je nach Anforderung schickt es das verletzte kleine Mädchen oder die toughe Business-Frau nach vorne. Über psychoaktive Substanzen wie THC (dem Wirkstoff in Marihuana) oder LSD gelingt es dem einen oder anderen, in das Metabewußtsein zu kommen. Dann kann man beobachten, wie man das Bewußtsein erfindet, an das man gerade glauben möchte. Diesen Faktor werden wir später noch unter legaleren Gesichtspunkten beleuchten.

Kurz & Knapp:

- Möglicherweise besteht der Geist aus unterschiedlichen Teilpersönlichkeiten
- Das läßt sich gezielt nutzen
- Möglicherweise wissen wir nicht, wer am Ruder steht

WECHSELN SIE DAS PROGRAMM

Aus dem *NLP* (Neuro Linguistischen Programmieren), einer Therapieform, die in den letzten Jahren gewaltigen Zulauf erlebte, stammt der Begriff der *Programme* - neudeutsch für *Konditionierungen,* aber von der Wirkung etwas breiter gefächert.

Wir hatten beim Neobehaviorismus festgestellt, daß Konditionierungen primär das autonome Nervenzentrum betreffen, in diesem Sinn also eine unkontrollierte körperliche Reaktion darstellen. Programme dagegen sind nicht auf den Körper beschränkt, sie laufen im Kopf ab und haben komplexere psychologische Hintergründe.

Wer ein Programm *am laufen hat,* ist meistens nicht ganz bei sich. Es genügen drei Worte des Partners, verbunden mit einem bestimmten Blick. Danach schweben wir - je nach Inhalt - im siebten Himmel oder sind für zwei Stunden nicht ansprechbar. Es genügt nur ein Knopfdruck, die Konditionierung oder der *Anker,* und ganze Freundschaften gehen in die Brüche.

In den *Zurück in die Zukunft*-Filmen gibt es beim Helden *Marty* einen Knopf, der da lautet *Du bist doch eine Flasche, genau wie dein Vater . . .* Auf diesen Satz folgte meist der Einsatz mehrerer Stuntmen in einem furiosen Action-Szenario, denn natürlich ist Marty kein Feigling.

Allerdings haben die Programme des NLP eine zusätzliche Option, denn sie lassen sich ändern, sogar zum Positiven einsetzen. Programme haben eine Option nach vorne. Mittels relativ einfacher Techniken kann man Probleme wie Höhenangst und andere Phobien häufig schnell und zuverlässig in den Griff bekommen. Dazu werden unter anderem sogenannte Anker gesetzt, eine gezielte Form der Konditionierung (rauchen und telefonieren). Man visualisiert ein bestimmtes Verhalten oder einen Zustand und ankert ihn auf ein bestimmtes Körperteil. Das System ist so einfach wie wirkungsvoll. Wir werden es später noch ausführlicher besprechen.

Kurz & Knapp:
- Programme sind komplexe Konditionierungen, die
- sich jederzeit positiv nutzen lassen und
- möglicherweise haben wir sie alle

PROJIZIERTES SCHURKENTUM

In der Psychologie gibt es den Begriff der *Projektion*. Nach dieser Theorie finden wir uns ab und an in Situationen, in denen wir unsere Gedanken und Befürchtungen auf unseren Gegenüber projizieren. Dabei wird die Projektion prompt zum Projektil, mit dem der Gegenüber abgeschossen wird.

Ein ehemaliger Geschäftspartner von mir fühlt sich häufig nicht verstanden, weil andere entweder nicht zuhören, ihn nicht verstehen wollen oder es nicht ehrlich mit ihm meinen - kurz, die anderen sind ungerecht, falsch und gemein. Umgekehrt gab es schon diverse Klagen aus seiner Umgebung. So hat er einen Möbelhersteller, der ihn, sein geniales Konzept und seine gute Absicht natürlich nicht verstanden hat, um 150.000 DM betrogen. Das zumindest steht auf dem Konto. Er sieht das natürlich ganz anders.

Ein sehr elegantes und pädagogisch wertvolles Beispiel geschah in meiner direkten Umgebung: eine Freundin, die schon auf die sechzig zugeht, wäscht ihrer knapp neunzigjährigen Tante einmal in der Woche die Haare. Die Anreise liegt bei zehn Kilometern. Davor hat sie allerdings sehr große Angst, und so fährt inzwischen meistens ihr Mann. Mit dem Ergebnis, daß sie noch mehr Angst hat.

Welchen Zustand wir wahrnehmen, in den treten wir selbst
Schiller

Keiner der anderen Verwandten erklärt sich bereit, diesen Job zu übernehmen, obwohl so mancher keine 500 Meter zu laufen hätte (klinge ich parteiisch? Alles rein objektiv!). Da meine Bekannte pro Auftritt fünf Mark Benzingeld bekommt, ist der Verwandtschaft alles klar - sie macht es nur wegen des Geldes! Es ist eine fremde und seltsame Welt.

Meine erste Reaktion auf diese Geschichte war lautes Lachen. Es ist bisher das schönste Beispiel für Projektion, das ich erlebt habe, denn es hat zwei Dimensionen. Da meine Bekannte das ganze nur wegen des Geldes macht, kann man sie als *käuflich* outen. Dieses Urteil enthebt die Umgebung auch gleich eines schlechten Gewissens, denn meine Bekannte ist ja schuldig im Sinne der Anklage. Man kann sie *verurteilen*. Mit diesem Mechanismus umgeht man elegant die Erkenntnis, daß man selbst eventuell auch einmal die Woche die 500 Meter auf sich nehmen könnte. Als Sahnehäubchen, wenn man davon sprechen kann, nimmt meine Bekannte die Vorwürfe tatsächlich ernst und fragt sich, was sie falsch gemacht hat.

Unnötig zu betonen, daß auch Projektionen immer unbewußt ablaufen. Die Verwandtschaft ist sich ihrer Taktik nicht im klaren, kann also nicht zur Verantwortung gezogen werden. Das Problem ist, genau wie Darwins Beagle, unsichtbar für die Betroffenen. Projektionen haben mit dem zu tun, was in der Esoterik *Schattenmaterial* heißt - Dinge, die wir an uns nicht sehen können/wollen und die kurzerhand anderen übergestülpt werden. Brutal formuliert könnte man sagen, daß Sie umso erleuchteter sind, je weniger Arschlöcher Sie um sich herum haben.

Normalerweise projiziert man Bilder auf weiße Wände. Die Bilder sind in einer Form existent, die nichts mit der weißen, austauschbaren Wand zu tun hat, die Projektion ist nicht greifbar, wie das bei dem Dia der Fall ist - sie ist nicht existent. Das aber wissen wir nur selten, und der Gegenüber, der uns als weiße Wand dient, weiß es noch weniger und wundert sich. Aber es gibt ein Hauptindiez: Immer wenn wir mit dem Finger auf andere zeigen, zeigen noch drei Finger in unsere Richtung. Daher erfährt man auch sehr viel über andere, wenn diese über Dritte sprechen.

Jeder von uns sieht das in anderen Menschen, was er im eigenen Herzen trägt.
Ralph Waldo Emerson

Wir haben gesehen, daß wir viele Aspekte in uns tragen, und häufig stört uns an anderen genau das, was uns an uns selbst am meisten stört, aber für uns unsichtbar existiert. Sehr deutlich sieht man das auch an den dreckigen Ausländern, die nur unseren Staat schröpfen wollen und sich in unserem schönen Deutschland ein angenehmes Leben machen - so zumindest hört sich das an, wenn man sich mit kahlgeschorenen, alkoholisierten arbeitslosen Skinheads unterhält. Dieser Prozeß nennt sich auch *Spiegeln*, und kommt am häufigsten in der Kombination mit nahestehenden Personen vor. Das macht eine Liebesbeziehung zum spannendsten Feld, um mehr über sich herauszufinden. Niemand sonst kommt uns nahe - und wird damit so gefährlich. In Beziehungen lernt man mehr, als überall sonst.

Kurz & Knapp:
- Möglicherweise gehen wir von uns aus
- Möglicherweise meint der Andere etwas anderes
- Möglicherweise ist unterstellen wir ihm etwas

SELEKTIVE WAHRNEHMUNG

Wenn Sie mit dem Gedanken spielen, sich eine Ente zu kaufen, sind plötzlich alle Straßen voll mit Enten (wie dieses Buch, obwohl ich vorher kein spezielles Verhältnis zu diesem Automobil hatte). Die Anzahl der möglichen Enten, die es zu sehen gibt, ist allerdings bestimmt nicht angewachsen, im Gegenteil, die Ente stirbt aus. Der einzige Unterschied ist auch hier wieder im Kopf zu suchen. Auf das Thema *Auto: Ente* entfallen so viele Gedanken und Emotionen, daß das Gehirn die Wahrnehmung auf das Objekt richtet, also die entsprechende Information aus der Umgebung herausfiltert und vermehrt auf den Bildschirm des Bewußtseins zaubert. Und nichts anderes bedeutet *selektive Wahrnehmung.*

Wenn sie glücklich verliebt sind, werden Sie die Straßen voller Pärchen erleben, wenn Sie unglücklich verliebt sind, ist die Stadt samstagsabends von tragischen, suizidgefährdeten Gestalten bevölkert, die ein karges Single-Dasein fristen.

Das funktioniert nicht nur im großen Kontext, sondern auch und gerade im eigenen, privaten Rahmen. Wenn sie gestern und vorgestern mit Ihrem Partner über die berühmte Zahnpastatube gestritten haben, wachsen Ihnen heute ganz besondere Antennen für die kleinste Andeutung eines Hauchs einer potentiellen negativen Schwingung. Ein einziger mißmutiger Blick Ihres Partners ins Bad wird Ihnen schon reichen, und das Programm läuft wieder ab. Bis Sie sich eine eigene Zahnpasta kaufen.

Dieser Prozeß ist nicht nur situativ, er kann sich auf die gesamte Lebenseinstellung ausdehnen. Das zeigt eine Untersuchung mit Optimisten und Pessimisten: Im Grunde hatten beide Gruppen ähnliche Biographien. Nach den einschneidendsten Erlebnissen in Ihrem Leben gefragt, kommen sie trotzdem zu völlig unterschiedlichen Aussagen. Für die Pessimisten waren Punkte entscheidend wie Scheidung, Tod eines Elternteils, Verlust des Arbeitsplatzes; für die Optimisten Geburt des Kindes, Hochzeit, Beförderung.

Befragte man nun die Optimisten, waren auch diese geschieden, beruflich auf die Nase gefallen oder hatten Eltern verloren - aber es fiel Ihnen im Moment der Befragung einfach nicht ein. Umgekehrt die Pessimisten, die auch irgendwann geheiratet hatten, aber denen dieser Sachverhalt im Augenblick der Befragung nicht präsent war*.

Auch hier findet sich der Unterschied ausschließlich in der Bewertung, er hat nichts mit Glück oder genetischer Veranlagung zu tun. Sollten Sie

* Erinnert Sie das an Läsionen? Patienten mit Schädigungen eines Sprachzentrums kamen auch nicht darauf, zu reden, als sie nicht reden konnten? Gibt es wohl ein Optimisten- und ein Pessimistenareal im Gehirn?

Pessimist sein, heißt das, daß Sie ganz problemlos die Fronten wechseln können.

Die selektive Wahrnehmung hat sehr viel mit Tunnelrealitäten zu tun und manifestiert sich neurologisch im RAS. Wenn wir dieses dazu überreden können, uns in Zukunft statt der Wahrnehmung *die Menschen sind schlecht* die Wahrnehmung *die Menschen sind gut* zu liefern, sind wir automatisch auf der sicheren Seite. Dazu später mehr.

DAS UNIVERSUM LEERER GLÄSER

An dieser Stelle möchte ich Ihnen zwei mögliche Lebensräume vorstellen: Das *Überflußuniversum* und das *Mangeluniversum*. Pessimisten leben notgedrungen in einem Mangeluniversum. An diesem unwirtlichen Ort geht immer Sonntags der Kaffee aus, und zwar immer genau an diesem wichtigsten Sonntag im Monat/Jahr/Leben. Für Geld muß hart gearbeitet werden, Beförderungen bekommen nur die anderen, Krankheiten sind tragische Ereignisse, und das Glas ist immer halbleer.

Wir sind genauso frei und selbstständig, wie wir selber beschließen
S. de Beauvoir

Im Überflußuniversum sind Gläser üblicherweise halbvoll, wenn der Kaffee alle ist, wird Tee gemacht, der auch prompt richtig gut schmeckt, der Job macht häufig Spaß und, nanu, es gibt immer wieder Lohnerhöhungen. Insgesamt ist das Leben garnicht so schwer.

Anders formuliert suchen Bewohner des Mangeluniversums *Probleme* und Bewohner des Überflußuniversums suchen *Lösungen*. Dahinter steckt schon rein gefühlsmäßig eine ganz andere Motivation. Aus dem Mangel heraus braucht man ständig etwas und muß müssen. Man ist nicht frei in seinen Entscheidungen, sondern wird ständig von einem in das nächste Chaos geworfen. Dieser Zustand hat eine Tendenz zu Notlösungen.

Im Überflußuniversum ist grundsätzlich alles vorhanden. Es gibt kein Müssen, aber dafür ein Wollen. Ich kann dieses Buch schreiben müssen, dann quäle ich mich, und wahrscheinlich auch Sie. Wenn ich das Buch schrieben möchte, habe ich die freie Wahl, ob ich jetzt doch noch einmal *Pacman* spiele, oder ob ich jetzt in dem Zustand des wortgewandten Autors bin (*Oh Nächte zerquälter Poetik . . .*). Ich muß mich nicht zwingen, sondern kann mit weitaus weniger Energie die Ideen einfach fließen lassen - praktisch garnicht so einfach. Die Motivation ist dabei der entscheidende Punkt, aber ich bin sicher, Sie kennen diesen Unterschied selbst.

Kurz & Knapp:
- Möglicherweise sehen wir gefiltert
- Möglicherweise ist die Welt nicht ganz so schlecht:
- Filter lassen sich austauschen

SELBSTERFÜLLENDE PROPHEZEIUNG

Robert Anton Wilson formuliert in seinem höchst lesenswerten Buch *Der neue Prometheus* die Idee vom zweigeteilten Bewußtsein; dem *Denker*, und dem *Beweisführer*. Was auch immer der Denker glaubt, wird der Beweisführer beweisen. Der Denker kann feststellen, daß der Kommunismus, der Nationalismus oder die freie Marktwirtschaft die beste aller möglichen Gesellschaftsformen ist. Sein Universum kann durch einen Gott, einen Urknall oder einem Computerfehler entstanden sein und sein Gott kann einen weißen Bart haben, oder aus der Gesamtheit aller Atome bestehen. Er selbst kann im Fegefeuer enden, wiedergeboren werden, oder im Nirvana mit dem Grund allen Seins verschmelzen. All das ist machbar.

Der Beweisführer wird nur die entsprechenden Wahrnehmungen zulassen, um zu beweisen, daß freie Marktwirtschaft/Kommunismus/Nationalismus im Nachbarland das Volk in die Sklaverei treibt. Er wird nur mit Menschen reden, die in der Nahtodeserfahrung den Himmel/das Fegefeuer/das Nirvana bereist haben. Von Wilson stammt auch folgende Übung:

> Wenn Sie nicht sowieso schon davon überzeugt sind, dann versuchen Sie sich einmal einzureden, daß Sie unattraktiv, häßlich und langweilig sind. Gehen Sie auf eine Party und beobachten Sie, wie die Leute Sie behandeln.

> Wenn Sie nicht sowieso schon davon überzeugt sind, dann versuchen Sie sich einmal einzureden, daß Sie hübsch, witzig und unwiderstehlich sind. Gehen Sie auf eine Party und beobachten Sie, wie die Leute Sie behandeln.

Hier sind wir bei der selbsterfüllenden Prophezeiung, einem zweischneidigen Schwert, wie schon der Vater von Ödipus erfahren mußte. Wenn wir (unbewußt) der Meinung sind, daß etwas eintreffen, bzw. nicht eintreffen wird, werden wir (unbewußt) alles in unserer Macht stehende tun,

um genau diesen Effekt zu erreichen. Das häßliche Entlein in Schlabberhosen wird sich nie die Erfahrung eines Schönheitssalons und Minirocks gönnen, und damit auch nie erfahren, daß es gar kein häßliches Entlein ist.

Kurz & Knapp:
- Möglicherweise schaffen Überzeugungen Ergebnisse
- Möglicherweise sollten wir das Programm wechseln
- Möglicherweise sind Sie manchmal zu hart zu sich

ICH BIN ÜBERZEUGT

daß selbsterfüllende Prohezeiungen aus Überzeugungen entstehen. Wenn Ihr Richter wieder die ganze Nacht Überstunden gemacht hat, um Ihnen zu erklären, was Sie doch für eine Pappnase sind, wie können Sie dann am nächsten Tag eine überzeugende Idee präsentieren? Sollte das stattfinden, versuchen Sie sich zu zwicken. Das kann Ihnen helfen, auf die Metaebene zu kommen, und die Muster zu erkennen, in denen Sie gerade denken. Hier hilft nur ein klares *STOP!* Denn auf der Metaebene anzukommen und sich konsequent dafür zu verurteilen, daß der Richter jetzt urteilt - all das führt Sie nur zum nächstgrößeren Problem.

Wie gesagt, ein zweischneidiges Schwert. Nehmen Sie das Konzept nicht zu ernst, sonst zwingen Sie sich zu positivem Denken, und landen beim Aberglauben. *Wenn ich jetzt nicht so denke, dann geht alles schief* ... Das deckelt nur das Unbewußte und hilft keinen Schritt weiter. Spielen Sie damit, seien Sie neugierig.

Manipulation

Alles hat mindestens zwei Seiten, und in diesem Fall zwei negative: Erstens habe ich taktisch clever üble Beispiele für selektive Wahrnehmung und Tunnelrealitäten gewählt, um den Aha-Effekt zu erhöhen - jeder kennt diese Mechanismen bei sich selbst und kann sich solchermaßen manipuliert selbst besser *erwischen.*

Natürlich funktioniert all dies auch in positiver Richtung, aber dazu mehr im Praxiskapitel. Denn jetzt - Verschwörungstheoretiker aufgepaßt! - kommen wir zum politischen Teil. Was ich mit der NegativAuswahl der Beispiele gemacht habe, war manipulative Kommunikation. Ich könnte ja auch gleich die positiven Aspekte anbringen. Mache ich aber nicht. So schafft sich bei Ihnen ein Problembewußtsein, das mir (hoffentlich) Ihre ungeteilte Aufmerksamkeit im Praxiskapitel garantiert. *Natürlich* ist dies *nur* zu Ihrem Besten, denn Ihre Motivation steigt ebenso wie Ihre Veränderungsbereitschaft. Aber macht es Sie wirklich glücklich?

Diese Art von Psychotricks werden überall eingesetzt, wo es um Verkauf geht. Angenommen 1. wir hätten das System der Volksbefragung für wichtige politische Entscheidungen und 2. ich wäre politisch rechts außen, 3. halbwegs an der Macht und wollte 4. die Todesstrafe in Deutschland einführen. Rein argumentativ werde ich Ihre vernünftigen Argumente (mögliches Fehlurteil, Menschenrechte) mit meinen (Abschreckung, Kostenersparnis) nicht aufheben können. Was tun?

Ganz einfach: Ich warte auf den richtigen Zeitpunkt. Auf einen richtig heftigen Mord, der sämtliche Seelen in Deutschland bewegt und zu dem sich die potentielle Mehrheit bereits eine Meinung geBILDet hat. Diese Stimmung würde ich natürlich nutzen - und nur die Selbstdenker würden darin eine Manipulation erkennen.

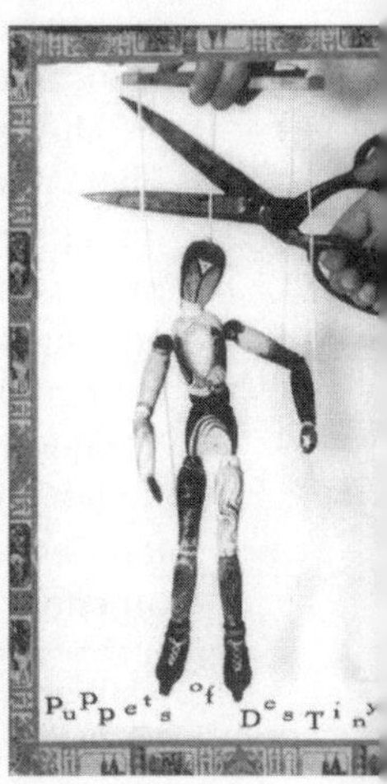

Soviel zur selektiven Wahrnehmung. Auch die Projektion wird immer wieder gern genommen. Zum Beispiel von arbeitslosen, biertrinkenden Skinheads, die alle Wut und Verzweiflung auf arbeitsscheue, drogenabhängige *Kanaken* werfen. Ein Feindbild zu haben ist immer wieder schick und erspart die Mühe, sich mit sich selbst auseinanderzusetzen. Dazu kommt das gute Gefühl, wenn man es jemandem mal wieder so richtig gezeigt hat.

Die Tragik dabei: es sind oft nur wenige Köpfe, die durch ein Familiengefüge abstruse Werte vorgeben. Siehe oben.

Viele Stufen höher auf der Schlaumeierleiter finden wir die Werbung. Momentan läuft ein hübscher 15-Sekünder für Kaffee: Er - jung, sympathisch, dynamisch - erklärt seiner Großmutter ziemlich genervt, auf welchen Videorekorderknopf sie drücken muß. Dann die Erlösung: Ein Schluck Kaffe. Sofort wird er ruhig und ausgeglichen - *komm, Oma, laß uns ins Kino gehen.*

Was ist die Botschaft? Klar, Kaffee entspannt und macht klar im Kopf.

Die Botschaft in der Botschaft richtet sich jedoch an die eigentliche Kaffeezielgruppe: *Oma, kauf Deinem Enkelchen unseren Kaffee, und er geht mit Dir ins Kino.*

Ich gestehe, das muß nicht so sein. Vielleicht hatte die betreffende Agentur etwas ganz anderes im Sinn. Vielleicht auch nicht. Deshalb macht der neue 3er Cabrio so erfolgreich und anziehend*, deshalb sind Biertrinker so naturverbunden und sportlich. Und wer auf 20 Jahre Waschmittelwerbungspraxis zurückblicken kann weiß genau, wie blöd wir tatsächlich sind: Unterschätze nie die Macht der menschlichen Dummheit. Aber manche Spots sind so genial, daß es wirklich Spaß macht.

Nur weil du nicht paranoid bist, heißt das nicht, daß sie nicht auch hinter dir her sind.
R.A. Wilson

Ganz im Gegensatz dazu: Wo wir schon bei diesem leidigen Thema sind, betrachten wir doch gleich noch das Mentaltraining. Eine große Anzahl von Menschen sieht es immer noch irgendwo zwischen Traumtänzerei und Scientology. Und beides stimmt.

Traumtänzer verlieren sich in einer virtuellen Welt und vergessen vor lauter denken das Handeln - nur in ihrem Kopf. Wenn das gewünschte Ergebnis nicht eintrifft, liegt es am fehlenden Glauben.

Hier also Grundsatzerklärung #1: Wer mentales Training in meditativem Theta macht, verändert allein durch diesen Zustand bereits seine Wahrnehmung: Er selbst wird klarer, die Ziele realer. Durch Kaffeewerbung ist er nicht mehr zu beeinflussen, allerdings kann es passieren, daß ihm die Umgebung bald zu oberflächlich erscheint. Das ist eine echte Hürde, aber kein Fehler. Wenn es aus freiem Willen geschieht, ist eine Veränderung sogar dringend angesagt. Womit wir beim zweiten Punkt wären:

Ich bin mir sicher, daß auch Scientologen die Techniken aus dem Praxisteil bereits im Grundkurs lehren. Das ist ein Grund, warum sie so effektiv arbeiten. Und in Theta ist das Gehirn hochgradig beeinflußbar, denn Inhalte

* Wobei er automatisch für drei Monate das Selbstbewußtsein hebt, und damit schon wieder im grünen Bereich ist.

werden nicht mehr bewertet. Nach kurzer Zeit gehören zur Familie dann nur noch die Kollegen der Kirche. Scientology schafft es geschickt, die Frage nach dem Sinn in eigene Kanäle zu lenken, zu ritualisieren und *die einzig mögliche Anwort* darauf zu liefern.

Vielleicht tun wir ihnen ja unrecht. Die Hexenverbrennung war auch ziemlich daneben. Aber wenn nur ein Viertel der Medienberichte stimmt, suchen Sie sich Ihre Antworten selber, lesen Sie den Praxisteil, und kaufen Sie sich vom gesparten Geld eine Eigentumswohnung. Und einen Jaguar. Und eine Villa in Florenz...

Grundsatzerklärung #2: Selber denken macht schlau. Wenn manche Weisheiten so gar nicht in Ihr Weltbild passen, lassen Sie sie weg. Anhören, überlegen, entscheiden. Niemand kann die großen Fragen für Sie lösen. Das gilt natürlich auch für dieses Buch. Picken Sie sich Ihren Teil raus und werfen Sie den Rest auf den Müll. Und:

Wir sollten hier endlich mit dem Gedanken Schluß machen, daß nur Scientologen ein Gehirn haben.

FAZIT: BÖSE FALLEN

Ja. Es gibt sie. Sie sind da und machen jede Menge Ärger. Wer sie kennt, kann sie vermeiden. Ganz klar.

Und: man muß sie auch relativieren können. Manche Esoteriker leben nur für die Spiegeltheorie. *Welche meiner Eigenschaften projiziere ich nun auf diesen Menschen, was will mir das Universum mit dieser Begegnung sagen* ... All diese Thesen erklären die Welt nur bedingt. Manche Menschen sind einfach Arschlöcher, und die Kunst ist, zu sehen, wo die eigene Verantwortung beginnt und wo sie endet. Dies ist ein echter Knackpunkt, denn wir wollen uns nicht in (sowieso frustrierenden) Allmachtsfantasien ergehen. Manche Ereignisse sind von uns unabhängig, zumindest ist es gut, diese Sicht der Dinge auch im Programm zu haben, bevor man nur noch durch die Welt schwebt.

Veränderungen fangen im Kleinen an. Es braucht dazu nur etwas mehr Energie, da man die eigenen Gedanken beobachten muß. Mit etwas Übung lassen sich selektive Wahrnehmungen ausrichten, kann man die selbsterfüllende Prophezeiungen verändern und positive Projektionen in die Welt streuen. Ist man einmal in der Metaebene, funktioniert dies relativ einfach, man muß nur die Aufmerksamkeit darauf halten und sich selbst etwas beobachten. Und das ganze nicht zu ernst nehmen. Es gibt aber auch Abkürzungen auf dem Weg, zu den entsprechenden Techniken der Umsetzung kommen wir noch.

Lassen Sie uns vorher einen kurzen Exkurs in Richtung Osten unternehmen, um zu sehen, was eine andere spirituelle Kultur zum Thema Wahrnehmung und Realität zu sagen hat.

Kurz & Knapp:

- Möglicherweise werden wir von außen programmiert
- Möglicherweise stimmen Verschwörungtheorien
- Selber denken macht schlau

Der Osten

Timothy Leary war der Meinung, daß innovative und *neophile* (neu-gierige) Gene seit 30.000 Jahren gen Westen wandern und auf ihrem Weg von Indien über China, Konstantinopel und Europa inzwischen in Kalifornien angekommen sind. Diese These hört sich stimmig an, vor allem für jemanden, der selbst in Kalifornien gelebt hat, wie das bei Leary der Fall war.

Aber warum kommen alle großen Religionen, inklusive Christentum aus dem Osten? Keine Ahnung. Fakt ist, daß man in China und Indien schon von Kultur sprechen konnte, während in Europa der technische Vorläufer der Gabel nur in der Landwirtschaft eingesetzt wurde. Aus dem Osten stammen Astronomie und Astrologie; Schrift, Mathematik und Lagerwirtschaft haben dort ihren Ursprung. Die Sumerer erfaßten alles, was sie an Information finden konnten (größtenteils Buchhaltung und Lagerbestände, verwaltet von einem stattlichen Beamtenapparat) auf handlichen kleinen Datenträgern, in ihrem Fall Tonscheiben. Als Europa im Mittelalter jedes freie und kreative Denken außerhalb der Klöster auf ein Minimum reduzierte, wurden in Arabien die Arbeiten des Aristoteles weitergeführt.

Für die spirituellen Leistungen des Ostens sind Körpertechniken wie *Tai Chi* und *Hatha Yoga* nur zwei Beispiele. Beide bedienen sich bestimmter Übungen und Bewegungsabläufe, deren wohltuende und komplexe Wirkung auf Körper und Geist erst in diesem Jahrhundert von der Wissenschaft durchschaut wurde. Eine jüngere Untersuchung fand heraus, daß Menschen, die Tai Chi regelmäßig betreiben, weniger stolpern, hinfallen, ausrutschen. Über die bewußte Atmung und die fließenden Bewegungen entsteht ein Körperbewußtsein, das uns Westlern im großen und ganzen abgeht. Die Durchblutung wird angeregt, das Bewußtsein auf einen Punkt fokusiert oder aber ganz abgeschaltet. Akupunktur, Tantra, Chi Gong, die Reihe ließe sich beliebig fortsetzen. Irgendwie ist der Osten dem Himmel näher.

Das gesamte östliche Denken erscheint uns (zumindest in einer romantisch-esoterischen Sicht) weitaus abgeklärter, das Leben ruhiger und die Menschen allgemein mehr bei sich selbst. Meditation in der einen oder anderen Form ist tägliche Routine. Ganze Belegschaften fangen um sechs Uhr morgens mit Tai Chi an. In diesem Geist findet natürlich ein ganz anderes Leben und Arbeiten statt. Auch das Schlachten von Walen und die Einnahme von gemahlenem Nashorn-Horn zur Steigerung der Potenz. Und die kleinen Tiger lernen nach wie vor vom Westen, in jeder Beziehung. Daß ausgerechnet Indien, die Wiege aller Religion und Kultur, jetzt auf Atomraketen abfährt, ist ein tragischer Treppenwitz.

QUANTENMEDITATION

Vom Zynismus zum Mystizismus, denn die Varianten, die in Asien vorherrschen, sind erstaunlich aktuell in allem, was wir bisher beschrieben haben, zu finden. Wie *Deepak Chopra* - Leiter einer großen ayurvedischen Klinik in den USA, klassisch ausgebildeter Mediziner und persönlicher Berater von solchen Leuten wie Madonna - in seinen Büchern feststellt, besteht eine erstaunliche Übereinstimmung zwischen alten indischen Schriften und der neuen Physik. So hat *Maharishi Mahesch Yogi* einige Physiker gebeten, die Charakteristika eines Quantenfeldes zu beschreiben. Nahezu wortwörtlich waren diese Beschreibungen auch in den Veden, den alten Weisheitsbüchern Indiens, zu finden. Allerdings ging es in den Veden um *Brahman*, die indische Quelle aller Schöpfung. Wie Chopra ausführt, sind die Merkmale eines Quantenfeldes die Merkmale eines möglichen Gottes. Die Physiker vor 4.000 Jahren waren so heilig wie ihr Bart lang.

Die *Transzendentale Meditation*, kurz TM, ist eine der am besten erforschten Meditationsformen. Der Guru dieser Bewegung, besagter Maharishi, wird momentan wieder als Sektenfuzzi verschrieen. Aber wir wollen ihn hier ja nicht anbeten, sondern von ihm lernen. Alles weitere entscheiden Sie bitte selbst.

Untersuchungen über TM fanden heraus, daß Meditierende ganz allgemein nicht nur weniger krank werden, sondern auch im Alltag über eine weitaus feinere Wahrnehmung verfügen. So wurden Vergleichsuntersuchungen mit Meditierern und Nichtmeditierern gemacht. Die Versuchsanordnung bestand darin, mit einem Stroboskop extrem kurze Lichtsignale zu geben. Der Raum war normal beleuchtet, und es gab keinerlei Instruktionen und Hinweise, was jetzt stattfinden würde. Der größte Teil der Nichtmeditierer bemerkte nichts. Aber ein Großteil der TM-Praktizierenden konnte nicht nur sagen, daß da eine weitere Lichtquelle war,

sie konnten häufig auch die Anzahl der Lichtimpulse angeben.

Ganz offensichtlich wird die Wahrnehmungsschwelle durch die Praxis der Versenkung beträchtlich gesenkt, das Bewußtsein also tatsächlich erweitert. Eine andere Untersuchung in einem Altenheim konnte zeigen, daß Sechzigjährige nach einigen Monaten TM wieder die Zellwerte von Vierzigjährigen hatten.

Erhöhte psychische Stabilität, weniger Ängste, die Reihe der untersuchten und erwiesenen positiven Auswirkungen der Meditation ließe sich noch eine ganze Weile fortführen. Nach Messungen des Sauerstoffverbrauchs, der Herztätigkeit und der Psychogalvanischen Reaktion (siehe Biofeedback) kann man sogar schließen, daß regelmäßige Meditation eine höhere Regenerationswirkung hat, als der Tiefschlaf.

URSPRUNG

Ein höchst erstrebenswerter Zustand in der Meditation ist der Zustand des *Samadhi* - das Eins-sein mit allem. Ich selbst habe diesen Zustand in seinem ganzen Ausmaß zum ersten Mal beim *Kendo* erfahren. Kendo ist wortwörtlich der Weg des Schwertes - japanischer Schwertkampf; er wird allerdings von Anfängern und Feiglingen wie mir mit Übungsschwertern aus flexiblem Bambus praktiziert. Mein Freund Marcel und ich standen uns gegenüber, jeder führte abwechselnd einen Schlag. Ich konzentrierte mich irgendwann nicht mehr auf seine Schläge, sondern nur auf meine Atmung, und ging damit ganz automatisch in Trance. Für die Dauer von drei, vier oder fünf Schlägen war ich nicht mehr anwesend - und wußte irgendwie immer eine Millisekunde vorher, wo der nächste Schlag hingehen würde, war also mit der Abwehr schneller als der Angriff. Dann fiel mir auf, was hier gerade stattfand und ich jubelte innerlich *Hurra, es funktioniert!* Das war der Moment, als ich es voll auf den Daumen bekam, ich war wieder gelandet.

Musashi, der bekannteste Kendomeister Japans, formulierte das so: Wenn der Geist leer wird, spiegelt er die Gedanken des Gegners. Sein *Buch der fünf Ringe*, tatsächlich ein klassisches Buch über Schwertkampf und Strategie, wird noch nach 300 Jahren von asiatischen Managern gelesen und im Marketing umgesetzt.

ZEN-ZOO

Aus Japan stammt auch eine meiner Lieblingsphilosophien, der *Zen-Buddhismus*. Zen als solches ist nicht unbedingt an eine bestimmte Religion gebunden und kann auch mit

Christentum kombiniert werden. Es ist frei von Bewertungen und Dogmen, und schafft so genau diese Einstellung der Freiheit. Das Ziel ist nicht nur ein möglichst tiefer Samadhi-Zustand, sondern die Erleuchtung. Diese wird unter anderem angestrebt durch sogenannte *Koans*, kurzen, paradoxen Sätzen. Der bekannteste Koan ist wohl *Welchen Ton macht eine klatschende Hand?* Weitere Beispiele sind *Wer ist der Meister der das Gras grün macht?* oder *Besitzt ein Hund Buddha-Natur?*. Das Ergebnis dieses Prozesses läßt sich mit Prigogines dissipativen Strukturen vergleichen. Das Bewußtsein wird mit dem Koan solange überlastet, bis es auf eine höhere Ordnung explodiert.

In einer bekannten Zen-Anekdote sucht ein Mönch auf allen möglichen Wegen die Erleuchtung, scheitert jedoch mit jeder Technik. Eines Tages gibt ihm ein Meister den Rat, über einen Ochsen zu meditieren, ganz und gar mit ihm zu verschmelzen. Der Mönch begibt sich in sein Zimmer und ward für drei Monate nicht mehr gesehen. Schließlich geht der Meister zum Zimmer des Mönches und bittet ihn, herauszukommen. Der Mönch antwortet: *Meister, ich kann nicht, meine Hörner passen nicht durch die Tür.* In diesem Moment erlangte der Mönch Erleuchtung.

Nachdem ich Ihnen aber sowohl die Pointe erzählt, als auch Programme und Tunnelrealitäten erklärt habe, wird dieser Koan für Sie und mich nicht mehr funktionieren. Sorry.

Nur in Deinem Kopf! Der Mönch hatte seine eigene Ochsennatur über Monate hinweg aufgebaut und gepflegt, um dann in einem Moment zu erkennen, daß er in einer Tunnelrealität lebte. Und das ist das Leben: Sobald ein *ich bin ...* alle anderen Bereiche von *ich bin auch* überdeckt, wird das Leben sehr zäh.

Zurück zum Zen - wie Sie gesehen haben, zeichnet es sich durch einen ganz eigenen Humor aus; es gibt Dutzende von Erzählungen, wie die Erleuchtung zu erlangen sei. So bekommt ein Mönch den Auftrag, den Garten (Zen Gärten sind eher kleine Parks) zu säubern. Als er nach Stunden mit der Arbeit fertig ist, zeigt er das Ergebnis seinem Meister. Der Garten ist wirklich perfekt, aber der Meister schüttelt nur stumm den Kopf, geht zu einem Baum und schüttelt diesen, bis zwei Blätter zu Boden fallen. So, meint er, jetzt ist es perfekt.

Diese kleine Geschichte hat eine erstaunliche Übereinstimmung mit der Maxime der *Fuzzy Logic*, einer neuen, cleveren Computergeneration, die nicht nur *ja* und *nein* kennt, sondern auch mit *vielleicht* umgehen kann - und

Meditation
(for whom it may concern) besteht darin, sich in den Zustand der Versenkung zu bringen, indem man seine Aufmerksamkeit auf den Atem oder ein bestimmtes Wort - ein Mantra - fokusiert.

Die Bedienungsanleitung für die Grundtechnik liest sich trügerisch einfach: Setzen Sie sich bequem, aber aufrecht für 15 bis 30 Minuten ein- bis zweimal täglich hin und sehen Sie, was passiert. Atmen Sie dreimal tief ein, um die körperliche Entspannung einzuleiten. Achten Sie auf gar nichts. Und wenn, dann nur auf Ihren Atem. Gedanken, die sowieso automatisch und ungebeten kommen, betrachten Sie einfach wie Wolken am Himmel - lassen Sie diese vorüberziehen.

Das ist im Großen und Ganzen schon alles, hat aber mit tumbem vor-sich-hin-starren oder einem kleinen Nickerchen nicht viel zu tun. Laut Maharishi besteht das Wesen der Meditation darin, die Aufmerksamkeit nach innen, auf die tieferen Ebenen eines Gedankens zu lenken, bis der Geist das Erlebnis des subtilsten Zustandes des Gedankens

damit einen gewaltigen Schritt in Richtung künstlicher Intelligenz bedeutet. Diese Maxime der Fuzzy Logic lautet: *Höchste Komplexität und höchste Präzision sind nicht miteinander vereinbar*. Es gibt keine ultima ratio, jeder Moment ist neu und es wird immer neues kommen. Pures Zen, finden Sie nicht?

Zen ist durchaus flexibel und öffnet sich momentan für westliche Therapieformen. Ein Koan, den ich vor kurzem gehört habe, lautet *How to feed a hungry ghost?* Wer sich drei Stunden hinsetzt, und diesen hungrigen Geist in sich selbst sucht, nichts anderes macht, und sich ausschließlich fragt, wo der Geist sitzt und wie er gefüttert wird, der kann schon einiges erleben.

Aber es muß auch nicht immer die Erleuchtung sein. *Hatha-Yoga* - und wir sind jetzt in Indien - besteht aus reinen Körperübungen und ist sehr effektiv, um ein neues Gefühl seiner selbst zu bekommen. Es ist in seiner ruhigen Art die Kombination zwischen Meditation und Fitneß. Der Körper wird gedehnt und durchblutet, die Aufmerksamkeit liegt auf der Atmung, und im Kopf kehrt Ruhe ein. Wie wir oben bei der Untersuchung über Tai Chi gesehen haben, schaffen diese langsamen Übungen ein verbessertes Gleichgewicht. Und inneres und äußeres Gleichgewicht stehen in engem Zusammenhang.

Die Auswirkungen betreffen das Gehirn ganz direkt. Wie gesagt, schleifen sich Denkmuster im Gehirn in Form von neurologischen Trampelpfaden ein. Um diesen Prozeß zu relativieren, helfen uns alle Situationen, die uns zum Überlegen bewegen - sie schaffen mehr Flexibilität auf der neuronalen Ebene. Körperübungen wie Yoga und Tai Chi bestehen aus Bewegungsabläufen, die erst erlernt werden müssen. Das erfordert Konzentration und Umdenken - und schafft neue Bahnen im Gehirn, auch wenn es nur im motorischen Zentrum geschieht. Daher ist es auch wichtig, die Übungen zu variieren und nicht jahrelang die gleichen Übungen zu machen. Hatha ist nur einer von acht möglichen Yoga-Wegen. Wenn wir hier von Klarheit, Offenheit und Verantwortlichkeit sprechen, beschreiben wir nur eine Version von *Karma-Yoga*, die westlich-verbal etwas mehr up-to-date ist.

Meditation, gleichgültig ob TM, Zen, Yoga oder welche Form auch immer, schärft die Wahrnehmung für die

Außenwelt und gibt vor allem Ihrem Unbewußten die Chance, sich auch im Wachzustand bemerkbar zu machen und Ihnen mitzuteilen, ob und wo es gerade hakt. Regelmäßig praktiziert, schafft jede Art von Meditation - und sei es ein Spaziergang oder Autogenes Training mehr Ruhe im Alltag - auch außerhalb der Übung. Wir lernen, uns selbst aus der Distanz zu sehen: *Hoppla, was mache ich denn jetzt schon wieder?* Diesen Zustand nennt man dissoziiert. Sie sehen die Situation und können Ihre Handlungen beobachten und auch korrigieren - es ist ein möglicher Ausweg aus den Fallen von Projektion und Konditionierung.

Aber auch der Gegenpol, die Assoziation, das *Da-sein* im Moment und im Körper, nimmt durch die Entspannung zu. Wir sind immer dort, wo unsere Aufmerksamkeit ist. Und oft im täglichen Leben sind wir garnicht richtig bei der Sache. Wir handeln und reagieren vollkommen automatisch, während sich unser Geist in anderen Dimensionen mit dem herumschlägt, was wir zu unserem momentanen Hauptproblem erklärt haben. Dieser Autopilot kann in bestimmten Situationen sehr sinnvoll sein, in anderen ist er es nicht. Wer beim Sex an den Zahnarzttermin, die Bilanz oder den Kindergarten denkt, hat nicht soviel davon. Hier in gesteigertem Maß *assoziiert*, ganz in sich, im Körper im *Jetzt* zu sein, macht viel mehr Spaß. In Ordnung, schon wieder der moralische Zeigefinger, ich habe es bemerkt.

Wie schon die Ochsengeschichte oder der Koan *Wer ist der Meister, der das Gras grün macht* zeigen, gibt es auch im Zen die Tendenz, daß wir unsere Welten selbst kreieren, und uns dabei größtenteils einschränken. Von Sai Baba, einem anderen umstrittenen (einerseits) und verehrten (andererseits) spirituellen Meister gibt es eine weitere wundervolle Erleuchtungsgeschichte:

Sai Baba sitzt mit zweien seiner Schüler zusammen und fragt sie: *Wollt Ihr das letztendliche Geheimnis kennenlernen?* Natürlich sind die Schüler brennend interessiert, und Sai Baba antwortet:

Du bist Gott, und du bist Gott und ich bin auch Gott. Der Unterschied ist - nur ich weiß es.

transzendiert und an der Quelle der Gedanken ankommt.

Der Geist allerdings ist ein unruhiges Wesen. Sie werden sehr rasch merken, daß er immer neue Themen auf Lager hat, die er Ihnen jetzt und hier gerne vorführen möchte. Daher eignen sich Mantren, die Betrachtung des Atems oder das wiederholte Zählen der Atemzüge von eins bis zehn sehr gut, um hier wenigstens etwas Ruhe zu schaffen. Mit der Zeit werden die auftretenden Gedanken abnehmen, die Pausen immer größer. Diese Lücke zwischen den einzelnen Gedanken ist für Chopra genau der Zustand, in dem man in Kontakt mit Universum/Gott/Quantenfeld kommen kann.

Man kann viel über die Meditation, erzählen, erklären und erforschen. Es hilft alles nichts, man muß diesen Zustand erfahren. Was sich sehr technisch anhört, ist absolut nicht technisch. Was sich sehr einfach anhört, ist nicht einfach. Es ist ganz anders. Bei Gerd Gerken findet sich dieser wunderschöne Satz: **Wenn das Herz die Leere umarmt, glüht der Geist in der Wärme der Zeit.**

Alle Schönheiten Hawaiis

Auch wenn Hawaii nicht, bzw. sehr weit im Osten liegt, möchte ich Ihnen hier einen meiner Lieblingsweisen vorstellen: *Serge Kahili King* ist traditionell geschulter Schamane der hawaiianischen *Huna*-Tradition. Zudem ist er initiierter ostafrikanischer *Schamane* und westlich geschulter Psychologe - eine selten erlesene Kombination.

Schamanen sind die heiligen Männer der Naturvölker, mit direktem Draht in Ober- und Unterwelt. Sie unterhalten sich mit den Göttern des Regens, um es regnen zu lassen. Sie unterhalten sich mit den Göttern der Pflanzen, um die Geister der Bauchschmerzen zu besänftigen. Oder, anders formuliert, sie lassen sich von dem jeweiligen Aspekt des Kranken erklären, was der Grund für die Krankheit ist. Sie übersetzen die psychosomatischen Aspekte in archaische Modelle. Häufig begeben sie sich durch psychoaktive Pflanzen in spezielle Bewußtseinszustände, die ihnen den Zugang zu diesen Informationen ermöglichen. Der Glaube und das Vertrauen ihrer Patienten sorgt für entsprechend hohe Heilungschancen.

Man fand und findet Schamanen in jedem Kulturkreis, inklusive Europa, aber heute sind sie eher auf die südliche Hemisphäre verteilt. Ihr spiritueller Weg ist der der *Ich-Verstärkung*, ganz im Gegensatz zu den östlichen Techniken, die auf eine *Ich-Auflösung* abzielen. Während der Osten mit allem eins wird, leben die Schamanen ein explizites Multimind, in dem auch die Natur mit all ihren Erscheinungen wie Steinen, Pflanzen oder Flutwellen vertreten ist. Daher halten sie nicht viel von Meditation. Diese stellt in ihren Augen eher eine Art Alltagsflucht dar. Anders herum gesehen, leben Schamanen durch ihren hohen Grad an Bewußtheit in einer ständigen Meditation, das scheint mir mehr eine Definitionssache zu sein.

Schamanen sterben langsam aus. Aber das Interesse an ihren Techniken wächst zunehmend und vollkommen zu Recht, denn sie verfügen über Fähigkeiten, die nicht nur effektiv, sondern den westlichen Ansätzen komplett entgegengestellt sind. *Felicitas Goodmann* - die große alte Dame der Ethnologie - hat einige alte Höhlenzeichnungen untersucht, und die gefundenen Körperhaltungen der Strichmännchen mit ihren StudentInnen nachgestellt. Das Resultat: Die Versuchspersonen fielen rascher in Trance, als in einer Statistikvorlesung. Ich habe auf einem schamanistischen Seminar selbst mit diesen Stellungen gearbeitet und ich kann Ihnen sagen ... Diese Stellungen sind dermaßen unbequem und schmerzhaft, daß man zwangsläufig in Trance geht - oder elend an den Schmerzen zugrunde geht. Doch die Anstrengungen lohnen sich allemal, die Trance ist angenehm tief und es läßt sich viel dabei entdecken.

Schamanen sind schlau. Oft suchen sie für eine gegebene Situation eine neue Sichtweise und damit neue Lösungen. Auch King hat diese Fähigkeit, negative Inhalte in einen neuen, positiven Kontext zu setzen, der mehr Sinn macht. So hört man in Europa häufig Stimmen, die das Ende unserer inneren Bilder und Visualisierungsfähigkeiten beklagen. Da wir viel zu viel fernsehen, sterben Phantasie und Vorstellungsvermögen langsam ab. Sagt man.

King antwortetet darauf mit seiner eigenen Sicht der Dinge: Er wisse nicht, wo unser Problem sei, denn wenn er zu einem ostafrikanischen Stamm kommt, müsse er erst lang und breit erklären, was Visualisieren und innere Bilder bedeuten und wie sie produziert werden. Während wir im Westen eben durch das Fernsehen hervorragend geschult sind: Hollywood, Zeichentrick und special effects - wir haben einen großen Fundus, aus dem wir schöpfen können.

Das sind zwei vollkommen unterschiedliche Universen. Im einen Universum werden wir unsere Visualisierungskünste verlieren, im anderen fallen sie uns in den Schoß, beide Male aus dem gleichen Grund. Suchen Sie sich einfach eine Wahrnehmung aus. Die Technik, einen Inhalt in einen neuen Kontext zu setzen, heißt im NLP *Reframe* - einen neuen Rahmen für das Bild finden. In der Huna-Tradition ist sie schon etwas älter.

Auch Serge King zeichnet sich durch die Art Humor aus, in die ich mich schon immer sofort verliebt habe. So sagt er zum Beispiel, es gebe nur vier Gründe für Übergewicht: Messer, Gabel, Löffel, Hände. Und er empfiehlt in diesem Fall die seafood-Diät - see food, don't eat it.

Die Aloha-Philosophie nach Serge Kahili King

- The world is, what you think it is
- There are no limits
- Energy flows, where attention goes
- The moment of power is Now
- To love is to be happy with
- All power comes from within
- Effectivness is the meassure of truth

In dem kleinen Büchlein *Gelebte Liebe* empfiehlt er die Technik des *Segnens*, die sich durch sämtliche großen Religionen zieht. Wer zum Beispiel finanziellen Erfolg anstrebt, segnet am besten alle Manifestationen von Wohlstand. Jeden Mercedes, jedes Einkaufszentrum, Geld in jeder Form. Das richtet die eigene Wahrnehmung auf Wohlstand aus, putzt die Brillengläser für die Möglichkeiten, die sich bieten.

Schlichtweg genial ist seine Technik, speziell für andere Wohlstand (oder was auch immer sonst man sich wünscht oder erreichen möchte) zu segnen. Wie wir weiter oben festgestellt haben, haben manche Menschen ein Programm, das sie vor Reichtum und der damit verbundenen möglichen Korruption der Seele schützt. Sie gestehen sich selbst diese Möglichkeit unbewußt nicht zu, obwohl sie im Erlebensfall sofort auf die Bahamas ziehen würden. Dadurch, daß wir nun beginnen, den Wohlstand von und für andere zu segnen und anzuerkennen, gewöhnen wir auch unser Unterbewußtes an die Idee von Wohlstand, und weisen es sanft, aber vehement auf die positiven Aspekte des finanziellen Erfolgs hin (Im Arabischen werden Neuerwerbungen oder Geschenke sofort gesegnet: *mabrouk*).

Wer einmal die Macht von bewußten Blockadeprogrammen erlebt hat, wird schnell die Genialität in dieser Technik sehen.

Literatur

Zen:

- Taisen Deshimaru-Roshi - Zen in den Kampkünsten Japans
  ISBN 3-426-04130-8 - Ein echter Meister

- Sprüche und Leitsätze der Zen-Meister - ISBN 3-458-18009-5
  Gelungene Stoffsammlung voller Zenhumor

Yoga:

- Yoga in allen Lebensstufen - ISBN 3-7742-6200-4
  Die Alternative zur Volkshochschule, aber nicht mit Schwung!

Huna:

- Serge Kahili King - Der Stadtschamane - ISBN 3-925898-15-8
  Pflichtstoff, nur manchmal etwas anthropologisch

Ayurveda:

- Deepak Chopra - Dein Heilgeheimnis - ISBN 3-453-08742-9
  Das Buch ist so gut wie der Titel bescheuert - Lesen!

Wie läuft´s besser:
Praxis

Praxis (griech., zu prättein „handlen"), 1. tätige Auseinandersetzung mit der Wirklichkeit; Erfahrung (im Gegensatz zur Theorie); 2. berufl. Tätigkeit, Berufserfahrung; 3. Handhabung, Verfahrensart; 4. Tätigkeitsbereich

Wir haben die geistige Welt jetzt von Westen nach Osten und von Wissenschaft bis Esoterik durchquert, und stellen am Schluß erstaunt fest, daß, mit der entsprechenden Brille betrachtet, die Schnittmenge von Geistigem, Physischem und, je nach Gusto, auch Esoterischem, relativ groß ist und die einzelnen Themen so weit nicht auseinander liegen. Die Tendenzen, zumindest in dem Bereich, den wir uns genauer angesehen haben, sind überall die selben: Unsere Welt scheint von uns unabhängig nicht zu existieren - nur in Deinem Kopf. Daher ist es ja unsere Welt, meine und Ihre. Und weitere sechs Milliarden psychologischer Paralleluniversen.

Allerdings sind alle im Wissenschaftsteil vorgestellten Erkenntnisse und Entdeckungen, quasi systemimmanent, auch nur das Ergebnis eines diesem Ergebnis zugeneigten Beobachters/Versuchsleiters. Und die Darstellung derselben die eines diesem Ergebnis zugeneigten Autors. Quod erat demonstrandum.

Und was machen wir damit? Was haben diese ganzen Fremdworte für einen praktischen Nährwert? Philosophien, Therapien - na und? Und nun? Genau darum soll es jetzt gehen, um die praktische Umsetzung und Kombination in diesem Ihrem Leben.

Das ist machbar.

Start me up!

Das letzte Kapitel ist gegen Ende scharf abgebogen: vom *so könnte es funktionieren* zum *so kann es funktionieren.* Von westlichen Forschungen zu elitären Asiaten und schamanistischen Ansichten. Die Sicht der Dinge und die Handlungen sind es, die traditionell esoterische Lebensweisen von den westlichen unterscheiden. Hier können wir noch einiges lernen, daher kommen wir jetzt zur praktischen Umsetzung.

Glaubenssätze und *Überzeugungen* zu verändern oder abzulegen gehört zu dem Schwierigsten, was man sich antun kann. Das Problem besteht darin, daß unser Unbewußtes auf Erfahrungswerte zurückgreift und uns demensprechend zur Seite steht. Es kann sich nicht vorstellen, daß einige Dinge wie Erfolg, gutes Gedächtnis, Gesundheit oder eine entspannte Lebensweise funktionieren können, denn es hat sie nie erlebt. Daher gilt es, dem Unbewußten neue Erinnerungen zu geben.

Im Bereich des Geistes gibt es keine Grenzen
John C. Lilly

Das Gehirn spricht seine eigene Sprache: Auf einer ganz tiefen Ebene speichert, erlebt und fühlt es nur in Bildern. Diese *Maschinensprache* zu lernen ist nicht sonderlich schwierig, und versetzt Sie in die Lage, mit Ihrem persönlichen Betriebssystem zu kommunizieren.

Das funktioniert auf zwei Ebenen: Um sich auf einer sehr bewußten Ebene zum Beispiel einen Namen zu merken, hilft es, sich ein kleines Bild zu machen. All das hat mit Lernen zu tun und wird später noch ausführlicher dargestellt.

Auf der unbewußten Ebene ist der Vorgang etwas komplexer. Der Weg dahin läuft über den Körper. Wenn Sie diesen, und damit sich selbst entspannen, kommen Sie automatisch in *Alpha,* nach etwas Übung auch in *Theta.* Und senden damit auf den Frequenzbändern, auf denen das Gehirn empfängt. All das ist nicht sonderlich neu, aber wenige Menschen wenden es an. Was ihnen automatisch evolutionären Rückenwind verschafft.

Veränderungen erfordern anfangs etwas Energieaufwand. Aber genau wie beim Joggen sind die ersten hundert Meter die schwersten. Nach einem Monat laufen Sie zwei Kilometer, ohne es wirklich zu merken.

Halten Sie durch.

Das klingt gerade viel ernster als es ist. Denn der beste Zugang ist ein spielerischer - kein Streß, kein Druck. Und wenn Sie die *Kopenhagener Interpretation* als Basis verwenden, wird es Ihnen leichter fallen, die gewünschten Ergebnisse zu produzieren. Denn diese bietet die meisten Möglichkeiten. Wenn wir wissen, wo es langgeht, und was wir dort anstellen möchten, kann uns nichts mehr bremsen - es gibt keine Grenzen.

KURSWECHSEL

Ich hatte es ja schon freimütig zugegeben - die Beispiele der bösen Fallen waren voller Kalkül böse gewählt. Das nennt sich manipulative Kommunikation. Natürlich können Sie selektive Wahrnehmung, selbsterfüllende Prophezeiung und Konsorten jederzeit zu ihrem Vorteil einsetzen.

Dabei haben die Negativvarianten einen Vorteil: Sie existieren bereits um einige Zeit länger und haben sich daher tief in die Struktur unserer Existenz eingegraben. Um dieses massive, über Jahre hinweg etablierte Labyrinth zu knacken, bedarf es einer schlauen Technik, einer Technik, die uns rasch genauso tief bringt.

Und es gibt derer mehrere, die wir uns hier ansehen wollen. Der Oberbegriff dazu lautet *Mentales Training* und zieht sich inzwischen durch die gesamte deutsche Medienlandschaft. Es gibt die unterschiedlichsten Versionen, die alle darauf hinauslaufen, über eine körperliche Entspannung einen wachen und offenen Geist zu schaffen. Die Wurzeln sind, gleich ob im Autogenen Training, bei den Schamanen oder den Asiaten immer die gleichen.

Argumentiere für Deine Grenzen, und mit Sicherheit sind es Deine
Richard Bach

DEFINITION

Der Biofeedbackexperte *Axel Brück* liefert eine sehr gelungene Definition: *Mentales Training ist das Training zur Verbesserung Ihrer geistigen Fähigkeiten. Das Ziel ist es, nützliche, effektive, positive und zielgerichtete Gedanken zu denken, dies so oft wie möglich zu tun und daraus stabile Denkmuster und Einstellungen werden zu lassen.*

Die Art unseres Denkens steuert immer unser Handeln. Der Trainingsweltmeister kann im Training optimale Ergebnisse produzieren - wenn er am Wettkampftag Angst hat, wird das niemand erfahren. Dabei besteht der Unterschied nur im Kopf. Um also Erfolg zu haben, ist es sehr wichtig, was und wie wir denken. Das kennen wir inzwischen schon aus Psychosomatik und Quantenphysik.

Brück weiter: *Zum mentalen Bereich gehören Denken, Einstellungen, Vorstellungen, Meinungen, Gedankenbilder, eben alle geistigen Vorgänge. Welche Methoden Sie für sich als optimal finden, ist dabei völlig unerheblich. Es können religiöse Rituale, Rosenkranzbeten, Meditation, das Singen des OM-Mantras oder das Hören von Kassetten mit Suggestionen sein - all diese Vorgänge haben Einfluß auf unser Denken.*

Die Anwendung kann in jedem Bereich des Lebens erfolgen, ob für die Gesundheit, den geschäftlichen oder privaten Erfolg oder für Leistungen im Sport - alles ist erlaubt. Die Grenzen setzen Sie - wie fast immer - selbst.

SEELE UND TECHNIK

Dabei gilt es folgendes zu bedenken: All dies sind *Techniken* - ein Wort, das mit *Seele* oder *Herz* nicht viel zu tun hat. Sie funktionieren, keine Frage, aber sie sollten nicht geistlos eingesetzt werden.

Ich für mich unterscheide: Entspannung ist bereits der halbe Weg in die Meditation, bewußte Atmung eher noch mehr. Und Meditation, wenn regelmäßig betrieben, führt zwangsläufig auf eine andere Stufe des Bewußtseins: Mehr Klarheit, mehr Verantwortung, mehr Kontakt zum wahren Selbst. Hier bieten sich die spannenden Aspekte einer größeren Sicht des ganzen Systems: *Wo sind Haken und Ösen, wo liegen meine Programme ...* Von dieser Plattform ausgehend bekommen auch Techniken wie Suggestionen oder Visualisierung ein Herz.

Wie Brück schon sagt, nur vom Entspannungsaspekt betrachtet, ist es nicht wichtig, mit welcher Technik sie arbeiten. Ziel sollte es sein, sich zumindest anfangs regelmäßig einmal am Tag zu entspannen und Kopf und Körper eine Pause zu gönnen. Netter Nebeneffekt: Diese Pause schafft Raum für Neues, und Sie werden danach weitaus effektiver arbeiten können.

Da ich das Argument *Ich habe keine Zeit* von mir selbst kenne, sage ich es Ihnen am besten gleich: Die Zeit, die Sie für die Entspannung aufwenden, zahlt sich doppelt und dreifach wieder aus. Neben der eigenen Effektivität auch in Gesundheit und Ausgeglichenheit. Finden Sie sich damit ab und tun Sie´s einfach.

Noch ein Tip aus der Chronobiologie: Wenn Sie nachts weniger schlafen möchten, eignet sich die Zeit zwischen 14:00h und 16:00h am besten. Dann, so die Chronobiologen, ist die Entspannung noch effektiver als der nächtliche Schlaf. Für kurze Zäsuren im Alltag konzentrieren Sie sich bei der Arbeit ab und zu auf Ihren Atem, lenken Sie Ihre Aufmerksamkeit nach innen.

Ganz allgemein sollten Sie sich für eine längere Entspannung immer auf einen *hot spot*, einen Ort, an dem Sie sich richtig wohl fühlen, zurückziehen. Das ist im allgemeinen der Fleck in Ihrer Wohnung, den Sie an einem gemütlichfaulen Sonntagnachmittag entern.

Brück hat ein sehr übersichtliches System für Mentales Training entwikkelt, das so gut ist, daß ich mich daran halten möchte.

Atmen Sie tief ein . . .

Atmen definiert das Leben oberhalb der Molekülebene und ist einer der Schlüssel zum Glück - ein hervorragender Einstieg in die Entspannung. Unter Streß wird der Atem flach und schnell - die typische Kampf/Flucht-Reaktion. Wenn Sie sich in Streßsituationen kurz auf Ihre Atmung konzentrieren, werden Sie ruhiger und souveräner agieren und reagieren können, denn durch ruhigeren Atem schaltet Ihr Nervensystem auf eine gelassene und damit distanzierte Haltung.

Nicht von ungefähr kommt der Atmung in vielen Meditationsformen und im Autogenen Training eine Schlüsselrolle zu. Auch Julius Cäsar war dies bewußt: Wenn ein Senator ihn kritisierte und angriff, hielt Cäsar den Atem an und zählte ruhig bis zehn. Danach fielen entweder ganze Reiche in Schutt und Asche, oder der Römische Friede wurde ausgerufen.

Es gibt verschiedene Formen der Atmung, die in unterschiedlichem Maße die Lungen füllen und damit die vorhandene Kapazität nutzen:

- Die mit Abstand ungesündeste Methode ist zum Glück auch die seltenste - die SCHLÜSSELBEINATMUNG. Hier hebt und senkt sich nur dieser obere Teil der Brust. Dabei fließt am wenigsten Luft in die Lungen und die Sauerstoffversorgung kommt mit der Zeit ins Trudeln. Besonders gern angewandt von Trägerinnen hochhackiger Schuhe. Tip: Abgewöhnen.

- Im Normalfall und Alltag sind wir in der BRUSTATMUNG. Eben diese Atmung stimuliert den aktivierenden Teil des autonomen Nervensystems, den *Sympaticus*. Unter Streß ist es manchmal sinnvoll, in die Brustatmung zu gehen und den Aktionslevel zu erhöhen. Aber man muß sich nicht permanent aktivieren.

- Viel seltener atmen wir in den Bauch. Das ist schade, denn die BAUCHATMUNG entspannt fast augenblicklich und fördert die Konzentration. Wenn Sie Kinder beobachten sehen Sie, daß diese häufig automatisch so atmen - lernen Sie von ihnen.

Vielleicht versuchen Sie es einfach heute abend im Bett. Heben Sie den Bauch mit dem Einatmen und senken Sie ihn mit dem Ausatmen. Stellen Sie sich vor, daß der Atem in den Bauchraum fließt, diesen füllt, belebt und wärmt. Atmen Sie langsam, aber schlafen Sie nicht zu schnell ein. Als positiver Nebeneffekt werden sämtliche Organe im Bauch massiert und stärker durchblutet, speziell wenn Sie zu Anfang den Bauch zweimal ganz aufblähen und wieder ganz einziehen.
Viele Meditationsformen nutzen diese Methode.

• Die stark meditative Variante ist die ZWERCHFELLATMUNG. Für alle asiatischen Kampfsportarten bietet sie die Basis. Hier bewegt sich im Optimalfall garnichts, weder Schlüsselbein, noch Brust, noch Bauch. Sie können sich in diesem Fall die Lunge als Ziehharmonika vorstellen, die vom Zwerchfell nach unten gezogen wird, und damit Luft aufnimmt, beziehungsweise in der Ausatmung nach oben gedrückt wird. Legen Sie eine Hand auf die Brust und eine auf den Bauch, so können Sie am besten die Bewegung kontrollieren. Nun experimentieren Sie, welche Form der Atmung keine Bewegung mehr verursacht. Die Zwerchfellatmung produziert am meisten Energie - testen Sie diese Atmung, wenn Sie frieren.

Breath is the horse- Mind is the rider
Asiatische Weisheit

• Von *Stanislav Grof* stammt die Methode des HOLOTROPEN ATMENS. Grof beschäftigte sich mit LSD-Forschung, solange die Substanz legal war. Um halluzinogene Substanzen zu umgehen, entwickelte er eine bestimmte Art der Atmung, und die geht so: Wenn wir unbewußt atmen, haben wir zwischen der Ein- und Ausatemphase immer eine kurze Pause. Beim holotropen Atmen lassen Sie diese Pause einfach weg und kommen so in den Bereich des Hyperventilierens. Bei den Indern nennt sich die schnelle Variation *Feueratem*. Das kann zu Anfang leichte Schwindel hervorrufen, die aber bald einer erhöhten Klarheit und Aufmerksamkeit weichen. Die Geschwindigkeit sollte ähnlich der normalen Atmung sein, und am besten legen Sie sich dazu flach auf Boden oder Bett. Das wäre dann eine stark psychedelische Variante.

Sie können alles andere in diesem Buch sofort vergessen, wenn Sie allein dieses Kapitel richtig umsetzen. Wer atmet, hat mehr vom Leben. Die Wirkung sind Ruhe, Klarheit, Konzentration, sogar Meditation und Trance werden Sie kaum vermeiden können. Der Zenmeister Deshimaru Roshi fordert sogar im Schlaf ein tiefe und langsame Atmung - die nur durch tägliches Üben zu erreichen ist.

Kurz & Knapp:
• Atmen, ruhig und tief, ist gesund
• Bauch und Zwerchfell = Entspannung und Konzentration
• Brustatmung = Aktivierung

Die Arme werden schwer ...

Entspannung ist für jeden etwas anderes - der Fernsehabend mit Bier und Chips, Lümmeln in der Sonne, 180 km/h auf der Autobahn. Entspannung ist schwer zu greifen und qualitativ immer noch zu vertiefen. Versuchen wir es andersherum: Das Gegenteil ist *Streß* - und, wie wir bei der Psychosomatik gesehen haben, ist Streß einer der Gesundheitskiller Nummer eins. Dabei gilt es zwischen mehren Arten zu unterscheiden:

- DI-STRESS ist die Art von Streß, die gar keinen Spaß macht. Aktenberge mit Zeitdruck, schuhekaufende Ehefrauen bei gleichzeitiger Finalübertragung, Überforderungen aller Art. Di-Stress nimmt eine ganze Zeit Anlauf, bis er genug Verbündete gefunden hat und explodiert dann in mehreren Lebensbereichen gleichzeitig.
- EU-STRESS (ich merke es mir über Euphorie) ist das Finale, besonders, wenn die eigene Mannschaft gut aussieht. Oder das Projekt mit Zeitdruck, wenn es wirklich Spaß macht. Er hat viel von einem Flow-Zustand: Man geht völlig in der Arbeit auf und leistet am Rand seiner Kapazität. Die Arbeit geht flott von der Hand, am Abend ist man zufrieden erschöpft.
- AKUTER STRESS beider Spielarten ist zeitlich begrenzt, wie die Umsatzsteuervoranmeldung zum 10. des Folgemonats, und ist - je nach Umfang - mit einem ruhigen Wochenende oder einem kurzen Urlaub wieder auszugleichen.
- CHRONISCHER STRESS ist schon um einiges hartnäckiger und ist der Gesundheit nachhaltig abträglich. Das Hinterhältige daran ist, daß der Betroffene selbst davon nichts mitbekommt - bis er zum Arzt muß. Von allen Streßarten ist er der unerfreulichste. Wo er auftaucht, wächst kein Gras mehr.

Es gibt nur wenige Erlebnisse, die uns nicht irgendwie stressen. Selbst wenn Sie gerade verliebt sind, sind Sie hochgradig im Streß. In dem Buch *Streß Release* von *Wayne Topping* ist eine Streßskala von 1 bis 100 abgedruckt. Eine geringfügige Gesetzesübertretung liegt bei 11 Punkten, Ärger mit dem Chef schon bei 23, die eigene Hochzeit bringt es auf 50 und die darauffolgende Scheidung auf 73 Punkte. 100 Punkte entsprechen dem Tod des Ehepartners.

Um dem Streß zu entgehen, und die Batterien für das nächste Mal wieder aufzuladen gibt es nur ein Mittel: die Entspannung. Einen guten Teil übernimmt hier der nächtliche Schlaf, doch der kann rasch zu wenig werden; manchmal findet man sich im Rhythmus *Schlaf - Streß*. In solchen Fällen braucht der Schlaf Unterstützung. Wenn Sie also auf die Frage nach Ihrem Befinden mehr als zweimal pro Tag das Wort Streß verwenden, sollten Sie sich eine kleine Pause zwischendurch gönnen.

Entspannung ist also gesund. Und wenn Reich und Lowen recht haben - und viele Jahrtausende alte Traditionen stimmen ihnen zu - werden zusätzlich neurotische Strukturen in den Muskeln gespeichert. Achten Sie das nächste Mal, wenn Sie unter Streß stehen, ärgerlich oder wütend sind, einmal auf Ihren Nacken - wahrscheinlich ist er total verkrampft. Dieser Prozeß ist nicht nur situativ, sondern summiert sich über Jahre hinweg - ein weiterer Pluspunkt für die Entspannung. Sie löst nicht nur körperliche, sondern auch geistige Knoten.

Wir werden jetzt, vielleicht zum ersten Mal in diesem Buch, richtig traditionell. Denn auf der Körperseite gibt es bestehende Entspannungsmethoden, die ohne zusätzliche virtuelle Vitamine einfach nicht zu schlagen sind. Wahrscheinlich kennen Sie die eine oder andere Technik zumindest vom Namen her. Vielleicht machen auch Ihre Eltern, Onkel und Tanten genau diese Übungen. Das ist in Ordnung, Qualität setzt sich durch.

Es gibt viele gute Entspannungs- und Meditationstechniken, auch Spaziergänge gehören dazu. Da *Ent-Spannung* etwas mit dem Körper zu tun hat, eignen sich *Autogenes Training* oder *Jacobson'sche Muskelrelaxation* als Einstieg besonders gut. Autogenes Training ist an jeder Volkshochschule zu lernen. Mit etwas Übung wird jeder sehr rasch und tief entspannen können, denn wenn der Körper sich einmal daran gewöhnt hat, automatisiert sich dieser Vorgang. Dann brauchen Sie sich nur noch in Ihre Lieblingsposition zu begeben, kurz bewußt zu atmen, und der Körper wird schwer. Welche Technik Sie sich auch immer auswählen, praktizieren Sie sie am besten täglich.

GEBRAUCHSANWEISUNG

Wichtig bei der Entspannung sind Ort und Umfeld. Der Ort sollte möglichst ruhig sein, denn im Zustand der Entspannung werden alle Geräusche noch lauter. Sperren Sie also die Kinder vor die Türe, den Hund ins Bad und hängen Sie das Telefon aus. Vielleicht möchten Sie den Raum auch abdunkeln, schließen Sie auf alle Fälle die Augen. Ein zweiter wichtiger Punkt ist die Kleidung. Achten Sie auf lockere und warme Kleidung, denn in der Entspannung sinkt der Blutdruck, und es kann leicht etwas kühl werden.

Die JACOBSON'SCHE MUSKELRELAXATION ist viel einfacher als ihr Name. Lernen Sie sie auswendig, oder sprechen Sie sie auf eine Kassette und fangen Sie an. Legen Sie sich flach auf den gemütlichsten verfügbaren Platz, Arme und Beine locker ausgestreckt.

Atmen Sie langsam ein, konzentrieren Sie sich auf Ihre Hände und ballen Sie diese kräftig zur *Faust*. Spüren Sie in die Spannung hinein und halten Sie diese und den Atem kurz an. Mit dem Ausatmen lösen Sie ganz langsam und bewußt die Spannung - genießen Sie das Gefühl. *Hineinspüren* ist das Schlüsselwort - es bedeutet nichts anderes als die Konzentration auf die Hand - die Kraft, der Druck, die Fingernägel auf der Haut. Mit der Zeit werden Sie das Gefühl bekommen, daß Ihr gesamtes Bewußtsein in diesem einen Körperteil versammelt ist - ein superschönes Gefühl.

Beide Hände werden jetzt zunehmend schwer und warm. Der Großteil ist getan, denn Sie haben ein Gespür für das System entwickelt. Im zweiten Schritt spannen Sie beide Unterarme an, und lösen auch hier mit dem Ausatmen langsam die Spannung. Achten Sie auf das Gefühl in den Armen, spüren Sie hinein: Die Arme sind schwer und warm.

Auf diese Art geht es durch den ganzen Körper: Als nächstes kommen Oberarme, dann Füße, Beine, das Gesäß, Bauch-, Brust- und Rückenmuskeln. Die wichtigsten Punkte: Die Aufmerksamkeit auf die einzelnen Körperteile und das langsame Lösen der Spannung in Verbindung mit der Ausatmung. Sie dürfen das Ganze gerne mit etwas Musik garnieren, damit sich Ihr Resthirn nicht langweilt.

Haben Sie Jacobson einmal gemeistert, können Sie die physische Anspannung durch bewußtes Atmen ersetzen. Konzentrieren Sie sich beim Ausatmen auf die Hände, atmen Sie Schwere in die Hand - bis in die Fingerspitzen hinein. *Durchatmen* Sie so den ganzen Körper.

In der zweiten Runde atmen Sie statt der Schwere ein Gefühl der Wärme in die Hände. Lassen Sie sich Zeit, atmen Sie ruhig so oft in die den betreffenden Körperteil, bis er sich wohlig anfühlt. Schon haben Sie den Grundstock für AUTOGENES TRAINING.

Zur Entwicklung desselben befragte *J. H. Schultz* Menschen, wie sich ihr Körper in der Hypnose angefühlt hatte. Allgemein wurden Schwere und Wärme genannt.

Ein persönlicher Trick: Um das Schweregefühl zu unterstüzen, können Sie sich auch vorstellen, auf einer Plattform zu liegen, die sich, ähnlich einem Fahrstuhl, schnell nach oben bewegt. Spüren Sie die Schwerkraft, die Sie an den Boden der Plattform preßt.

Ein weitere Variante besteht darin, den Puls bewußt zu spüren und ihn genauso bewußt durch den ganzen Körper zu leiten. Sie ist zugegebenermaßen etwas schwieriger, automatisiert sich aber auch über die Zeit.

Beginnen Sie am besten beim Herzen. Schließen Sie die Augen, spüren Sie den Rhythmus, das Klopfen. Von da aus leiten Sie den Puls weiter oder konzentrieren sich auf ein anderes Körperteil, bis es zu pulsen beginnt. Gute Einstiegsmöglichkeiten haben Sie, wenn Sie sich gerade in den Finger geschnitten haben. An der betreffenden Stelle ist das Klopfen des *Heilungspulses* deutlich zu spüren. Steigern Sie es, greifen Sie es ab und schicken Sie es zum nächsten Körperteil. Die Methode ist alt und effektiv.

Wenn Sie einmal soweit sind, können Sie auch schon Ihren Herzschlag bewußt verlangsamen. Das ist nicht schwer, erschreckt aber jeden, der zufälligerweise sein Ohr auf Ihrer Brust hat. Und beruhigt in stressigen Situationen unauffällig und schnell. Meiner Erfahrung nach werden die Extremitäten über den Puls nahezu sofort warm. Wenn Sie morgens eine leicht verstopfte Nase haben, wird sogar diese frei.

Noch eine Technik, diesmal schnell und einfach, aber trotzdem effektiv: Öffnen Sie einfach dreimal die Augen. Stellen Sie sich dabei vor, daß Ihre Augenlieder sehr schwer sind, und der Vorgang von Mal zu Mal anstrengender und langsamer vor sich geht. Mit dieser Technik nutzen Sie ganz gezielt den Anker des Körpers, bei Müdigkeit die Augen schließen zu wollen. Das autonome Nervensystem produziert eine tatsächliche Müdigkeit.

Es mag ja platt sein ohne Ende, aber die körperliche Entspannung ist eine der Grundvoraussetzungen für Gesundheit, Spitzenleistung und außergewöhnliche Bewußtseinszustände. Je öfter Sie sie anwenden, um so schneller der Prozeß. Am Schluß reicht schon das Hinlegen. Irgendwann kommt dann die Phase, in der Sie es nicht mehr regelmäßig machen. Zum Wiedereintritt werden Sie dann etwas länger brauchen, aber verlernen werden Sie es nie.

Leider ist die Welt voller Menschen, die einen Volkshochschulkurs in Autogenem Training abgebrochen haben und seither davon ausgehen, daß sie sich nicht entspannen können. Sollten Sie dazugehören, beschäftigen Sie sich mit den Begriffen *Motivation* und *Übung macht den Meister*. Je nach Ausrichtung kann es durchaus etwas länger dauern, aber jeder kann sich entspannen, diese Option ist serienmäßig eingebaut. Sollten Sie sich nach 18 Monaten immer noch nicht entspannen können, ist das ein guter Zeitpunkt, um die Bedeutung des Streß in Ihrem Leben zu hinterfragen. Stichwort Selbsterkenntnis.

Kurz & Knapp:
- Suchen Sie sich einen gemütlichen Fleck
- Konzentrieren Sie sich auf Atmung und Körper
- Tun Sie's regelmäßig

Wenn die Bilder laufen lernen

Ist der Körper erfolgreich ruhiggestellt und damit in einem schlafähnlichen Zustand, haben wir die ideale Basis für jede Art von Mentaltraining erreicht. Wir können also jetzt den Kopf und ganz besonders das Unterbewußtsein mit neuen Informationen versorgen. Das kann eine Kassette sein, mit der Sie lernen, oder sogar in den Bereich der Veränderung komplexer Verhaltensmuster gehen.

Beides funktioniert, wir wissen es bereits, am besten über innere Bilder, also über die Technik des *Visualisierens.* Diese zieht sich durch sämtliche Kulturkreise und alle magischen Techniken von Schamanen und Medizinmännern. Das heißt nicht, daß die offiziellen christlichen Kirchen nicht ebenso damit gearbeitet hätten, es gibt im Gegenteil zahlreiche christliche Visualisierungsübungen, die heute aber leider nicht mehr verwendet werden. Ich empfehle Ihnen, sich vor dem Üben des Visualisierens die Einstellung von Serge King zu eigen zu machen.

Die Seele denkt nie ohne ein Bild
Aristoteles

In der Visualisierung stellen Sie sich eine gewünschte Situation in all Ihren Facetten klar und deutlich vor. Gehen Sie vollkommen in diesem Erleben auf, beziehen Sie alle Sinne mit ein: *Hören, riechen, fühlen, schmecken.* Sehen Sie alle Einzelheiten. Das mag am Anfang etwas Mühe bereiten, denn nicht jeder Mensch bekommt sofort innere Bilder. Wenn Sie weniger visuell, als vielmehr auditiv oder kinestetisch veranlagt sind - machen Sie sich keine Sorgen. Wenn wir von inneren Bildern sprechen, gehören alle anderen Sinne ebenso dazu. Es kann durchaus sein, daß der visuelle Aspekt erst nach einiger Übung dazukommt. Wie bei allem anderen auch, werden Ihre Fähigkeiten mit der Zeit wachsen.

Untersuchungen haben ergeben, daß es für das Gehirn keinen Unterschied macht, ob Sie ihren Arm heben, oder sich die Bewegung nur vorstellen - die entsprechenden Neuronen im motorischen Zentrum feuern in beiden Fällen. Vor diesem Hintergrund wird klar, warum sich Spitzensportler ihre Bewegungsabläufe ne-

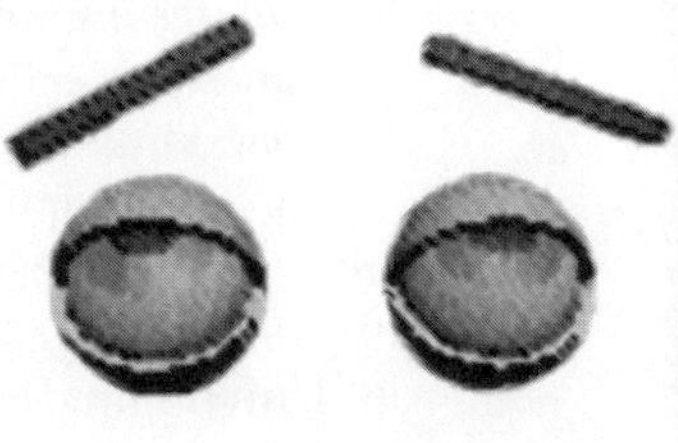

ben dem körperlichen Training wieder und wieder im Geist vorstellen. Wir werden später noch ein ausgefeiltes praktisches Beispiel sehen.

Um aber ein Gespür für die Visualisierung zu bekommen, fangen Sie mit einfachen Symbolen an, wie einem Kreis, einem Quadrat oder simplen Zahlen. Sind Sie einmal soweit, färben Sie die Symbole ein und visualisieren Sie im nächsten Schritt dreidimensional: Tische, Pferde, was auch immer Ihnen in den Sinn kommt. Nun bringen Sie etwas Bewegung ins Spiel: Rennende Pferde, virtuelles Tischerücken. Als wirksam hat sich auch erwiesen, vergangene Erlebnisse aus dem Gedächtnis wiederzubeleben. Der erste Kuß oder die letzte Beförderung eignen sich hervorragend, denn in beiden Fällen war viel Emotion mit im Spiel, was eine klare Erinnerung garantiert.

Überlasten Sie sich nicht, feiern Sie jeden Fortschritt. Viele Menschen geben nach dem zweiten oder dritten Versuch genervt auf. Und leben dann ein Leben in der Vorstellung, sie könnten nicht visualisieren.

Aus dem Yoga kommt ein anderer Einstieg: die *Kerzenmeditation.* Setzen Sie sich abends vor eine Kerze und betrachten Sie diese. Bewerten Sie nichts, lassen Sie Ihre Gedanken kommen, nehmen Sie sie wahr, und lassen Sie sie dann einfach weiterziehen. Auch hier gilt: Setzen Sie sich nicht unter Druck; wann Sie immer wieder abschweifen, holen Sie sich sanft wieder zurück. Nach wie vor ist es eine der höchsten und schwierigsten Meditationen, gar nichts zu denken. Beobachten Sie also die Kerze eine Zeit lang und schließen Sie dann die Augen. Mit etwas Übung werden Sie die Kerze vor Ihrem inneren Auge flackern sehen. Wichtig ist die Plastizität.

Wenn wir ein genaues, detailliertes Bild oder Gefühl vor Augen haben, hält das Unterbewußtsein diese Situation für real. Und was das Unterbewußtsein für real hält, wird für uns zur Realität.

PSYCHISCHES DOLBY SURROUND

Visualisieren ist eine verbreitete Technik, über die schon zahlreiche Bücher geschrieben wurden. Zu recht, denn richtig angewandt, läßt sich eine ganze Welt damit aus den Angeln heben. Untersuchungen an Brustkrebspatientinnen haben das eindrucksvoll bewiesen. Von denjenigen, die sich an die Technik des Visualisierens gewöhnen konnten, lebten nach drei Jahren noch 75%. Die Patientinnen, die nicht mit inneren Bildern gearbeitet haben, hatten nur eine 25%ige Überlebenschance. Wir haben gesehen, wie sensibel das Immunsystem auf emotionale Prozesse anspricht. Wenn Sie es mit den entsprechenden positiven Bildern unterstützen, kann das ein entscheidender Beitrag zur Rekonvaleszenz sein.

Ich selbst lag während dem Schreiben dieses Buches mit einer Grippe flach, wie ich sie seit zwanzig Jahren nicht erlebt hatte. Das passiert wahrscheinlich, wenn man ein Kapitel über Psychosomatik schreibt - die Rache des Universums. Ich habe natürlich sämtliche psychologischen Kofaktoren

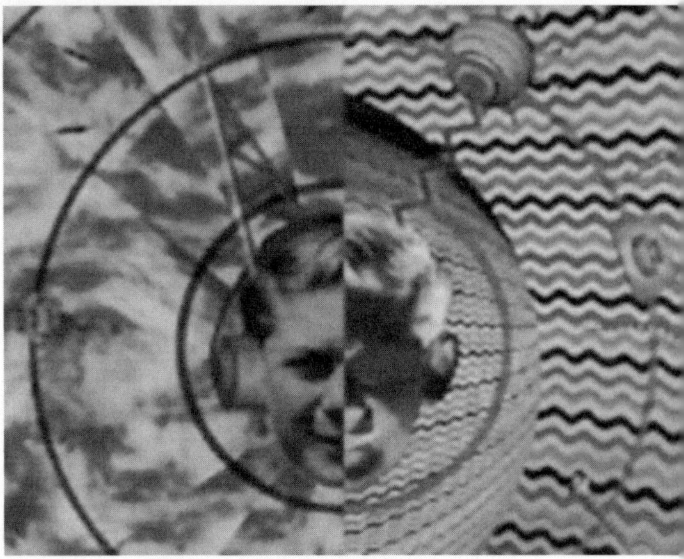

durchleuchtet, und bin nicht weit von meiner eigenen psychosomatischen Argumentationskette entfernt.

Ich fühlte mich verraten und verkauft, denn ich konnte, da meine Augen wie verrückt brannten, keine Mind Machine einsetzen. Der einzig gangbare Weg war der der klassischen Visualisierung: Ich stellte mir einen Kampf zwischen weißen Immunzellenrittern und schwarzen Viren vor. Als Kind hatte ich oft genug Prinz Eisenherz gesehen, um zu wissen, wie das Szenario auszusehen hat. Nach einem Tag war mein Fieber verschwunden, nach zwei Tagen war ich wieder einsatzfähig.

Diese Technik läßt sich genauso für alle anderen Krankheiten anwenden, wobei es einen kleinen Expertenstreit gibt. Manche Therapeuten raten von martialischen Bildern ab und zu friedvollen, ruhigen Bildern. Zum Beispiel könnten Sie sich Ihr Immunsystem als Kuh vorstellen, die fröhlich und gemächlich sämtliche Viren-Gräser abäst. Erlaubt ist, was gefällt, ich rate zum Eigenversuch.

Sie können natürlich in jede Richtung visualisieren. Zum Beispiel steigt beim Gedanken an irgendwelche Prüfungen fast jeder Adrenalinspiegel. Natürlich, die meisten Prüfungen sind unglaublich wichtig und wenn wir versagen, kostet das mindestens Zeit, meistens auch Geld. Häufig ist es nur dieses furchterregende *Wenn*, das das Adrenalin zum kochen bringt. Wir sehen (visualisieren!) dann alle möglichen und unmöglichen Horrorszenarien vor uns, und das führt mindestens zu einer blockierten Lernfähigkeit.

Würden wir täglich irgendeine Prüfung machen, wären wir dagegen ziemlich entspannt. Hier eignet sich Visualisieren hervorragend, um heimlich zu üben, sich den Prüfern gegenüber zu setzen und sich dabei einfach souverän zu fühlen. Der Mensch ist ein Gewohnheitstier.

Das gilt auch für Vorträge, Vorstellungsgespräche, Verkauf, Gespräche mit potentiellen Liebespartnern, dem Chef oder der Schwiegermutter. Auf das Thema *Ziele* kommen wir noch.

Kurz & Knapp:
- Bilder sprechen für sich und mit dem Gehirn
- Visualisierung sollten möglichst plastisch sein
- Und das ganze Sensorium mit einbeziehen

Sinnvolle Selbstgespräche

Bilder sind der intensivste Weg, um mit dem Unterbewußtsein zu kommunizieren. Ein anderer Ansatz: Die Sprache. Die Art, in der wir denken und sprechen, koloriert unser gesamtes Weltbild. Häufig denken wir in Negierungen, im Englischen *n-words.* Wir sprechen von *Problemen,* statt von *Herausforderungen,* haben Streß anstelle einer guten Auftragslage. Dann wundern wir uns, wenn die Widrigkeiten des Lebens uns ans Bein pinkeln. Doch geht im Leben manches schief - im Grunde denk' ich positiv.

Selbstgespräche führen wir sowieso die ganze Zeit. Wir sagen unserem Kollegen die Meinung, diskutieren mit der Dame unseres Herzens über was auch immer oder machen uns ganz einfach selbst platt. Da ist es zur Abwechslung eine interessante Variante, sich etwas positives zu sagen. Und wenn Ihnen andere etwas einreden können, um wieviel effektiver muß es dann sein, wenn Sie das selbst übernehmen. Mixen Sie noch etwas Tiefenentspannung dazu und beachten Sie einige Regeln, schon befinden Sie sich im Bereich der *Selbsthypnose.* Aber diesen Ausdruck mag ich nicht.

In Amerika ist es üblich, daß die Mannschaft vor dem Spiel die Köpfe zusammensteckt und eine motivierende Formel (*Kill´em all!!!*) gemeinsam intoniert. Die Anzahl der Ausrufezeichen steht für die Lautstärke. Genau das ist Affirmation. In diesem Fall sogar ritualisiert, was die gemeinsame Energie erhöht. Wobei es durchaus in Ordnung ist, wenn Sie sich die Sätze leise und nur im Kopf sagen.

AFFIRMATION

oder AUTOSUGGESTION sind die relevanten Fachworte und stehen für positive, kurze Formeln, wie sie im Autogenen Training und der Hypnose verwendet werden. Es lohnt sich, hier auf die Worte zu achten: *Affirmation* bedeutet verstärkend, *Autosuggestion* sich selbst suggerieren. Ohne jede Wertung. Im obigen Beispiel *Chancen-Risiken* machen Sie das auch.

Sie können sich Suggestionen selbst geben, oder von Kassette hören, die es zu Hauf zu kaufen gibt. Manche davon sind gut. Wenn Sie Ihre eigenen Suggestionen formulieren, sollten Sie ganz besonders auf die Formulierungen achten. Verwenden Sie keine Negierungen und keinen Konjunktiv. Wenn

Sie *Ich bin nicht ängstlich* oder *Ich könnte mutig sein* sagen, hat das keine Kraft. Dazu kommt, daß die rechte Gehirnhälfte keine Negierungen versteht, das erste Beispiel hat also einen gegenteiligen Effekt. Dort kommt dann *Ich bin ängstlich* an. Sagen Sie *Ich bin mutig* - das hat Kraft.

Die esoterische Weisheit dazu lautet, daß Energie nie gegen etwas arbeitet, nur für etwas. Verwenden Sie kurze, einprägsame Sätze und füttern Sie Ihr Unterbewußtsein so häufig wie möglich damit: Im Fahrstuhl, beim Joggen, beim Autofahren und natürlich beim Mentaltraining.

Es mag anfangs etwas merkwürdig sein, sich immer und immer wieder die gleichen komischen Sätze sagen zu hören. Daher ist es vielleicht sinnvoll, diese Texte auf Kassette zu sprechen und sich in die wohlbekannte Entspannung zu begeben und einfach berieseln zu lassen. Auch Affirmationen leben von der Wiederholung. Und Sie können jederzeit mit Visualisierungen verknüpft werden.

In der Entspannung kommen Suggestionen natürlich am besten, denn im Thetazustand zwischen Wachen und Schlafen werden die Inhalte nicht mehr bewertet. Wenn Sie sich bei vollem Bewußtsein *Ihr Ich bin mutig* -Mantra sagen, kann es passieren, daß die linke Gehirnhälfte Sie anfangs auslacht und mit Dutzenden von Gegenbeispielen beschießt, in denen Sie die Hose gestrichen voll hatten. In Theta wird Ihnen das nicht passieren. Sie bauen im Gegenteil einen Kontrapunkt zu den linkshirnigen Erfahrungswerten (der vollen Hose) auf, der diese im Laufe der Zeit relativiert. Affirmationen sind die Geschichten, die wir uns selbst immer wieder erzählen.

Es gibt eine Unmenge von Suggestions-Kassetten auf dem Markt. Wenn Sie die Möglichkeit haben, hören Sie die Kassette vor dem Kauf an, denn eine erfolgreiche Suggestion steht und fällt mit Ihrer Sympathie für den Sprecher. Wenn dieser eine angenehme Stimme hat, und das Thema Sie anspricht, testen Sie ruhig einmal, wie groß die Effekte sind.

Überhaupt, Sprache:

Die Sprache ist ein tiefgründiges Wesen. Abgründe bedeutungsschwangerer Botschaften harren ihrer Entdeckung.

Wahr-nehmung: Was wir für wahr nehmen.

Eigentlich: Etwas, was der Sache zu eigen ist. Wird aber meist konträr verwendet - eigentlich geht's mir gut.

Ent-täuschung: Jemand hilft Ihnen, sich selbst nicht mehr zu täuschen.

Er-wartungen: Können schnell enttäuschend sein. Sie warten doch nicht gerne zwei Stunden im Café auf Ihre Süße. Das Warten in Erwartung ist gefährlich. Viel besser sind

Ver-ein-barungen: Sie kommen auf EINen gemeinsamen Nenner. Das bewahrt vor

Zwei-fel: zwei Möglichkeiten - welche soll ich wahrnehmen?

Er-folg: Ist alles, denn er ist das, was er-folgt.

Achten Sie mal drauf, es gibt noch Tausende von Beispielen. Und achten Sie auf Ihre eigene Wortwahl, zumindest für eine gewisse Zeit. Danach können Sie das Ganze getrost wieder vergessen.

Stichwort Kassetten: Es gibt einige Titel auf dem Markt, die mit *Subliminal* überschrieben sind. Das steht für eine Methode, dem Bewußtsein bestimmte Inhalte knapp unterhalb der Wahr-nehmungsschwelle zu präsentieren. So wurde (wird?) in Kinofilmen kurz eine Cola-Flasche eingeblendet, um die Zuschauer in Massen zum Kiosk zu treiben. Wer weiß - ein wundervolles Spielfeld für Paranoiker.

Subliminals kommen am häufigsten im sprachlichen Bereich vor. Da die Texte so leise sind, daß wir sie bewußt nicht wahrnehmen können, können wir die Inhalte natürlich nicht kontrollieren. Im Supermarkt kann Ihnen so was passieren (*Ich bezahle alle meine Waren*) oder eben auf Kassetten.

Entscheidend ist, was hinten rauskommt
Helmut Kohl

Zum Kauf derselben gehört natürlich sehr viel Vertrauen. Die Technik als solche ist nicht schlecht, und es gibt zahlreiche Untersuchungen, wobei eine deutsche Uni festgestellt hat, daß die Supermarktversion nur bei Menschen funktioniert, die sich ihres Tuns nicht sicher sind. Kommt also ein ausgehungertes Wesen, um sich das Mittagessen zu klauen, wird es völlig unbeeindruckt von irgendwelchen unhörbaren Botschaften genau dies tun.

Kurz & Knapp:
- Positive Formulierungen
- Kurz und prägnant
- Möglichst oft

Ostrander und *Schröder* berichten in dem (sehr empfehlenswerten) Buch *Supermemory* von einer Suggestion, die größere positive Auswirkungen als alle anderen hatte: *Mami und ich sind eins*. Das Unbewußte ist ein Kind und sehnt sich nach Liebe.

Ich kann mir nicht vorstellen, daß Sie auf den käuflich zu erwerbenden Tapes irgendwelche ungehörigen Botschaften finden, dazu wäre der Skandal im Entdeckungsfall viel zu groß. Aber es gibt immer wieder irgendwelche reißerischen Anzeigen, die mich eher ratlos und skeptisch zurücklassen. Aus dieser Masse stechen die Arbeiten von Dr. Eldon Taylor hervor, die in einem südamerikanischen Land in sämtlichen Kliniken mit Erfolg eingesetzt werden - abgesegnet von der Regierung.

Literatur+

Mentales Training: Akademie für mentales Training: 04769-820022
Umfassendes Angebot

NLP: VIA - Vision into Action: 06223-970268
Primär businessorientiert, aber endlich NLPler mit Herz

Subliminal: Taylor-Tapes und interessante Hörbücher zum Thema bei
Axent-Verlag - Steinerne Furt 78 - 86167 Augsburg
0821-705011

Die Kombination: Ankern

Am Beispiel des *Ankerns* wollen wir die bisherigen Techniken zusammenführen. Ankern ist ein hochwirksames Tool aus dem Werkzeugkasten des NLP und entspricht im großen und ganzen einer Konditionierung. Der Unterschied hier ist: Sie suchen sich den Inhalt ganz nach Belieben selbst heraus. Aus einem Zustand der Entspannung können Sie neue Gedankenmuster kreieren, die erst nach der Session, im Wachbewußtsein und wirklichen Leben, abgerufen und wirksam werden. Hier nutzen wir eine Variante der *posthypnotischen Suggestion.*

Sie setzen einen Anker, indem Sie tief entspannen und sich mittels Visualisieren in die gewünschte Situation begeben. Wenn Sie diese Idealvorstellung dann glasklar vor sich sehen, ankern Sie einen beliebigen neuen Reiz. Legen sie zum Beispiel Daumen und Zeigefinger zusammen, berühren Sie einen Punkt an ihrer Schulter oder sagen Sie sich ein positives Wort. So kombinieren Sie Reiz und Zustand, und können letzteren immer wieder auf Wunsch abrufen.

ASSE IM ÄRMELSCHONER

Wie funktioniert das nun konkret? Nehmen wir an, Sie haben eine Strategiebesprechung vor sich, aber die Erfahrung hat gezeigt, daß Ihre Kollegen unter Profilneurose leiden, permanent quasseln und Sie selbst eher selten zu Wort kommen. Meistens sitzen Sie da, sind in Gedanken ganz wo anders und eigentlich froh, daß niemand Ihre Anwesenheit bemerkt. Ein ganz normaler Arbeitstag.

Dabei haben Sie einige konkrete Vorschläge, die in der Firma einiges zum Besseren bewegen können. Ihnen ist es natürlich lieber, wenn Sie Ihre Vorschläge ansprechen, durchsetzen und bei all dem einen klaren Kopf behalten - aber Sie wollen auch nicht unbedingt in dieses Rattenrennen einsteigen. Das kann man ändern.

Nutzen Sie in der Vorbereitung eine Entspannungstechnik Ihrer Wahl und versenken Sie sich möglichst tief. Atmen Sie ruhig und gleichmäßig. Mit klarem Kopf und schlafendem Körper stellen Sie sich das Besprechungszimmer in allen Einzelheiten vor: *Wie ist das Licht? Was haben Ihre Kollegen an? Was ist der typische Geruch im Raum? Wie fühlt sich Ihr Stuhl an?*

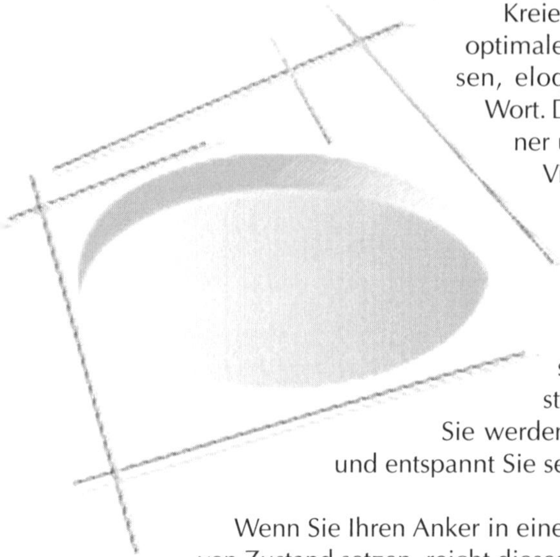

Kreieren Sie nun vor Ihrem inneren Auge die optimale Sitzung: Sie sind überzeugend, gelassen, eloquent und ergreifen selbstsicher das Wort. Die Kollegen hören aufmerksam zu, keiner unterbricht Sie - genau so soll es sein. Vielleicht wollen Sie sich noch etwas Applaus der begeisterten Kollegen gönnen. Ein gutes Gefühl...
JETZT setzen Sie Ihren Anker.

Je deutlicher die Bilder, um so besser sitzt er. Aktiveren Sie in der nächsten Personalbesprechung Ihren Anker. Sie werden merken, wie überzeugend, gelassen und entspannt Sie sein können.

Wenn Sie Ihren Anker in einem äußerst konzentrierten und intensiven Zustand setzen, reicht dieses eine Mal aus, um bei der Aktivierung eine starke Wirkung zu erzielen. Durch Wiederholung kann er auch verstärkt werden. Wiederholung ist ein wichtiger Aspekt der Magie. Auf diese Weise können Sie sich ein ganzes Repertoire von positiven Ankern zulegen, für Heilung, Selbstvertrauen, Kreativität. Probieren Sie es aus! Als positiven Nebeneffekt bekommen Sie die Auswirkungen einer Visualisierung quasi obendrauf: Ihr Unbewußtes gewöhnt sich an diesen Zustand.

Und, ganz am Rand: Erfolgreiche Menschen (egal in welchem Bereich) meistern eine neue Herrausforderung leichter, weil sie ganz einfach eine andere Ausstrahlung haben. Der Umkehrschluß trifft erfolglose Menschen natürlich hart.

Gehen Sie von sich selbst aus: Wem vertrauen Sie Ihr Geld lieber an, einem Menschen mit zuversichtlicher Ausstrahlung oder einem anderen, der Ihnen in allen Gesten, Formulierungen und Gesichtsausdrükken klar macht - bewußt oder unbewußt - daß er sowieso nicht an den Erfolg des Projekts glaubt?

Aber vielleicht hat der zweite ganz einfach Angst vor der Präsentation, und wächst in der Umsetzung, daheim im stillen Kämmerlein, zu ungeahnter Größe heran. Vielleicht leidet er nur im Dialog unter mangeldem Selbstvertrauen. Sie werden es nie erfahren. Welche Verschwendung.

Hier lohnt sich ein Anker für angemessenes Selbstwertgefühl.

Kurz & Knapp:
- Tiefe Entspannung
- Visualisieren der optimalen Situation
- Koppelung mit einem beliebigen sensorischen Reiz

Risiken und Nebenwirkungen

Am Beispiel *Ankern* sehen Sie es deutlich: Mentaltraining ist eine Art selbstverordneter Gehirnwäsche. Sie schaffen neue neurologische Bahnen in Ihrem Gehirn, und manifestieren so die Veränderung auch im körperlichen Bereich. So wie Sie im Alltag auf Ihre Sprache achten sollten, um den Grundstock für neue Denkmuster zu schaffen, können Sie auch auf Ihre Gedanken achten. So wird aus einem verzweifelten Menschen ein strahlender Stern.

Ab und an kommt es vor, daß Menschen, die sich plötzlich mit positivem Denken und Mentaltechniken beschäftigen, während Sie vorher jahrelang ihre Umwelt mit einem schwarzen Pinsel angemalt haben, anfangs mit echten Problemen zu kämpfen haben. Das ist ziemlich einfach zu erklären: Sie beginnen, in völlig neuen Kategorien zu denken, die dem Unterbewußtsein nicht nur fremd, sondern sogar suspekt sind. Und Gehirne haben Angst vor Neuem. Man nennt das *Neophobie*. Das Unbewußte merkt, daß bisher wirkungsvolle Strategien plötzlich ignoriert werden. *Um Himmels Willen!* Um so stärker versucht es, Ihnen die Sinnlosigkeit der neuen Handlungsweise vor Augen zu führen. In der Homöopathie nennt sich dieser Prozeß *Erstverschlimmerung*, und bedeutet nur, daß die Techniken funktionieren. Auf der anderen Seite müssen auch erst sämtliche internen Bremser überzeugt und beseitigt werden - das kann, je nach Art und Umfang der gewünschten Veränderung, doch eine gewisse Zeit in Anspruch nehmen. Hier gibt es nur einen Tip, der funktioniert: Machen Sie weiter.

Das ist die einzige Gefahr des mentalen Trainings, sich in einer Scheinwelt zu verlieren, keinen Schritt weiterzukommen, und das noch nicht einmal zu bemerken. Sie können zwar Ihr Unbewußtes auf bestimmte Ziele loslassen, aber das enthebt Sie nicht der Verantwortung, auch selbst etwas zum Erfolg beizutragen. Das bringt uns zurück zu dem, was wir im Westen am besten können, zum klassischen Handeln - tun Sie´s, denn wenn Sie es nicht machen, machts keiner.

Jeden Tag betet der kleine Junge: Lieber Gott, laß mich bitte im Lotto gewinnen, lieber Gott, laß mich bitte im Lotto gewinnen. So geht das monatelang, jeden Abend das gleiche Gebet. Bitte, lieber Gott, laß mich doch endlich im Lotto gewinnen. Bis er nach einigen Monaten eine extrem laute und zornige Stimme von oben hört: Um Himmels Willen, gib mir eine Chance: Kauf dir endlich ein Los!

Ziele: Planer und Surfer

Wer nicht weiß, wo er hinwill, darf sich nicht wundern, wenn er woanders ankommt. Daher ist es sinnvoll, sich eine Richtung zu überlegen, sich Ziele zu setzen. In einer Untersuchung an amerikanischen Studienabgängern stellte man fest, daß die Menschen, die tatsächlich Ziele hatten - und diese auch aufgeschrieben haben - nach 20 Jahren gesünder, zufriedener und wohlhabender waren, als ihre *ziellosen* Kollegen.

WO EIN WILLE IST

... ist auch ein Gebüsch. *Ziele* zu visualisieren und im Terminkalender anzustreichen, hat eine besondere Kraft. Dafür können Sie sämtliche bereits besprochenen Techniken nutzen. Visualisieren Sie das Ziel optisch in die Zukunft, stellen Sie es sich als Magneten vor, der Sie in Ihre Zukunft zieht. Ihr Unbewußtes richtet sich auf dieses Ziel aus, und findet für Sie alle möglichen Optionen, um die Umsetzung des Ziels auch sicherzustellen. Diese Technik ist wirklich sehr kraftvoll. Setzen Sie sich hin und schreiben Sie Ihre Ziele auf - das ist der erste Schritt zur Manifestation. Lesen Sie Ihre Ziele am besten morgens nach dem Aufstehen und abends vor dem Schlafen durch. Machen Sie tagsüber einen kurzen Check: *Bin ich noch auf der Spur? Nützt mir das für mein Ziel?* Kon-

Serge King empfiehlt eine spezielle Übung, sich auf Ziele einzustimmen.
Stellen Sie sich einen Weg vor, der direkt zu diesem Ziel führt. In allen Einzelheiten, inklusive des Gefühls unter den Füßen.

Sehen Sie auch das Ziel, was auch immer das sein mag - eine Person, ein Tor, ein Goldregen. Plötzlich, mitten im Weg, taucht eine Barriere auf, die Manifestation aller Ängste und Befürchtungen. Ihre Aufgabe ist es nun, in einer möglichst plastischen Variante über, unter oder durch diese Barriere zu kommen.
Holen Sie sich alle Hilfe, die Sie brauchen, Werkzeuge, Engel ...

Haben Sie die Barriere überwunden und sind am Ziel Ihres Weges - genießen Sie die Ankuft, stellen Sie sich mitten in den Goldregen und feiern Sie jeden Aspekt des Erfolges.

trollieren Sie regelmäßig, ob Ihr Ziel noch sinnvoll ist, oder ob Sie dabei sind, sich zu verfahren.

Übrigens: Man mag ja von seiner Politik und seiner Person halten, was man will. Aber von Altkanzler Helmut Kohl geht die Mär, er sei bereits in seiner Jugend für seine Behauptung ausgelacht worden, er werde einmal Kanzler der Bundesrepublik Deutschland sein. Ich bewundere sowas.

Durch entsprechende Visualisierungen bekommt Ihr Unbewußtes - wir erinnern uns, für die Neuronen gibt es keinen Unterschied zwischen Vorstellung und tatsächlicher Handlung - das Gefühl, daß etwas wirklich Dreidimensionales passiert. In der Folge wird es Ihnen über die selektive Wahrnehmung automatisch alle zielfördernden Punkte in Ihrer Umgebung mit Leuchtstift markieren. Aber vermeiden Sie Scheuklappen.

Zwischen dem Gedanken und dem Handeln liegt der Ozean
Hopi-Weisheit

DER FLUSS DER ZEIT

Nicht nur der Vollständigkeit halber: Das genaue Gegenteil des Planers ist der *Surfer*. Surfer haben einfach grenzenloses Vertrauen in das Universum und sind immer neugierig, was passieren wird. Sie sehen in jeder Begebenheit eine Chance, etwas zu lernen oder zu verbessern, und meistens bekommen sie auch, was sie erreichen möchten - nur durch ihr unendliches Vertrauen.

Sie achten auf die kleinen Zeichen, lesen Bücher, die aus dem Regal fallen, nehmen alles an, was Ihnen angeboten wird. Und es wird ihnen mehr angeboten, als üblich. Das meiste davon hilft ihnen irgendwie weiter. Denn es ist nicht so, daß Surfer keinen Plan haben, sie sind nur offener im Werden und arbeiten nicht mit Zahlen, Fakten oder Plänen. Und häufig auch nicht so effektiv.

Klar, denn während Planer alle Energie auf einen Punkt fokusieren, schwingt der Surfer eher im Fluß der Zeit. Er befindet sich in einem nahezu meditativen Zustand: Alles kann passieren und alles ist gut. Ein sehr erlesener Zustand, wenn man es nicht eilig hat. Ziemlich asiatisch.

Hier, wie bei den meisten Dualismen, liegt die Wahrheit irgendwo in der Mitte. Manchmal ist es Zeit für den Planer, manchmal ist surfen angesagt. Beides hat seine Zeit und seinen Ort. Es ist gut, beide Techniken zu kennen, und je nach Bedarf und Situation einzusetzen.

Kurz & Knapp:
- Wer Ziele hat, erreicht mehr
- Ziele sind ein Anker in der Zukunft
- Surfer sein hat seinen Reiz

Nicht so schwer: Konzentration

Wir leben mitten im Medienzeitalter. Von allen Seiten stürmen Informationen auf uns ein - mit dem Ergebnis, daß uns die Konzentration auf das einzelne Thema immer schwerer fällt. Das erhöht den täglichen Streß. Als ob wir davon nicht schon genug hätten. Der wiederum schlägt auf die Entspannung, die eine Voraussetzung für Konzentration ist - ein Teufelskreis.

Kreativität besteht zu 95 Prozent aus Transpiration und zu 5 Prozent aus Inspiration.
Thomas Alva Edison

Dabei ist Konzentration, entgegen allem, was wir in der Schulzeit erlebt haben, garnicht so schwierig. Denn unser Gehirn ist süchtig nach Informationen, es schaltet nie ab. Und ein einziges Thema kann schnell zu wenig werden. Beispiel *Lernen*: Während wir bewußt mit der linken Gehirnhälfte spanisch lernen, langweilt sich die rechte Hemisphäre, dümpelt lustlos vor sich hin, um sich schließlich ein eigenes Thema zu suchen. Wir merken das daran, daß wir uns während der letzten zehn Vokabeln auf die Verabredung am Abend gefreut haben.

Konzentration hat immer etwas mit Motivation zu tun. Wehe, Sie stören Ihren Sohn bei seinem neuen Computerspiel - die Arbeit von zwei Stunden konzentriertem Spielen kann sofort kaputt sein. Kommen Sie dagegen während der verhaßten Matheaufgaben, trägt er ihnen sogar den Müll raus.

Es gibt zwei Arten der Konzentration, die *bewußte* und die *unbewußte*. In der bewußten Konzentration wissen wir immer genau, was gerade passiert. Wir arbeiten, denken ab und zu an etwas anderes, kommen im großen und ganzen aber gut voran.

Die unbewußte Konzentration ist schwieriger zu greifen. Wir setzen uns an den Computer, starten das Dokument und - in dem Moment, da ich feststelle, daß ich jetzt gerade in diesem Zustand am Schreiben bin, bin ich auch schon wieder draußen. Sei´s drum - wenn wir das nächste Mal bewußt auf den Monitor schauen, sind zwei Stunden vergangen, der Job ist perfekt erledigt und wir können beim besten Willen nicht sagen, was passiert ist - wir sind einfach mit der Arbeit verschmolzen. Der amerikanische Psychologe *Mihaly Csiksezentmihalyi* nennt dies den *Flow*-Zustand. Er wird charakterisiert durch eine hohe Motivation und eine Aufgabenstellung, die uns voll und ganz fordert, aber nicht überfordert - also die optimale Herausforderung. Man könnte diesen Zustand auch als Arbeits-Meditation bezeichnen. Am EEG können wir sehen, wie nahe Konzentration und Meditation beieinander liegen. Konzentration ist im oberen Alpha, Meditation im Alpha/Theta angesiedelt. Die Grenze zwischen beiden Zuständen ist fließend.

Den zerstreuten Tai Chi-Meister sucht man daher in Asien vergeblich. Durch langjährige Meditation leben diese Menschen in einer Welt, die nur aus *Hier* und *Jetzt* besteht - sie sind im Augenblick kon-Zen-triert. Schließlich werden Ziegelsteine in Asien nicht mit Kraft, sondern mit Konzentration zerschlagen. Dies geschieht, ähnlich wie im Flow, dadurch, daß sich der Meister selbst nicht mehr wahrnimmt, er ist ganz Handkante, oder (der schon zerteilte!) Baumstamm - oder, wieder mal, der Atem. Bewußter Atem ist ein zuverlässiger Weg in die Konzentration. Indem Sie bewußt auf den Verlauf des Atems achten, konzentrieren Sie sich automatisch, und die Aufgabe erledigt sich wenn wir Glück haben von selbst.

TIPS UND TRICKS

- Eine ruhige Atmung fördert die Konzentration in jedem Fall. Das heißt aber nicht, daß es immer ruhig und beschaulich zugehen muß. Manchmal fällt die Konzentration einfach deshalb schwer, weil es dem Gehirn zu langsam geht. Wenn Sie sich auf ein Buch konzentrieren wollen, und Ihre Gedanken abschweifen, lesen Sie schneller!

- Springen Sie von der Personaldiskussion gleich in die Konzeption eines neuen Produkts, ist Ihr Bewußtsein häufig noch ganz woanders. Die Indianer raten, sich niemals schneller als die eigene Seele zu bewegen. Setzen Sie sich für fünf Minuten und denken Sie an garnichts. Vielleicht stellen Sie sich einen hellen, leeren Raum vor. Es ist wichtig, diese Übung völlig zweckfrei zu machen. So gönnen Sie sich und Ihrem Hirn eine Atempause und Sie schaffen Raum für neues.

- Was bringt es mir? so fragt sich das Gehirn bei allem was wir tun. Je mehr dabei rausspringt, umso mehr Energie stellt es zur Verfügung. Machen Sie sich vor Beginn bewußt, warum Sie diese Aufgabe erledigen wollen - damit wird auch Ihrem Unterbewußtsein klar, worum es geht, und Sie erhöhen Ihre Motivation. Denn je größer die Motivation, umso leichter fällt die Konzentration.

- Machen Sie Pausen, öffnen Sie das Fenster, atmen Sie tief durch. Damit erhöhen Sie nicht nur die Sauerstoffzufuhr zum Gehirn, sondern geben dem Unbewußten auch die Chance, sich bemerkbar zu machen und Ihnen seine neueste Idee mitzuteilen. Wenn Sie gerade am lernen sind, kommt noch ein dritter Aspekt hinzu: In der Pause findet die Eiweiß-Synthese statt, in der Ihr Gehirn das Gelernte physikalisch abspeichert.

- Wenn Sie beim Lesen dieser Tips langsam unruhig werden, sind Sie vielleicht ein ganz anderer Konzentrationstyp - der *KITA*-Typ. KITA kommt aus dem Personalmanagement und steht für *kick-in-the-ass*, also einen Tritt in den mentalen Hintern. Das bedeutet ganz einfach, daß Sie sich unter Druck am besten konzentrieren können. Wenn Sie Eu-Streß (positiven Streß) zum arbeiten brauchen, fühlen Sie sich völlig frei. Machen Sie die Tür hinter sich zu, und toben Sie sich für fünf Minuten richtig aus. Tanzen, singen, schreien Sie soviel Sie können. Verprügeln Sie Ihren Kollegen. All das schafft einen geeigneten Aktivierungslevel, von dem aus Sie agieren können. Wenn meine Trance zu tief wird, oder ich ein wichtiges Telefonat vor mir habe, dann spiele ich häufig ein Weltraumballerspiel - ich kann Ihnen sagen, danach bin ich wach.

- Wenn Sie bisher überzeugt waren, daß Sie sich sowieso nicht konzentrieren können, vergessen Sie's - schnellstmöglich! Wenn Sie diesen Glaubenssatz haben, wird Ihr Unbewußtes sein bestes tun, um ihn immer wieder zu bestätigen. Dabei ist Konzentration, wie wir gesehen haben, ein ganz natürlicher Gehirnwellenzustand. Gehen Sie einfach probehalber davon aus, daß Sie sich hervorragend konzentrieren können.

- Benutzen Sie Duftöle oder Räucherstäbchen. Die Wissenschaft hat herausgefunden, daß jeder angenehme Duft die Konzentration hebt. Sie müssen sich nur noch für anregend oder entspannend entscheiden. Bei mir hat sich Lemongras bewährt.

- Andere Untersuchungen haben gezeigt, daß langsame Sätze von Bach die Konzentration fördern. Das liegt an der Geschwindigkeit der Musik, die dem menschlichen Ruhepuls entspricht. Sie können auch andere Musik verwenden, um die sich langweilenden Gehirnareale zu beschäftigen. Es muß ja nicht wie bei Steven King gleich AC/DC sein.

- Hören Sie in sich hinein: *Was brauche ich um mich optimal zu konzentrieren?* - es kommen garantiert einige Verbesserungsvorschläge. Schaffen Sie sich Ihren persönlichen Rahmen.

- Vielleicht haben Sie Lust, Ihre Konzentrationsvorbereitung zu ritualisieren. Nutzen Sie die Techniken (Warum mache ich das, der leere Raum) regelmäßig vor einer Aufgabe. Schließen Sie die Augen, atmen Sie tief. So gewöhnt sich Ihr Gehirn noch stärker an den Prozeß und weiß genau, was es zu erwarten hat. Je öfter Sie das machen, umso intensiver die Effekte.

Kurz & Knapp:
- Das perfekte Umfeld schaffen
- Machen Sie regelmäßig Pausen
- Fragen Sie sich: Warum will ich das jetzt machen?

Heureka: Kreativität

Hier verlassen wir die äußeren Bereiche und begeben uns in Gewässer, die dem Gehirn direkt entspringen: *Kreativität* und *Inspiration*. Beide versetzen uns in die Lage, für bekannte Probleme ganz neue und vielleicht elegantere Lösungen zu finden. Wenn ich mir allein die rasante Entwicklung der Computertechnologie ansehe, dann ist der Verbrauch an diesem essentiellen Rohstoff in den letzten Jahrzehnten immens gestiegen.

Denken Sie jetzt nicht an einen blauen Elefanten

Inspiration kommt von dem lateinischen Wort *inspirare*, was einhauchen bedeutet. Im alten Griechenland waren dafür neun Töchter des Zeus zuständig, die Musen. Das deutet schon darauf hin, daß man Kreativität nicht erzwingen kann, denn Göttinnen sind bekanntermaßen ziemlich zickig. Immer, wenn man sie wirklich braucht, haben sie ihren freien Tag. Aber an ungewohnten Plätzen, im Urlaub und Sonntags bei Spazierengehen, fallen uns meist die genialsten Lösungen ein. Oder kurz vor dem Einschlafen. Damit ist garantiert, daß wir die Lösung nicht mehr aufschreiben können und am nächsten Tag oft wieder vergessen haben.

LET YOUR MIND FLOW

Kreativität kann, bis auf seltene Ausnahmen, nichts mit Druck anfangen. Daher werden die meisten großen Entdeckungen in den drei *B's* gemacht: *Bus, Bahn* und *Bett*. So *August Kekulé*, der die Struktur des Benzolrings erst im Traum sah, danach wurde sie auch wissenschaftlich bestätigt.

Kreative Prozesse entstehen also bei den meisten Menschen, wenn Sie gerade an etwas ganz anderes denken. Es sieht fast so aus, als würden wir selbst garnicht gebraucht, als wäre das Unbewußte froh, endlich mal in Ruhe über das Problem nachdenken zu können. Vielleicht kommt die Lösung auch erst ins Bewußtsein, wenn endlich einmal Ruhe im Kopf eingekehrt ist. Wie wir aus der Neurologie wissen, geschehen *Aha-Effekte* im Theta-Bereich. Dazu gehören Ruhe, Entspannung und ein freier Kopf. Nach der EEG-Forschung scheint es auch dienlich zu sein, ganzhirnig - mit beiden Hemisphären - zu denken, um der Kreativität einen kleinen Schubs zu geben. Viele Unternehmen haben das erkannt, und stellen ihrem kreativen Personal *think-tanks* und Kreativitätsräume zur Verfügung.

Das heißt leider nicht, daß Sie sich nun einfach ins Bett legen und am nächsten Morgen einen Geistesblitz haben werden, der die Energieversorgungsprobleme der gesamten nördlichen Hemisphäre lösen wird. Sie sollten sich doch schon etwas mit dem Thema auseinandergesetzt haben. Um das Unbewußte zur Mitarbeit zu bewegen, muß man es mit Daten füttern, auf die es zurückgreifen kann, und das sieht nach Arbeit aus. Gute Schachmeister brauchen genau so viel Zeit, um sich den nächsten Zug zu überlegen, wie sie auch ungeübte Spieler brauchen. Aber während schlechte Spieler viel Zeit damit zubringen, auch schlechte Züge zu überdenken, prüfen Schachmeister nur die guten - es ist die Erfahrung, die es macht. Ich selbst bin ein Anhänger der Theorie von *Henri Pointcarés*, einem französischen Mathematiker, der mit Hilfe dieser Technik auf die eine oder andere Lösung kam.

- *Vorbereitung:* Diese Phase ist relativ anstrengend. Beschäftigen Sie sich von vorne bis hinten mit dem Problem, beleuchten Sie alle bekannten Seiten und möglichst noch zwei mehr. Mir geht es manchmal so, daß ich abends im Bett in den Strukturen des Datenbankprogramms denke, mit dem ich arbeite. Ein ungewöhnlicher Ort für eine Software, aber darauf läuft es im Endeffekt hinaus.

- *Inkubation:* Die Bezeichnung ist hier weniger pathologisch gemeint, als in der Medizin. Hier bedeutet Inkubation ganz einfach, dem Problem Zeit zu geben, es setzen zu lassen. Machen Sie etwas ganz anderes, warten Sie nicht einmal auf eine Nachricht Ihres Unbewußten. Daneben zu sitzen, und Däumchen zu drehen hilft dem Genie in Ihnen nicht weiter. Wenn´s sein muß, machen Sie Urlaub. Das ist der angenehme Teil.

- *Erleuchtung:* Et voilà, wenn Sie Ihrem inneren Genie genügend Raum gegeben haben, kommt hier die Antwort in Form eines Geistesblitzes. Haben Sie Vertrauen, daß Sie wach sind, wenn der Blitz einschlägt.

- *Verifikation:* Nun können Sie am lebenden Objekt überprüfen, wie gut, korrekt und praktikabel Ihre Eingebung war.

Man kann diese Technik auch linkshirnig erklären: Nach der *Chaostheorie* kann man ein offenes System, zum Beispiel Ihr Gehirn, durch externe Information, zum Beispiel ein Problem, überlasten. Häufig explodiert es auf eine höhere Ebene, wird von flüssig zu gasförmig, oder liefert die Lösung. Eine klassische *dissipative Struktur*. Nutzen Sie diese mentale Inkubationszeit, und denken Sie nach der Überlastung nicht mehr an das Problem. Man muß allerdings wissen, wann man eine schöpferische Pause einlegt. Das Optimum liegt, wie wahrscheinlich meistens,

in der Mitte zwischen Überlastung und freiem Kopf, der dann in der Entspannung die Lösung präsentiert.

Das Schöne an dieser Strategie ist die Tatsache, daß man sie üben und perfektionieren kann. Inzwischen gehe ich sehr viele Aufgaben auf diesem Weg an, immer in dem Wissen / der Hoffnung, daß das Ergebnis kurze Zeit später auf einem Silbertablett serviert werden wird. Endlich ein sinnvoller Automatismus.

DIE ANDERE SICHT DER DINGE

Es gibt neben einem trainierten Unbewußten noch eine zweite Grundanforderung für Kreativität: Geniale und überraschende Lösungen finden sich immer außerhalb gewohnter Bahnen. Es bedarf immer eines Schrittes aus der Tunnelrealität oder dem System heraus, um eine andere Perspektive auf das Problem zu gewinnen. Denn das bedeutet Kreativität tatsächlich - ein anderer Blickwinkel auf das Problem.

Ist Ihnen schon einmal aufgefallen, wie viele Homosexuelle in den Bereichen von Kunst und Kreativität tätig sind? Zwar hat man in dieser exponierten Position vielleicht mehr Kraft, zu den eigenen sexuellen Präferenzen zu stehen, aber ich glaube, da ist noch etwas ganz anderes. Homosexuelle fallen sehr früh aus dem gesellschaftlichen Raster, sie bemerken ihre *Andersartigkeit* und bekommen aus dieser inneren Distanz automatisch einige Konditionierungen gar nicht erst ab. Der Abstand zu einer Gesellschaft, die sie nicht anerkennt, ist einfach zu groß. Das bietet von vorne herein einen freieren Kopf - und damit eine andere Sicht auf das, was normal erscheint. Vielleicht kennen Sie schon folgende bekannte Übung: das *neun-Punkte-Problem*. Dieses Beispiel zeigt ziemlich deutlich, was passieren kann, wenn man über seinen Horizont hinausdenkt; versuchen Sie einfach, alle Punkte über vier Geraden miteinander zu verbinden, ohne den Stift abzusetzen.

MIND MAPPING

Jede Art von Denkblockade oder geistiger Zensur sollte vermieden werden, wenn Sie kreativ sein möchten. Sammeln Sie Ideen, ohne sie zu bewerten, wie sie gerade kommen. Eine sehr schöne Methode stammt von Tony Buzan und nennt sich *Mind-Mapping*.

Nehmen Sie sich das Thema, das Sie bearbeiten möchten, einen Stift ein Blatt Papier und etwas Zeit. Das Papier legen Sie quer, so haben Sie mehr Platz, und kommen nicht in die Versuchung, wie gewohnt alles linear zu notieren. Schreiben Sie das Topic dick in die Mitte, zum Beispiel *Weihnachten*. Von hier starten die Verzweigungen. Machen Sie Äste für alles, was Ihnen in den Sinn kommt, wie *Geschenke, Essen, Verwandtschaft* ... Diese einzelnen Äste verzweigen sich weiter und weiter, Sie können Querverbindungen machen und und und ...

Das könte dann so aussehen:

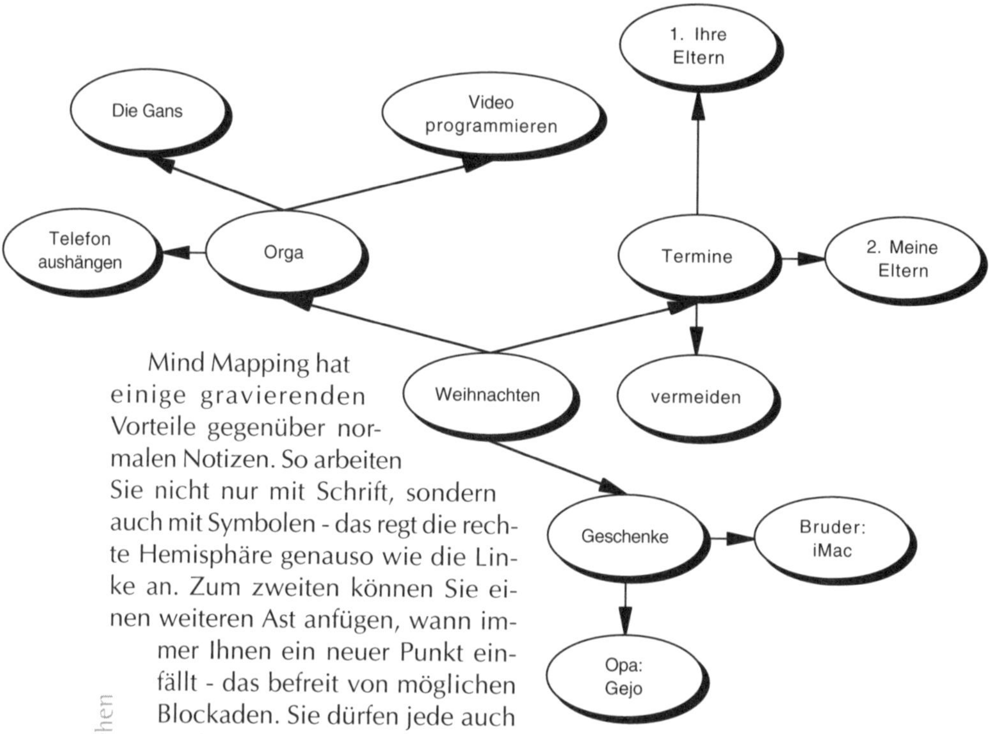

Mind Mapping hat einige gravierenden Vorteile gegenüber normalen Notizen. So arbeiten Sie nicht nur mit Schrift, sondern auch mit Symbolen - das regt die rechte Hemisphäre genauso wie die Linke an. Zum zweiten können Sie einen weiteren Ast anfügen, wann immer Ihnen ein neuer Punkt einfällt - das befreit von möglichen Blockaden. Sie dürfen jede auch noch so verrückte Idee niederschreiben, einzig die Zensur ist verboten. Gleichzeitig werden Sie durch den knappen Platz sanft gezwungen, das Thema auf den Punkt zu bringen, sich also gezielt auf die Schwerpunkte zu konzentrieren und nicht im Formulierungssumpf stecken zu bleiben. Mind Mapping eignet sich auch hervorragend zur Mitschrift von Vorlesungen und Vorstandssitzungen.

Das 9-Punkte Problem. Erwarten Sie keine Lösung auf der nächsten Seite.

Kurz & Knapp:
- Überlasten Sie sich - Entspannen Sie sich
- Beleuchten Sie das Thema von allen möglichen Seiten
- Arbeiten Sie bildhaft, um die rechte Hemisphäre anzusprechen

Neues Lernen

Viele von uns haben in der Schule festgestellt, daß *Lernen* eine ungeheuer aufwendige und anstrengende Tätigkeit ist. Nach Lehre oder Studium sind wir dann auch entsprechend froh, daß wir jetzt den Rest unseres Lebens Ruhe haben. Und gelangen über kurz der lang in eingefahrene Denkmuster. Diese Einstellung ist allerdings nicht unbedingt auf der Höhe der Zeit. Spätestens alle zwei Jahre kommt eine neue Computergeneration Oder zumindest kaufen Sie sich alle fünf Jahre einen neuen Videorekorder. Und Bedienungsanleitungen haben die Tendenz, immer dicker zu werden. Von wegen *user-friendly* und *plug-and-play*.

Irgendwann stellen wir dann völlig desillusioniert fest, daß wir zu alt sind, um noch etwas neues zu lernen. Ganz schlechter Glaubenssatz. Weder hilft er uns weiter, noch kann er im Rahmen dieses Buches als Ausrede anerkannt werden. Wie wir bei den *Rosenzweig-Ratten* gesehen haben, lernen auch alte Gehirne ziemlich mühelos, wenn Sie im Training bleiben oder ein solches wieder beginnen: Es ist nie zu spät.

Die Einstellung, die wir während und nach der Schule zum Lernen entwickeln, sagt mehr über die Qualität des Lehrsystems, als über die Qualität unserer grauen Zellen aus. Die renommierte Unternehmensberatung *McKinsey* hat vor nicht allzulanger Zeit das deutsche Schulsystem untersucht und festgestellt, daß unsere Schulen weit davon entfernt sind, effektiv zu sein - freundlich formuliert. Ein Amerikaner, mit dem ich mich auf einer Zugfahrt nach Hamburg unterhielt, meinte etwas ähnliches: *Amerikaner lernen, wie man etwas macht, damit es funktioniert. Wir Deutschen lernen, warum es funktioniert, wenn es funktioniert.*

Nun will ich nicht allzulaut meckern, denn in der Ausbildung unserer künftigen Lehrkräfte kommen durchaus schon Phantasiereisen und Entspannungsmethoden vor. Das ist zwar erst ein Anfang, aber ein guter. Sowohl in den Staaten, als auch in Asien wird immer mehr Augenmerk auf die *Selbstverantwortung* gelegt. In Korea gibt es nach jeder Stunde eine fünfminütige Meditation. In den Staaten werden die Leistungen der Professoren von ihren Studenten benotet, und entsprechend kurz ist die Vertragsdauer, mit der ein Professor ausgestattet wird. Wehe dem, der in Deutschland einen solchen Vorschlag macht!

Gehirngerechtes Lernen kommt im Vokabular unserer Pädagogen bisher noch sehr selten vor. Der Ausdruck stammt von Vera F. Birkenbihl, der bekanntesten und wahrscheinlich besten Vorreiterin für neues Lernen in Deutschland. Auch die Techniken sind größtenteils von ihr.

JENSEITS DES SCHULHOFS

Es gibt mehrere, auf den ersten Blick verrückte Methoden, um gehirngerecht zu lernen und möglichst alle Ressourcen zu nutzen. So empfiehlt Birkenbihl unter anderem die *Zeitraffertechnik*. Diese Technik basiert darauf, das Gehirn - wieder mal - zu überlasten, um so die Reserven zu aktivieren. Die Methode besteht ganz einfach darin, den Lernstoff in doppelter bis dreifacher Geschwindigkeit von Kassette zu hören. Was am Anfang ziemlich anstrengend ist, hinterläßt deutliche Effekte. Laut Birkenbihl schaffen es geübte Anwender bis zur zehnfachen Geschwindigkeit.

Lernen ist eine geistige Liebesaffäre
Heinz von Förster

Eine weitere Methode besteht darin, unterschiedliche Stoffe parallel zu lernen. So können Sie zum Beispiel Geschichtsbücher hervorragend mit Sprachkassetten kombinieren. Diese Technik wird in verschärfter Form auch von *Gerd Gerken* empfohlen: Zeitunglesen, Musikhören und Fernsehen empfiehlt er in Kombination, um die Kapazität und Aufnahmefähigkeit des Gehirns zu erweitern. Das kommt auch dem Gedächtnis zugute. Bei beiden Techniken kann ich nur raten, finden Sie heraus, ob das etwas für Sie ist; erlaubt ist, was gefällt.

Ganz wichtig beim Lernen sind häufige Pausen: Denken Sie einige Zeit an etwas ganz anderes, vielleicht sogar einen anderen Lernstoff. Das bietet nicht nur Zeit zum Durchatmen (Sauerstoff! Oberwichtig!), sondern gibt dem Gehirn auch Zeit zur Eiweißsynthese, in der das virtuelle Wissen aus dem Kurzzeitgedächtnis in das Hardware-Langzeitgedächtnis übernommen wird. Und wenn Ihnen - wie mir - jemand früher erzählt hat, Sie dürften keine Musik zum lernen hören, vergessen Sie´s. Geben Sie Ihrer rechten Gehirnhälfte etwas zu tun, bevor Sie sich langweilt.

SUPERLEARNING

Ganz weit vorne im neuen Lernen ist die sogenannte Suggestopädie - Lernen in tiefer Entspannung. Der bulgarische Entwickler *Georgie Losanow* hat entdeckt, daß wir grundsätzlich den Atem anhalten, wenn wir etwas interessantes hören. Konsequenterweise hing dann auch ein Schild in seinem Unterrichtsraum, auf dem folgendes zu lesen stand: *Während des Unterrichts darf nicht geatmet werden.*

Superlearning-Kurse arbeiten mit bestimmten Atemtechniken, die zwischen Ein- und Ausatmen eine kurze Pause lassen, in der der Lernstoff präsentiert wird. Zusätzlich wird im Hintergrund langsame Barockmusik gespielt, die mit einer Geschwindigkeit von ca. 60 Schlägen pro Minute dem menschlichen Ruhepuls entspricht und damit eine angenehme Tiefenentspannung schafft. Dabei wird der Umstand genutzt, daß im unteren *Alpha-* und im Theta-Bereich die Information quasi direkt im Gehirn abgespeichert wird.

Losanow selbst hat diese Technik wenig Glück gebracht. Er wurde, als die Forschung dem KGB zu brisant wurde, seiner Aufgaben enthoben und bis zum Fall des eisernen Vorhangs unter Hausarrest gestellt. Als er dann in die Staaten kam, mußte er feststellen, daß er kein Institut eröffnen konnte, da sein Name samt Technik bereits geschützt war.

Am effektivsten läßt sich Superlearning im Bereich der Sprachen einsetzen. Viele Versprechungen, die bei bis zu 1.000 neuen Vokabeln pro Tag lagen, konnten allerdings nicht gehalten werden. Vera Birkenbihl hat dazu einige hochwirksame Kassettenkurse mit erweiterter Methodik herausgebracht, ihre Technik arbeitet nur noch zum Teil mit dem ursprünglichen Superlearning. Sie präsentiert zuerst die Satzmelodie, um dem Schüler ein Gefühl für die fremde Sprache zu geben. Beispielsweise heißt es im Englischen *I will go there,* wörtlich übersetzt mit *ich werde gehen dorthin.*

Im zweiten Schritt wird immer noch nur mit deutschen Sätzen gearbeitet, der Schüler visualisiert die Inhalte, um die rechte Gehirnhälfte mit einzubeziehen. Erst in der dritten Phase werden die englischen Sätze mit den Bildern verbunden. In der vierten Phase hört der Schüler ausschließlich die Vokabeln, und das, während er vorzugsweise etwas ganz anderes macht, zum Beispiel staubsaugen. Die Birkenbihl-Methode wurde in verschiedenen Vergleichstests als wirksamste Lerntechnik prämiert. Zu Recht, denn aus der Kombination von bewußter Visualisierung und unbewußter Verarbeitung des Lernstoffes entstehen Lernerfolge, wie wir sie seit Kleinkindheitstagen nicht mehr erlebt haben.

Dazu kommt, daß Sie in den Birkenbihl-Kursen einen Vertrag mit sich selbst machen: Wieviel Zeit wollen Sie täglich mit den Kursen verbringen? Die Dauer bestimmen Sie selbst, und Sie sind auch der einzige, der sich kontrolliert. Sie werden sich wundern, wie streng Sie mit sich sein können.

OPEN YOUR MIND!

Als zusätzliche Lernunterstützung empfiehlt sich eine angemessene Portion Neugier, denn diese schafft eine ungeheure Motivation. In der Psychologie nennt man das *intrinsische Motivation* (im Gegensatz zur *extrinsischen*, vom Chef verordneten). Ist diese entsprechend hoch, kann nichts schiefgehen, denn wer sich verliebt, und sei es auch nur in ein bestimmtes Thema, hat einen hohen Energielevel. Vom Beruf zur Berufung.

Wenn ich ein neues Thema finde, das ich verstehen und beherrschen möchte, besorge ich mir Basisliteratur und beginne zu lesen, ohne viel dabei zu denken. Jedes Thema hat eine eigene Sprache, für die man erst ein Gefühl entwickeln muß. Dieser Sprachen verstehe ich anfangs nicht. Das macht nichts. Nach einiger Zeit stelle ich fest, daß ich nun in den Begriffen des neuen Themas denke und Verständnisschwierigkeiten rasch zurückgehen - eine klassische dissipative Struktur. Dazu gehört natürlich auch ein gewisses Vertrauen in die eigenen Gehirnzellen. Wenn Sie dieses noch nicht haben, gehen Sie zurück zum Gehirnkapitel. Gehen Sie nicht über Los.

EINE GUTE FRAGE

... ist allemal besser als eine gute Antwort. Daher: Unendlich wichtig (bitte beachten: das ist das erste Mal, daß diese Kombination in diesem an Superlativen nicht armen Buch auftaucht) in jedem Zusammenhang, aber vor allem beim Thema Lernen: *Zuhören*. Lernen findet nicht nur in der passiven Klausur der eigenen vier Wände oder der Unibibliothek statt. Der wichtigste Teil, und das ist häufig der Größere, findet in der Begegnung mit anderen Menschen statt. Hier entstehen Ideen, holt man sich die besten Impulse, hier wird die Kreativität getriggert. Lernen heißt auch Leben.

Wem zu glauben ist, redliche Freunde, das kann ich euch sagen: Glaubt dem Leben, es lehrt besser als Redner und Buch
Schiller

Nun bin ich ja auch einer von denen, der gerne redet, wenn er ein geneigtes Publikum findet. Kennen Sie das? Dazu gibt es dann folgenden Trick: Um selbst einen angemessenen Gesprächsanteil zu halten, kann man dem Gegenüber Fragen stellen, seine Meinung kennenlernen und eine offene Kommunikation mit ihm zu führen. Ganz abgesehen davon, daß der andere ein wirkliches Interesse an seiner Person und seiner Einstellung garantiert zu schätzen weiß - man hat viel mehr davon.

Nun ist die Kunst des Fragens und Zuhörens nicht unbedingt verbreitet. Vor allem Hierarchien und große Firmen tun sich damit schwer. Andere Dinge stehen im Vordergrund: Macht und Status. Und diesen gibt man auf, wenn man einen Untergebenen um seine Meinung fragt. Eine Einstellung, die sehr viel Geld kostet, denn das Kapital der Firma liegt in den Köpfen ihrer Mitarbeiter. *Mit-Arbeiter*. Manche Firmen haben das bereits erkannt, andere tun nur so und die schweigende Mehrheit zahlt immer noch Lehrgeld. Spielen Sie ein anderes Spiel, hören Sie zu, fragen Sie nach. Amen.

Literatur+

- Vera F. Birkenbihl - Stroh im Kopf - ISBN 3-9310-8401-9
  Die Fachfrau - Lesen! Diese Ausgabe kommt mit Cassettenprogramm

Überhaupt: Birkenbihl-Media - Tel: 02202-94170

Wie läuft´s noch besser?

Virtuelle Vitamine

Hier versagt das Lexikon, Neurotechnologien finden sich nicht an jeder Ecke. Denn bisher bewegten wir uns im analogen Bereich. Fast alle bisher genannten Techniken können Sie für sich zuhause einsetzen, und Sie werden Erfolg damit haben. Sie haben eine lange Tradition, sind 1000fach geprüft und bewährt.

Aber es gibt noch einige Möglichkeiten mehr, die zum Teil das direkte Ergebnis der bisher angesprochenen Forschungen sind. Dieses mentale high end wollen wir jetzt in Angriff nehmen. Hier werde ich Ihnen Geräte und Installationen präsentieren, die Sie teilweise auch mit sämtlichen genannten Methoden kombinieren können. Sie dürfen gespannt sein.

Mega Brain

1987 sorgte ein Buch für heftige Diskussionen und weltweite Schlagzeilen. In *Mega Brain* beschrieb der amerikanische Wissenschaftsjournalist *Michael Hutchison* eine Reihe von Geräten und Techniken zur Bewußtseinsveränderung mittels High Tech und moderner Elektronik. Schnell, sicher, wirkungsvoll und jenseits aller Traditionen. Mega Brain wurde ein Bestseller, die Presse griff das Thema auf und die modernen *Meditationshelfer* gerieten schnell zwischen die Fronten begeisterter Befürworter und erbitterter Gegner.

Seitdem wurden viele Untersuchungen und Tests gefahren, die, in der gestrengen Tradition der Quantenphysik, je nach Einstellung der Wissenschaftler sehr euphorische oder total vernichtende Ergebnisse erzielten. Mind Machines haben vor allem einen Nebeneffekt: Sie polarisieren.

ERSTKONTAKT

1990 bekam ich ein Buch in die Hände, das angeblich von meinem Liebling Robert Anton Wilson sein sollte. So zumindest stand es im Verzeichnis der lieferbaren Bücher. Tatsächlich war es der PR-Gag einer ganz merkwürdigen Firma namens *BrainTech*. Nach anfänglicher Entrüstung wurde ich hellhörig: Es ging um Geräte, mit denen man das Gehirn auf bestimmte Frequenzbereiche trainieren können sollte. Ich wurde sehr neugierig. Und sehr skeptisch.

So einfach konnte es doch nicht sein.

Als ich dann kurz darauf nach Heidelberg eingeladen war, rief ich vorher bei BrainTech an, und siehe da, man nahm sich tatsächlich die Zeit, mich sonntags in die Materie des Gehirns und der geheimnisumwitterten Mind Machines einzuweihen. So fand ich mich wieder in einem heimeligen Hinterhofbüro in Heidelbergs Altstadt, dem Sitz einer sehr verrückten und charismatischen Firma. Der Herr vor mir war Lutz Berger, und schien ganz nett zu sein, auf alle Fälle hatte er Ahnung. Nach einem längeren Einführungsgespräch über Hintergründe und Auswirkungen folgte die erste Session.

Vielleicht lag es an der langen Nacht, oder dem ungewohnten Kaffee, den ich vorher getrunken hatte. Oder der Kassette, die neben der Stimulation mit Licht und Ton lief - es war auf alle Fälle sehr nervig. Hatte ich mich doch gerade zu den Höhen des Zen aufgeschwungen, fragte jetzt frech ein Gesäusel vom Band *Was willst du aus Deinem Körper machen?* Aua! Ich war hemmungslos enttäuscht. Erst fünfzehn Minuten nach der Session fiel mir auf, daß sich zwar ein Teil von mir aufregte, ein anderer Teil dagegen ganz ruhig war. Das war zwar nett, aber nicht berauschend. Bis heute kann ich niemandem vernünftig erklären, warum ich eine Woche später 1.600,00 Mark für meine erste Mind Machine ausgab.

Bald darauf hatte ich mit Lernen keine großen Schwierigkeiten mehr. Das war neu. Ein Jahr später arbeitete ich bei BrainTech. Ich lernte sehr viel, aber was mich am meisten begeisterte, war die Resonanz der Kunden: Wir hatten Theaterschauspieler, die ihren Text in der Hälfte der Zeit lernten, Manager, die über die Geräte entdeckten, daß sie eine Familie hatten und Ärzte, die ihren Patienten via Mind Machine beibrachten, wie Entspannung sich wirklich anfühlt. Diese ganz persönlichen Erfolgserlebnisse mitzuerleben zeigte mir eins: Wie nahe Herz und Hirn beieinander liegen.

Es gibt eine Vielzahl von Möglichkeiten, die zuverlässig und vergleichsweise rasch wirken. Die Anwendung verbessert das Gedächtnis, vertieft die Entspannung, vereinfacht mentales Training. Zum Einsatz kommen Übungshefte, Tischtennisbälle, Wasser und schlaue technische Gerätschaften. Die Effekte sind enorm, aber immer abhängig von Motivation und regelmäßigem Training.

Wir werden ganz zärtlich und analog beginnen:

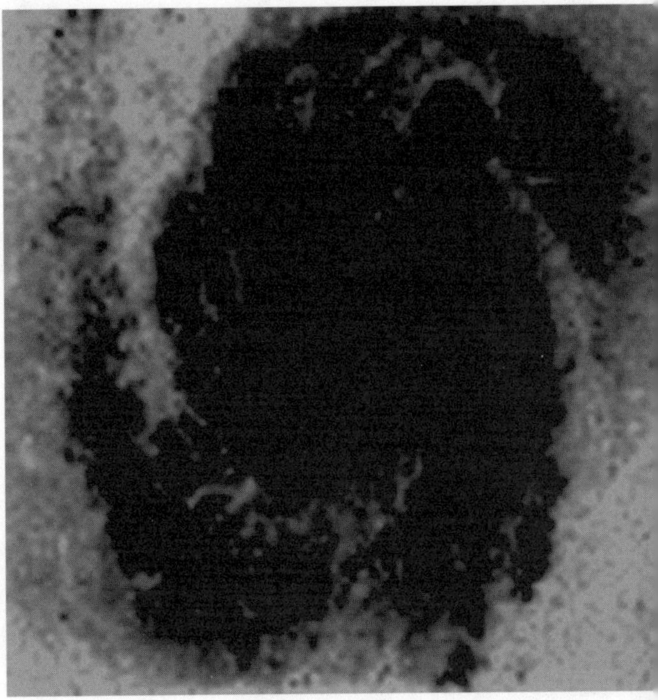

Die Runde um den Block: Ge Jo

Das Gedächtnis ist ein wundervolles Ding und es zeichnet sich vor allem dadurch aus, daß so gut wie jeder in diesem Bereich seine Grenzen kennt. Doch jenseits aller Strategien aus vorherigen Kapiteln gibt es eine wundervolle Trainingsmethode - das *Gehirnjogging* von Dr. Siegfried Lehrl.

Fast jeder kennt den Ausdruck, und immer mehr Menschen lernen das dahinter stehende System kennen. *GeJo* besteht aus einer Reihe einfacher Übungen, die anfangs für Senioren entwickelt wurden, um das Gehirn auch im Alter fit zu halten. Und was Senioren recht ist, kann Jüngeren nur billig sein: Schnell stellte sich heraus, daß Gedächtnisleistung mit kurzem, täglichen Training in jedem Alter gesteigert werden kann.

GeJo gibt es in vielen Ausführungen: Computerprogramme, Übungshefte, sogar einen eigenen Club.

Die Übungen bestehen zum Beispiel darin, aus einem Pulk sinnlos aneinandergereihter Buchstaben vorgegebene Wörter herauszufinden oder sich sechs Zahlen zu

<u>Symbole zuordnen</u>
Prägen Sie sich die 6 verschiedenen Symbole mit den dazugehörigen Buchstaben gut ein. Decken Sie dann die erste Zeile ab. Schreiben Sie möglichst rasch der Reihe nach unter jedes Symbol den richtigen Buchstaben.

merken, um dann in einem weiteren Zahlenblock die fehlenden Zahlen zu finden. So einfach die Übungen aufgebaut sind, so effektiv sind die Auswirkungen.

Überraschend vor allem bei depressiven Menschen. In der *Depression* findet man sich immer wieder im selben, hoffnungslosen Film wieder. Und ähnlich wie im Kino stellt man rasch fest, daß man keine Einflußmöglichkeiten auf die Dramaturgie hat. Aber allein die Entscheidung, jeden Morgen zehn Minuten in sich selbst zu investieren, schafft ein höheres Energieniveau und führt von der Passivität in die Aktion.

Das heißt nicht, daß GeJo sich nur für Depressive eignet, die direkten Auswirkungen von GeJo verbessern jeden Allgemeinzustand.

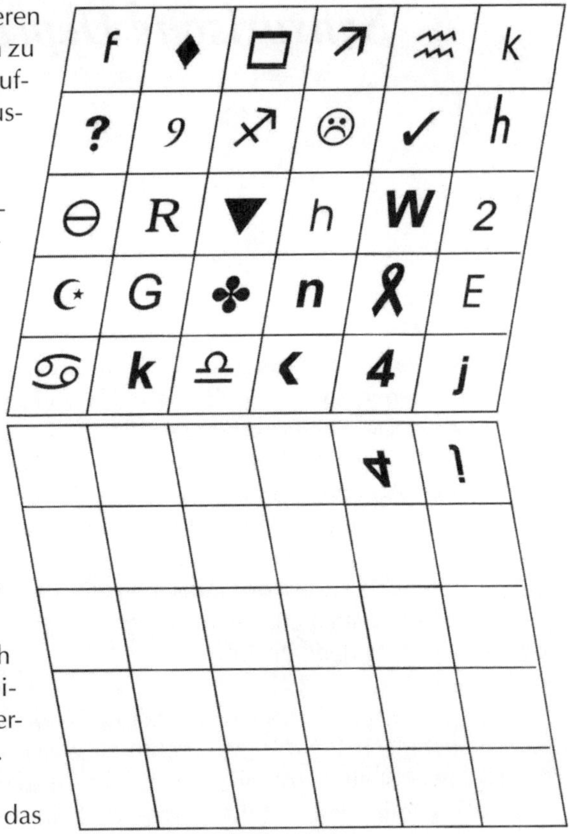

GeJo trainiert zwei Faktoren: das *Kurzzeitgedächtnis* und die *Verarbeitungsgeschwindigkeit*. Zehn Minuten täglich, am besten gleich morgens, wecken den Geist effektiver als jede Tasse Kaffee. GeJo lüftet das Gehirn einmal kräftig durch, die Sauerstoffversorgung der Neuronen steigt deutlich an. Langfristige Effekte sind besseres Gedächtnis und schnellere Auffassungsgabe. So wird der Muskel Gedächtnis mit minimalem Aufwand trainiert. Schwer zu empfehlen.

Zeichen spiegeln
Übertragen Sie alle Zeichen und Symbole Zeile für Zeile spiegelbildlich von oben nach unten. Sie dürfen aber dabei das Blatt nicht umdrehen. Zwei Zeichen sind als Beispiel schon vorgegeben.

Literatur

Diese beiden Übungen stammen aus der Zeitschrift GEISTIG FIT der Gesellschaft für Gehirntraining e.V. Kontakt und weitere Produkte:

VLESS-Verlag - Marienplatz 6 - 85560 Ebersberg

Sensorische Deprivation

Wir leben im Informationszeitalter, das bekommen wir von sämtlichen Medien permanent gesagt. Die Information nimmt in einem Ausmaß zu, das der Einzelne nur noch schwer handhaben kann. Das kann auch für das schlauste Nervensystem des Planeten auf Dauer zum Problem werden.

Sensorische Deprivation ist eine mögliche Antwort darauf - ein Zustand unter Auschluß sämtlicher Außenreize und Sinneswahrnehmungen. Am einfachsten zu erreichen mit Hilfe eines Tischtennisballs. Schneiden Sie diesen in der Mitte durch und legen Sie sich die Hälften auf die Augen. Wenn Sie nun noch etwas *rosa Rauschen* (eine Kombination sämtlicher Frequenzen) in den Walkman legen, haben Sie die komplette Nicht-Information - es herrscht Friede im Tal.

Die Auswirkungen sind heftig. Da der Geist erfolglos nach Außenreizen sucht, schaltet das Wahrnehmungssystem von *Außen* auf *Innen.* Der erste Effekt ist eine profunde körperliche Entspannung. Als Zweites werden wahrscheinlich innere Bilder aktiviert, denn das Gehirn macht nur selten Pause. In den Versuchen von *Heb* in den 40er und 50er Jahren erlebten die Versuchspersonen veränderte Bewußtseinszustände, die mit Halluzinationen, intensiven Gefühlen und freiem gedanklichen Assoziationsfluß einher gingen. Dies basiert auch darauf, daß es einen Unterschied macht, ob die Augen geschlossen sind oder über die geöffneten Augen keine Information kommt - der ganze Sehsinn verabschiedet sich.

Ein hautfreundlicherer Einstieg als scharfkantige Tischtennisballhälften ist die *Schlafbrille* von *Prof. Möllmann.* Diese Brille aus schwarzem Stoff erzeugt zwar nicht die optische Nicht-Information von weißem Zelluloid, sorgt aber trotzdem für einen angenehmen *Ganzfeldeffekt.* Nach Forschungen von Möllmann entspannen Menschen mit der Schlafbrille weitaus leichter, rascher und tiefer. Bei einigen Mind Technologien spielt die sensorische Deprivation eine große Rolle, wir werden diesen Effekt noch bei Mind Machines und Samadhi-Tank wiederfinden.

Literatur+

Die Schlafbrille gibt es bei

Prof. W.-P. Möllmann - Tel: 02162-29531

Wer Ohren hat, der höre

Musik ist eines der wertvollsten Dinge im Leben. Sie bereitet Spaß und Vergnügen, erfüllt uns mit Ehrfurcht und beherrscht perfekt die gesamte Klaviatur der Emotionen. Daß langsame Sätze von Bach die Konzentration steigern, wissen wir schon. Mozart, kurz vor einem Intelligenztest gehört, steigert den IQ um bis zu 20% - wissenschaftlich erwiesen, aber nicht von langer Dauer. Mozart in einer gewissen, verlangsamten Version scheint das Bewußtsein zu erweitern.

Das Thema ist zu groß, um hier ausführlich besprochen zu werden. Wo sollte man anfangen? Bei den Chinesen, in deren Medizin seit über 2000 Jahren Musik zum Einsatz kommt und deren alte Kaiser sich Orchester mit über 1.000 Mann hielten, um bestimmte heilende Klänge zu spielen? Bei antiken peruanischen Grabbeigaben, die fälscherlicherweise für Tonkrüge gehalten wurden und sich als hochkomplexe Flöten herausstellten, deren Spieler nahezu automatisch in andere Bewußtseinszustände gehen und die viel zu komplex sind, um sie nachzubauen?

Bei Tonfrequenzen öffnen sich neue Bereiche, deren medizinische Auswirkungen langsam unter dem Begriff MusikMedizin an Boden gewinnen. Das Label *Energon* hat gemeinsam mit Professoren und Psychologen diverse Produktionen mit handfesten medizinischen Indikationen entwickelt, wissenschaftlich abgesichert und ohne jede Nebenwirkungen. Stellen Sie sich vor, Sie gehen zum Arzt und er verschreibt Ihnen eine CD. Zu Risiken und Nebenwirkungen fragen Sie Ihren Dirigenten oder Produzenten.

STIMMUNGSUMSCHWUNG

Wenn Ihnen das nun etwas zu weit draußen erscheint, hören Sie in sich hinein: Musik ist einer der schnellsten Wege, um aus unangenehmen Emotionslöchern zu entkommen. Sie fühlen sich kraftlos und schlapp? Legen Sie einfach das Mitreissendste auf, was Sie persönlich kennen und mögen. Das kann von *Rachmaninovs 2. Klavierkonzert* bis zu *Metallica* alles sein, was Ihr persönliches System auf Touren bringt. Man kann sich der Wirkung von Takt und Melodie nicht lange entziehen. Über die Körper-

Geist-Verbindung weitet sich die Wirkung aus, wobei die Effekte auch weitaus komplexer sein können.

TOMATIS AUF DEN OHREN

Der französische HNO-Arzt *Dr. Alfred Tomatis* entdeckte, daß bestimmte hochfrequente Töne das Gehirn aufladen, ihm neue Energie geben. Sein System beruhte anfangs auf dem Erklärungsmodell, daß wir im Mutterleib nur bestimmte, hohe Frequenzen hören. Was so nicht ganz richtig ist, denn im Mutterleib hören wir primär das tiefe Rauschen des Blutes in den Adern der Mutter einige Zentimeter entfernt. Dieses Geräusch hat die enorme Lautstärke von 85dB, es dürfte in keiner Fabrik gespielt werden. Dennoch hat allein ein Kassettenrecorder, der dieses Rauschen abspielt, unglaublich gute Wirkung auf die Entwicklung von frühgeborenen Säuglingen.

Zurück zu Tomatis: Seine therapeutisch wirksamen Frequenzen beginnen ab 7.000 Hz - und sind enorm effektiv. Hohe Frequenzen geben dem Gehirn tatsächlich Energie. Tomatis behandelt eine Vielzahl von Krankheiten - mit Erfolg. Das erklärt auch die energetisierende Wirkung eines Waldspaziergangs: Vogelgezwitscher lädt unsere inneren Batterien wieder auf.

FÜR ZWISCHEN DIE OHREN

Bestimmte Rhythmen verändern den Bewußtseinszustand sehr rasch - das wußten schon unsere Ahnen, und bei bestimmten Naturvölkern wird diese Technik noch heute angewandt. Kein Wunder, denn die erste Geräusche im Mutterleib sind hochgradig rhythmisch. Gleichförmige *beats* sind eine der tiefsten Prägungen, die wir haben.

Wie wir wissen, schwingen unsere Gehirnzellen, je nach Bewußtseinszustand, in genau bestimmten Frequenzbereichen. Eine sehr zuverlässige Methode, das Gehirn zu stimulieren, funktioniert rein über akustische Signale. Die Technik wurde entwickelt von *Robert Monroe*. Der erwachte eines Nachts und schwebte mit der Nase direkt unter der Schlafzimmerdecke. Als er sich vorsichtig umdrehte, stellte er fest, daß sein Körper wie gewohnt neben seiner Frau im Bett lag und friedlich schlief.

Fasziniert von dieser außerkörperlichen Erfahrung, lernte Monroe alles, was es zum Gehirn zu lernen gab, und stieß dabei auch auf die EEG-Forschung und die Gehirnfrequenzen. Ihm fiel auf, daß seine Erfahrung begleitet war von rhythmischen Schüben. Sein Rückschluß lautete, daß es doch möglich sein müsse, diese Frequenzen von außen einzuspielen, und so das Gehirn in bestimmte Zustände zu versetzen. Als Elektrotechniker war Monroe genau der richtige Mann dafür: Er erkannte rasch, daß es nichts bringen würde, diese Frequenzen als Töne zu transportieren, da der hörbare Bereich für den Menschen erst bei ca. 25 Hz komfortabel wird, ein Bereich, der neurologisch nicht sonderlich viel interessantes verspricht.

Bei seinen weiteren Überlegungen kam er zu dem Schluß, daß es, ähnlich wie beim Stimmen einer Geige, möglich sein könnte, die Frequenz als *Schwebung* zweier Töne zu transportieren. Und er hatte Recht. Wenn Sie zwei Stimmgabeln aneinanderhalten, dann hören Sie ein Pulsieren, das genau der Differenz der beiden Töne entspricht. Haben Sie zum Beispiel 108 und 116 Hz, pulsiert diese Schwebung acht mal pro Sekunde. Entsprechend dazu entwickelte Monroe eine Stereotechnik, die auf dem einen Kanal beispielsweise einen Ton von 400 Hz spielt, und auf dem anderen Kanal einen Ton von 410 Hz. Erst im Schädel bildet sich der dritte Ton, der aus der Differenz der beiden anderen entsteht und in unserem Beispiel 10 Hz beträgt.

Sein System wurde überprüft und für gut befunden. Das Gehirn hat tatsächlich die Tendenz, sich an vorgegebene Rhythmen anzupassen und in die entsprechenden Zustände zu gehen. Das ist bei weitem nicht so neu, man findet diese Technik in vielen Ritualen der Naturvölker. Beispielsweise reist jeder Schamane auf dem Rhythmus einer Trommel in andere Welten.

HEMI-SYNC

Ein wünschenswerter Nebeneffekt besteht darin, daß die beiden Hemisphären, die normalerweise nicht gemeinsam arbeiten, durch diese Stimulation in den Zustand der Kohärenz kommen, also synchron schwingen, was den Vorteil hat, daß beide Gehirnhälften miteinander kooperieren - ein seltener und erlesener Zustand.

Damit war der Name klar, Monroe nannte sein System *HemiSync*. Die Technik ist soweit entwickelt, daß das Monroe Institute bei gleichzeitiger EEG-Überwachung und Stimulation seinen Kunden inzwischen innerhalb einer Woche außerkörperliche Erfahrungen beibringen kann.

Das Monroe-Institut hat zahlreiche Titel am Markt, die teilweise auch mit Sprache arbeiten (Monroe, wenn er es ist, hat eine wunderschöne, hypnotische Stimme - leider in englisch). In einem Zustand tiefer Versenkung sind Suggestionen natürlich bei weitem wirksamer und entfalten einen hypnotischen Effekt.

Michael Hutchison hat, basierend auf dieser Technik, seine eigenen Programme entwickelt, die momentan zum feinsten gehören, was an HemiSync (oder in diesem Fall, *Binaural Beats*, denn Monroe hat den Namen HemiSync schützen lassen) derzeit zu bekommen ist. Hutchison hat das System erfolgreich weiterentwickelt, und arbeitet nicht nur auf einem Frequenzband, sondern phasengleich bei 60 Hz, 200 Hz und 12.000 Hz. Zudem steuert er einen bestimmten, sehr tiefen Bereich im Gehirn an, den olivari nucleus. Von diesem breitet sich die Resonanz in höhere Gehirnstrukturen aus.

Hutchison induziert mit den Zones eine komplexe Kombinationen von Frequenzen. Denn die EEG-Forschung hat herausgefunden, daß Zustände wie *Spitzenleistung* durch ein bestimmte Kombination von *Betawellen* (für die Aktivierung) und *Thetawellen* (für den Tranceaspekt) charakterisiert sind. Dazu kommen noch einige andere, wissenschaftlich erforschte und vor allem neurologisch wirksame Techniken, wie Tomatis Effekte und Infraschall, zum Einsatz. In dieser Komplexität gibt es bisher nichts vergleichbares.

Ein deutsches EEG Institut, das die Mega Brain Zones getestet hatte, war wirklich erstaunt, daß eine Stimulation so tief im Gehirn überhaupt möglich ist. Wer sich einmal an Hutchisons teilweise etwas gewagte Musikuntermalung gewöhnt hat, kann mit einer enorm effektiven Technik arbeiten. Ein Vorteil der Tonträger besteht darin, daß Sie überall eingesetzt werden können, ohne den Benutzer großartig einzuschränken. So können Sie am Computer Ihre Konzentration unterstützen und beim Joggen Ihr Durchhaltevermögen und das *runner's high* ankurbeln.

ZUKUNFTSMUSIK

Diese Möglichkeiten sind natürlich hochinteressant für sämtliche Militärs dieser Welt. Ausgerüstet mit dicken Budgets wird hier geforscht ohne Ende. So auch die amerikanische Air Force. Sie fand heraus, daß ihre wirklich guten Piloten sich dadurch auszeichnen, daß sie in kritischen Situation blitzschnell von einem hektischen Beta auf konzentriertes Alpha umschalten können. Das macht Sinn in einem Multimillionen-Dollar-Kampfjet.

In der anschließenden Untersuchung kamen genau diese Piloten ans EEG, es wurde eine Querschnitt entwickelt und in einer Weiterentwicklung von HemiSync das entsprechende Training produziert - das inzwischen jeder Kampfpilot durchläuft. Die Fähigkeit zu einem schnellen Wechsel zwischen zwei Gehirnfrequenzen - und damit Bewußtseinszuständen - nennt sich *Dimensionalität.* Sie würde auch Normalsterblichen im Alltag nicht schaden, denn kritische Situation gibt es überall.

Literatur+

- Robert Monroe - Der Mann mit den zwei Leben - ISBN 3-426-04150-2
  Eine Einführung in HemiSync von dem Meister daselbst

- Lutz Berger - Musik, Magie & Medizin - ISBN 3-87387-343-5
  Eine spannende Reise durch die Welt der funktionalen Musik

- Tapes vom Monroe-Insitute: Lichtblick - Tel: 06221-25963

- Binaural Beats von Michael Hutchison: Gold & Apple - Tel: 06221-830953

Electric Body

Vorhang auf für die ersten Vertreter der Mind Machines. Vorher jedoch noch etwas Hintergrund: Unser gesamter Körper arbeitet elektrisch; wann immer ein Nervenimpuls weitergeleitet wird - und das passiert millionenfach in der Sekunde - fliessen minimale elektrische Ströme durch unseren Körper. Da liegt es nahe, diesem fließenden Strom Impulse von außen zuzuführen und zu sehen, was passiert. Die alten Ägypter begannen daher bereits weit vor Christi Geburt, elektrische Energie in Form von Zitteraalen therapeutisch zu nutzen. Hier haben wir es erstmals mit einem medizinisch interessanten Stromerzeuger zu tun.

SALAMANDER UNTER STROM

Wie groß der Einfluß der Plus- und Minuspole im Organismus ist, wurde primär durch den Chirurgen *Robert Becker* bekannt. Becker untersuchte in den 70ern die Wundheilung von Salamandern und Fröschen. Es war allgemein bekannt, daß Salamander in der Lage sind, verlorene Gliedmaßen wie Beine oder Schwänze innerhalb kurzer Zeit (ca. vier Wochen) nachwachsen zu lassen. Galvani hatte bereits im 18. Jh. nach seinen Froschschenkelversuchen die These entwickelt, daß bei der Heilung einer Wunde ein minimaler elektrischer Strom fließt, der sog. VERLETZUNGSSTROM.

Becker nahm diese These wieder auf und entdeckte, daß jeder Körper ein *Gleichstromsystem* besitzt, das bei der Heilung von Wunden eine maßgebliche Rolle spielt. Allerdings gibt je nach Entwicklungsstufe gravierende Unterschiede: Während bei höheren Lebewesen der Verletzungsstrom positiv ist, wechselt er bei niederen Lebewesen wie Salamandern innerhalb weniger Tage zu negativ. Dieser negative Strom wandelt die ausdifferenzierten Zellen im Wundbereich in primitive Zellen um, die im Heilungsprozeß jede notwendige Form annehmen können - Knochen-, Haut- oder Nervenzellen. Die Zellen höherer Lebewesen dagegen sind für dieses Kunststück zu stark spezialisiert.

In seiner weiteren Forschung an Fröschen erkannte Becker, daß dieser Heilungsstrom auch beeinflußt werden kann, indem er negative Impulse von außen künstlich zuführte. Die verwendete Strommenge spielt sich im homöopathischen Bereich von einigen Milliardstel Ampére ab, schon mit wenig mehr funktionierte die Umwandlung in primitive Allround-Zellen nicht mehr. Beckers Ergebnisse waren sensationell - mit dieser Methode ließ er Fröschen und später sogar Ratten Beine nachwachsen. Kurz nach dem Erfolg bei Ratten wurden ihm allerdings die Gelder gestrichen - man munkelt, auf Betreiben der pharmazeutischen Industrie. Zwar funktioniert diese Technik bei uns Menschen noch nicht, aber Becker hat inzwischen einen privaten Sponsor gefunden und ist wieder im Labor.

Die bisher verbreitetste Umsetzung findet sich bei der Behandlung von Knochenbrüchen. Pflanzt man eine negative Elektrode in ein gebrochenes Schienbein, kann man eine rasche Bildung neuer Knochenzellen beobachten. Bei einer positiven Elektrode ist dies nicht der Fall. In einigen Kliniken werden Magnetfeldgeneratoren mit *ELF*-Wellen (Extrem-Low-Frequency, extrem niedrige Frequenzen) zur Heilung von Knochenbrüchen eingesetzt.

NICHT-EXISTENTE WELLEN

Während man bei Knochenbrüchen mit relativ hohen Feldstärken arbeitet, hat sich für die Anwendung am Nervensystem eine eher homöopathische Dosierung herauskristallisiert. Teilweise kommen sogar Skalarwellen zum Einsatz, deren Wellentäler und -berge so geschaltet sind, daß sie sich gegenseitig aufheben.

Die praktische Umsetzung findet in Form kleiner Geräte statt: unscheinbar, aber effektiv. Es gibt eine hübsche Geschichte zur Entwicklung des Sleepboosters - eines schlafunterstützenden Skalarwellengerätes von GlobalMIND. Diese Hamburger Firma hat sich auf interessante Ideen spezialisiert, die sie in Hongkong produzieren läßt und dann vermarktet. Eines Tages klagte der Produzent über seine Schlafstörungen und versprach dem Techniker bei der Lösung dieses Problems eine kostenlose Entwicklung. Gesagt, getan, wenig später befand sich der Prototyp des *Sleepboosters* unter dem Kopfkissen eines Bettes in Hongkong. Und tatsächlich: Die technische Umsetzung zur Serienreife kostete GlobalMIND keinen Cent. Zudem verkauft sich das Produkt quasi von selbst, da viele Einkäufer von großen Katalogen unter Schlafstörungen leiden. Alexander Wunsch, der Entwickler dieses Prinzips (auf den wir weiter unten noch kommen) arbeitet bereits an einem Gerät zur Konzentrationsunterstützung.

WHO & HEROIN

Auch die ägyptischen Aale wurden inzwischen weiterentwickelt: Dazu werden einfach kleine Elektroden an die Ohrläppchen geklipst, um im Millivolt-Bereich das Gehirn mit bestimmten Frequenzen zu stimulieren.

Bekannt wurde die Ärztin *Meg Patterson*, die mittels Elektrostimulation bekannte Persönlichkeiten wie *Pete Townshend* oder *Keith Richards* (beides Gitarristen, einmal *The Who*, einmal *Stones*) von der Heroinabhängigkeit befreite. Der zugrundeliegende Prozeß ist ziemlich einfach. Wie wir uns erinnern, produziert das Gehirn nach längerer Heroinabhängigkeit keine eigenen Endorphine mehr. Mit Hilfe der *Cranialen Elektrostimulation* (CES) wird aber genau diese Produktion wieder angeregt, auch wenn man noch nicht genau weiß, wie dieser Prozeß exakt von statten geht. Fakt und wissenschaftlich erwiesen ist, daß CES die Produktion von Endorphinen und anderen Neurotransmittern stimuliert.

Da *pleasure pathways* (neurologische Bahnen, zuständig für Lust) und *learning pathways* (neurologische Bahnen, zuständig für Lernen) im Gehirn nahe beieinander liegen, hat ein erhöhter Endorphinspiegel auch Auswirkungen auf die Lernfähigkeit der Benutzer. Auch hierzu gibt es inzwischen einige Untersuchungen, die alle die flexiblere Denkfähigkeit und schnellere Auffassungsgabe durch CES bestätigen.

CES ist ein sehr subtiles Mittel zur Stimulation des Gehirns. Selten sehen Sie Farben, wie bei (später beschriebenen) optisch-akustischen Geräten, noch hören Sie, wie bei HemiSync, irgendwelche Töne. Am Anfang muß man schon sehr genau in sich hineinspüren, um eine Veränderung zu bemerken. Um so erstaunlicher ist die Erkenntnis, daß tatsächlich etwas passiert.

DER HAMMER AUF DEN KOPF

Allerdings gibt es eine Ausnahme, die bei weitem nicht so subtil arbeitet, ein Gerät mit dem Namen *AlphaStim*. Als ich es zum ersten Mal auf einem Workshop von Hutchison testete, mußte ich mich erst einmal setzen, so heftig waren die Auswirkungen. Der AlphaStim hat eine ganz besondere Wellenform, die den Unterschied macht.

Der AlphaStim generiert eine 0,5 Hz-Welle, auf die eine 0,4 Hz-Welle aufmoduliert ist. So verstärken oder schwächen sich die Frequenzen gegenseitig, bilden ein hochkomplexes Muster, das in der Gesamtheit der Heilungsfrequenz des menschlichen Körpers sehr ähnlich ist. Man hat auch festgestellt, daß das *Immunogloblulin A*, dessen Menge im Blut ein Indikator für die Effektivität des Immunsystems darstellt, bei kurzem Ärger oder Frust für sechs Stunden in den Keller fällt. Nach einer 15minütigen Stimulation mit CES stieg der Wert dagegen für sechs Stunden an.

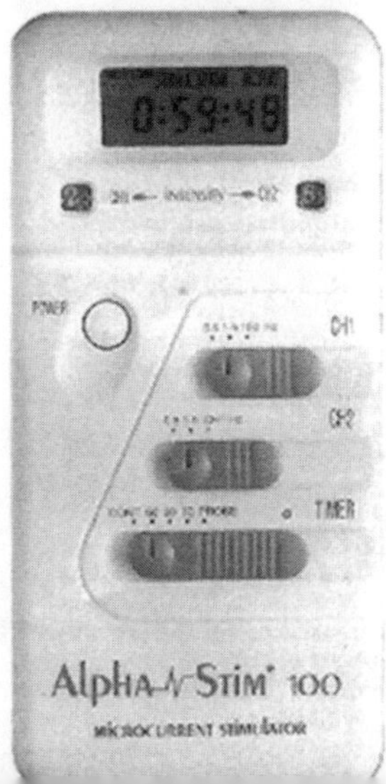

Wie es mir weiter erging? Ich hatte das Gefühl, als sei ich auf Drogen, ich hatte eine verschobene Optik und ein schwummeriges, aber sehr angenehmes Gefühl. Man durfte das Gerät nur nicht zu hoch drehen. Kurz darauf stieß die Dame von der Organisation zu mir und wollte nach kurzem Nachfragen dieses Gefühl kennenlernen. So liefen wir, gemeinsam verstöpselt, durch das Hotel. Nach 15 Minuten fing sie völlig grundlos an zu lachen - die Endorphinproduktion hatte eingesetzt. Wir hatten eine gute Zeit.

Um genau diesen Eindruck, den Sie jetzt haben, gleich zu relativieren: Mit dem AlphaStim wurden bisher 2.500 Untersuchungen gemacht. Es ist das einzige Gerät, das von der *Food and Drug Administration*, der normalerweise eher bissigen US-amerikanischen Gesundheitsorganisation, eine Zulassung bekommen hat. Wird in Europa aktuell leider nicht angeboten.

FLEXIBEL

Während der AlphaStim als medizinisches Gerät daherkommt, das zwar hocheffektiv, aber auf wenige Einsatzgebiete begrenzt ist, gibt es im *Brainman* eine deutsche Alternative. Dieses wohl flexibelste CES-Gerät stammt von dem Heidelberger Entwickler *Alexander Wunsch* - in meinen Augen ein echtes Genie. Der Brainman ist in der Lage, 30.000 bis auf drei Stellen nach dem Komma quarzgenaue Frequenzen zu produzieren. Er ist ein sehr subtiler Kollege, allenfalls spürt man ein leichtes Kribbeln am Ohr, wobei es sich dann empfiehlt, die Intensität zu senken.

Für Anfänger ist es durchaus sinnvoll, eine Frequenz im Deltabereich zu programmieren, um sich von der Wirkung zu überzeugen. Nach einigen Minuten macht sich diese in Form eines ersten Gähnens bemerkbar.

Es mag auch für die Bad Mergentheimer Fechter etwas ungewöhnlich gewesen sein, die in einer Doppelblindstudie - weder Versuchsleiter noch Versuchspersonen wissen, welche Hälfte mit Dummies ausgerüstet ist - mit dem Brainman arbeiteten. In der Praxis zeigte sich rasch, wer einen echten Brainman am Ohr hatte. Das waren die, deren Reaktionsgeschwindigkeit dramatisch zugenommen hatte.

Der Brainman ist einer meiner heimlichen Helfer bei diesem Projekt. Da ich für mich die Nachtarbeit entdeckt habe, nutze ich CES, um mich wach und kreativ zu halten Wenn ich dann zu schreiben beginne, habe ich entweder die Schumann-Resonanz-Frequenz oder eine harmonikale Frequenz nach Cousto im Alphabereich eingestellt. Von der eigentlichen Stimulation bekomme ich überhaupt nichts mit. Aber das Gerät hilft mir hervorragend, tief in die Gründe meiner Arbeitstrance zu tauchen, aus der ich häufig erst nach zwei Stunden wieder auftauchte. Jedesmal war ich überrascht, was ich so alles geschrieben hatte.

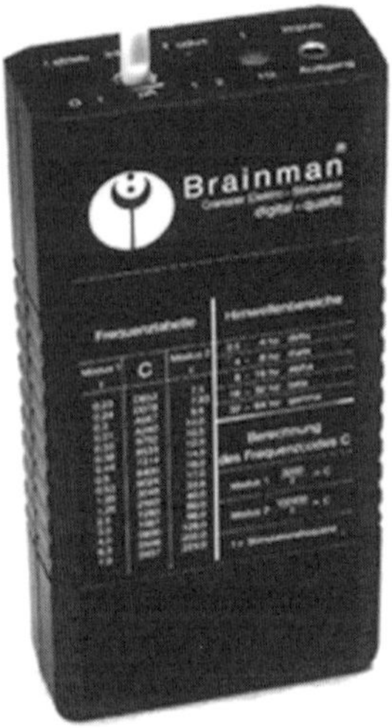

Brainman

Literatur+

- Robert O. Becker - Der Funke des Lebens - ISBN 3-502-19040-2
  Elektrosmog, Energiemedizin - Primärliteratur, aber lesbar

- **AlphaStim:** www.tools4wellness.com
- **Brainman, Sleepbooster:** Gold & Apple - 06221-830953

Positive Rückmeldung

Biofeedback ist die medizinische Methode, unbewußte Körperprozesse erfahrbar und damit kontrollierbar zu machen. Wenn Sie tapfer genug sind, eine Woche gemeinsam mit einer Magensonde zu verbringen, können Sie danach höchstwahrscheinlich Ihren Magensäurehaushalt bewußt verändern. Ganz einfach dadurch, daß Ihnen die Mechanismen Ihres eigenen Körpers bewußt werden. Irgendwann während dieser Woche finden Sie plötzlich den Hebel, mit dem Sie Ihre Magensäure rauf oder runter fahren.

Aber Biofeedback ist nicht immer so anstrengend. So kann man mit Hilfe ganz einfacher Elektroden zum Beispiel die Muskelspannung, und damit verbunden natürlich Prozesse von innerer Ruhe und Unruhe beobachten. Dieses Verfahren heißt *EMG* (Elektromyogramm). Weitere Einsatzbereiche sind Puls, Atmung oder Temperatur.

Damit ist Biofeedback aus einer gewissen Perspektive die Abkürzung auf dem Weg der klassischen esoterischen Techniken. *Esoterik* heißt übersetzt *geheimes Wissen*. Einen großen Anteil an diesen Methoden haben Körperübungen zur Bewußtseinserweiterung und Steuerung geistiger Prozesse. In den letzten 4.000 Jahren war der Allgemeinheit nicht sonderlich bekannt, daß man nur über die Kontrolle des Pulses in ruhigere Zustände gelangen kann. Um nun den Herzschlag zu verändern, wurde kräftig geübt, wobei das Hauptproblem darin bestand, ein Gefühl für den betreffenden Bereich zu bekommen. Mit einem Biofeedback, das die Herzfrequenz zurückmeldet, kann heute jeder diese Techniken in maximal 30 Minuten erlernen.

NEUROFEEDBACK

Um Gehirnaktivitäten zu beobachten - und damit die Kontrolle über sämtliche oben beschriebenen Zustände zu bekommen - bedient man sich am besten eines *Elektroenzephalographen*, kurz *EEG*. Für den Preis dieser Geräte konnte man sich vor Jahren noch ein richtig dickes Auto leisten. Inzwischen sind die Computer so schnell und die Elektronik so günstig geworden, daß DM 2.000,00 für ein gutes Einstiegsgerät durchaus ausreichen. Durch diesen Preisverfall hat sich in den Staaten eine hochinteressante kleine Neuro-Hacker Szene gebildet, die sich inzwischen jährlich in Palms Springs (früher Key West) zur *brain/mind conference* trifft. Diese Szene besteht sowohl aus geschulten Neurologen, die Ihre Untersuchungen jetzt auch zuhause machen können, als auch aus interessanten interessierten Laien.

Dabei kamen verblüffende Ergebnisse zutage. So lassen sich manche Krankheiten völlig ohne Medikamente, einfach nur mit der entsprechenden Stimulation heilen. Das sollte Sie an diesem Punkt des Buches nicht weiter überraschen, wissen wir doch inzwischen weitaus mehr über die wechselseitigen Verbindungen von Körper und Geist. Schon wurde die amerikanische Pharmaindustrie bei der FDA vorstellig, um diese Untersuchungen unterbinden zu lassen. Sie fürchtet um ihre Pfründe, und das vollkommen zu Recht. In Palms Springs hat man die Konsequenzen gezogen und sich eine Kommunikationssperre auferlegt. Aus dieser Ecke kommt noch einiges auf uns zu.

Zum Beispiel *Len Ochs*. Der Biofeedbackexperte in den USA nimmt ein EEG an 24 genau bestimmten Arealen des Neocortex ab und meldet diese Frequenzen mittels Licht und Ton zurück. Hier stoßen Ochs und der Patient häufig auf bestimmte *Blockaden* - manche Frequenzen werden vom Gehirn einfach nicht angefahren, es gibt bestimmte Brüche. Erst nach längerer Auseinandersetzung mit dieser Frequenz lernt das Gehirn, diese Blockaden zu überspringen.

Das hat seinen Grund, denn jeder von uns hat sein persönliches traumatisches Material im Unterbewußtsein gespeichert, das unbewußt unser Handeln beeinflußt. Diese *Traumata* werden in bestimmten Thetakombinationen und bestimmten Arealen gespeichert. Durch die Stimulation wird das traumatische Geschehen wieder sichtbar, allerdings in einem dissoziierten Zustand - der Patient erlebt das Geschehen quasi als Beobachter, ist also nicht involviert und kann so das Trauma verarbeiten und loslassen. Damit wird auch diese Frequenz wieder verfügbar, die Flexibilität nimmt zu. Im Prinzip geht es um Freiheit.

Man kann diesen Prozeß mit der Heilung einer Schulterverletzung vergleichen. Anfangs kann man die Schulter nicht bewegen, also geht man zum Therapeuten. Dieser führt teilweise schmerzhafte Bewegungsübungen mit dem Patienten durch, und über die Zeit kehrt mit der Übung die Flexibilität zurück.

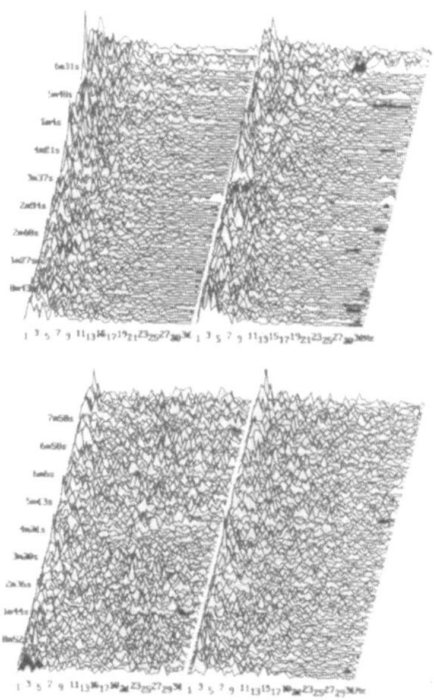

Eine Möglichkeit der Feedback-Darstellung, eher für das geschulte Auge eines Haffelder geeignet ...

DER SPIEGEL DES GEISTES

Die neuen EEGs liefern nicht nur die bekannten Grafiken, die aussehen, als hätte man die Pyrenäen von der Seite portraitiert, sondern haben einige weitere schlaue Funktionen. Die Mind Mirror-Funktion beispielsweise erlaubt die getrennte Darstellung von rechter und linker Hemisphäre, jeweils in zwei Hertz-Schritten.

Durch diese neue Transparenz am EEG kann man nicht nur die Gehirnwellen beobachten, man kann sie auch trainieren: Das Gehirn beobachtet sich, während es sich selbst beobachtet. Es gibt einige Varianten für Kinder, bei denen ein Vulkan explodiert, wenn ein bestimmter Zustand erreicht ist, oder das EEG als Flugzeug oder Ballon zurückgemeldet wird.

Diese sofortige Rückmeldung erlaubt nach relativ kurzer Übungszeit einen kontrollierten Zugang zu Alpha-Zuständen. Etwas länger dauert es bei Theta, aber alles ist möglich. Der Benutzer kann nicht nur lernen, wie er bestimmte Frequenzbereiche aktiviert, sondern auch, wie er die Gehirnhälften synchronisieren kann. Im privaten Forschungslabor lassen sich so die Auswirkungen von Heavy Metal (die rechte Gehirnhälfte legt sich schlafen) und von Marihuana (die linke Gehirnhälfte legt sich schlafen) beobachten. Man kann aber auch seinem Sohn zeigen, wie er am schnellsten in einen konzentrierten, lernbereiten Zustand kommt.

... und kindgerecht

Andere vielversprechende Untersuchungen wurden mit hyperaktiven Kindern gemacht. Diese sind motorisch häufig sehr aktiv, denn sie gleichen damit einen Geisteszustand aus, den man bösartig als semi-komatös bezeichnen kann - sie haben sehr viel unsynchronisierten Theta. In den Industriestaaten nimmt die Anzahl dieser Kinder ständig zu, und sie werden mit dem Amphetamin *Ritalin* behandelt. Nun ist es ja nicht unbedingt empfehlenswert, Kinder mit Amphetaminen großwerden zu lassen, auch wenn Ritalin ja angeblich in diesem Alter keine Abhängigkeiten verursacht ...

Michael Hutchison erzählte mir von einem Gespräch, das er mit dem Professor führte, der in diesem Bereich die FDA berät. Er schlug ihm vor, es doch einmal mit Neurofeedback zu versuchen, das einfach, günstig und gesund sei. Der Professor lehnte ab, da Biofeedback keine bekannten Nebenwirkungen hat. Bei Ritalin kennt man die Nebenwirkungen. Tja.

Auf einem Seminar für Pädagogen wurde mir dann erstmals klar, daß diese Ritalin-Arie nicht nur in den Staaten stattfindet. Auch hier in Deutschland ist das Mittel sehr verbreitet und die Ärzte gehen wohl zunehmend locker damit um. Mir wurden Zitate berichtet wie *Nun ja, Ihr Kind ist zwar nicht richtig hyperaktiv, aber sicher ist sicher.* Häufig ist Ritalin tatsächlich die einzige Methode, um dem Kind eine möglichst geregelte Schulausbildung und den Eltern massiven Streß zu ersparen. Aber aus hyperaktiven Kindern werden hyperaktive Erwachsene.

Joel Luber, ein amerikanischer Fachmann für ADD (Attention Deficit Disorder - die amerikanische Variante) hat nun Kinder auf einen Frequenzbereich von 14 bis 18 Hz trainiert und war bald in der Lage, das Medikament abzusetzen. Sollten Sie, lieber Leser, in der Neurologie tätig sein, fühlen Sie sich aufgerufen, den Versuch nachzustellen.

Ein drittes Beispiel: Am Vet Hospital in Colorado, in dem primär Vietnam-Veteranen behandelt werden, gab es eine Untersuchung mit Alkoholabhängigen. Ein Glas Bier erhöht die Alphatätigkeit, bringt also Entspannung und Ruhe. Da es bei Alkoholabhängigen selten bei einem Glas bleibt, war es das Ziel der Übung, die Alphatätigkeit unabhängig vom Alkoholkonsum zu stabilisieren. Nachdem das geschehen war, trainierte man die VPs auf Theta, und gab ihnen als Anker ein Bild mit auf den Weg. Zum Beispiel stellten sie sich vor, wie sie in einer Bar oder auf einer Party stehen und einen Drink angeboten bekommen - und diesen ablehnen. Die Erfolgsquote lag bei beeindruckenden 100%. An dieser Zahl änderte sich auch nach drei Monaten, drei Jahren und sechs Jahren nichts - die Jungs blieben trocken. Dieses System funktioniert genauso für Kokain, Heroin und, wie wir gesehen haben, für posttraumatische Erfahrungen. Aber nicht nur. Stellen Sie sich vor, Sie sitzen vor Ihrem Chef und sind total entspannt ...

WO WARST DU GESTERN NACHT?

Die bekannteste Methode zur Beobachtung von mentalen Prozessen ist die *Psychogalvanische Reaktion* (PGR), allgemein als Hautwiderstand bezeichnet und vom CIA und Frau Schreinemakers mit Erfolg eingesetzt. Vielleicht können Sie sich an die SAT 1 Periode dieser Dame erinnern. Es gab da einen heißen Stuhl, auf den sie arglose Promis setzte und Ihnen indiskrete Fragen stellte. Der Zuschauer konnte über eine Grafik am Bildschirm die Erregung des Promis beobachten. Ein *Denken Sie oft an andere Frauen?,* beantwortet mit einem fröhlich-überzeugenden *Nein* und anschließender Explosion der Kurve wirkte ziemlich verdächtig.

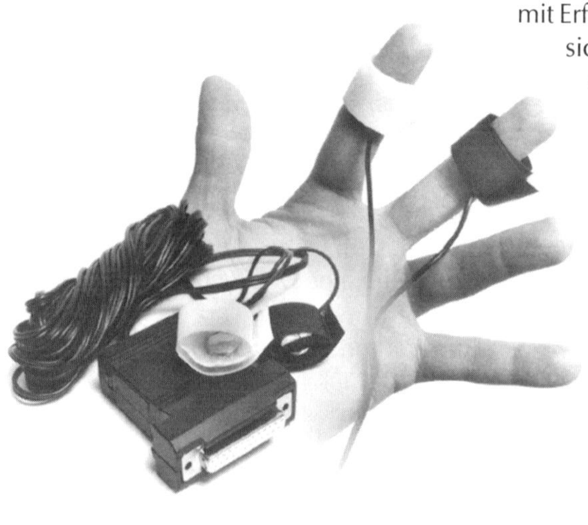

Das Prinzip ist simpel, das Modell bisher wie folgt: Eine Elektrode mißt den Ionenausstausch der Haut in der Handinnenfläche oder den Fingerkuppen. Je aufgeregter Sie sind, umso niedriger ist der gemessene Wert (der dann über eine Umkehrfunktion als Erregungskurve dargestellt wird). So wird Sie zum Beispiel die Frage, ob Sie Ihren Partner betrügen, weitaus mehr in Erregung versetzen, wenn Sie es tun, als wenn Ihr Gewissen rein wie frischer Schnee ist. Doch so einfach ist es nicht, Interpretation und viel Erfahrung sind gefragt. Denn umgekehrt könnten Sie als Mörder bei der Nennung möglicher Tatzeiten (von denen nur Sie die korrekte kennen) bei der Erwähnung des tatsächlichen Zeitpunkts eher ruhig werden. Unter Mordverdacht sitzen Sie allerdings an einem etwas komplexeren Apparillo, dem Polygraphen. Dieser mißt zusätzlich noch andere Meßgrößen wie Größe der Pupille und Blutdruck und mehr. Damit kann man standfeste Aussagen zu treffen, die vor Gericht mit über Tod und Leben mitentscheiden. Dies gilt meines Wissens nach aber nur für einen in den Staaten begangenen Mord.

DER BLICK AUF DEN GEIST

Mein Sohn Tom bekam vor kurzem mit, daß ich an einem Biofeedbackprogramm saß. Er wollte natürlich auch sofort ran, und nach kurzer Einweisung - Augen schließen, tief und ruhig atmen - ging die Kurve tatsächlich schön bergab. Bis ich ihn nach dem Namen seiner Deutschlehrerin fragte. Noch nie habe ich eine Kurve so explodieren sehen.

Hier zeigen sich sehr hübsch die Möglichkeiten eines PGR-Biofeedback. Zum einen können Sie den *Hebel* für Ihre ganz persönliche Entspannung suchen, finden und trainieren. Haben Sie einmal diese Möglichkeiten erlernt, sind Sie bei Ihrem nächsten Auftritt bei Schreinemakers in der Lage, das Gerät zu betrügen. Denn genau das ist das Ziel von Biofeedback: Prozesse wie Entspannung oder bestimmte Bewußtseinszustände von einer auf die andere Sekunde zu verändern. Sei es nun im Alltag, oder beim CIA.

Sehr spannend ist auch die Suche nach *hot spots*, nach Themen, die Sie ganz persönlich erregen. So habe ich vor kurzem auf den Gedanken und das Bild einer potentiellen Heirat bei weitem nicht so panisch reagiert, wie ich erwartet hatte. Bei meinem Kontostand war das wieder ganz anders. PGR eignet sich hervorragend für solche Diagnosen. Sollten Sie also von Ihrem Psychologen zwei Elektroden an die Fingerkuppen bekommen, seien Sie mutig. So können Sie Dauer und Kosten der Therapie deutlich verringern. Sollte Ihnen das System allerdings bei einem Bewerbungsgespräch begegnen, verlassen Sie den Raum. Hier wird es unseriös.

Als letztes kann man natürlich eine gezielte Desensibilisierung durchführen. Dazu denkt man an den Stressor (Deutschlehrerin) und bemüht sich gleichzeitig um eine Entspannung. Das ist bei normalen Alltagsgeschichten enorm effektiv, sollte Sie aber nicht daran hindern, bei größeren Geschichten genauer auf den Ursprung zu achten.

Praktisch umgesetzt können Sie sich in der einfachsten Version eine Grafik vorstellen, die je nach Zustand bergauf oder bergab geht. Eine weitere Möglichkeit wäre ein Kreis auf einem Computermonitor, der mit dem Grad Ihrer Entspannung größer wird.

Es gibt in den Staaten sogar schon kleine Spiele, die über PGR gesteuert werden - dann trägt Sie die Kraft Ihres Geistes sicher die Skipiste hinunter - wie im wirklichen Leben. Leider sind diese Umsetzungen nicht wirklich gelungen

Die Biofeedbackschmiede Netzwerk hat mich kurz vor Drucklegung aufgeklärt, daß der Begriff *PGR* nicht mehr aktuell ist: Auf einer Spezialistenkonferenz hat man sich vor kurzem auf den Begriff *EDA* (*ElektroDermale Aktivität*). Der Vorteil liegt darin, daß der Begriff im Englischen wie im Deutschen Sinn macht.

Literatur+

EEG: Mind Media - 0031-475-410123

EDA: Gold & Apple 06221-830953

Licht und Ton

Nun sind wir bei meinem ganz persönlichen Lieblingsthema, und mit einer kleinen Anekdote wollen wir einsteigen: Basler PSI - Tage, 1995. Um uns herum laufen Menschen, fahren mit der Rolltreppe direkt nebenan zu den einzelnen Vorträgen, die Atmosphäre gleicht einem Bahnhof. Und dann dieser Satz: *Ich lag unter einem Baum, die Sonne schien ...* Die junge Dame hatte Brille und Kopfhörer abgenommen und sah etwas verdutzt, aber doch sehr entspannt hinaus in die hektische Welt. Kurz danach meldet sich ihr Nachbar zu Wort. *Ich flog quer durch das All, an wunderschönen Sternen vorbei quer durchs All ...* Das ist alles. Auch er ist noch nicht richtig gelandet, findet sich erst langsam wieder im Kongreßgebäude ein. Die Dame links wird erst in einigen Minuten von den Farben und Formen erzählen, die sie erlebt hat.

Zwar sind die Basler PSI - Tage bekannt dafür, daß merkwürdige Dinge geschehen, aber die spielen sich meist im privateren Rahmen statt, im Forum geschieht dies eher selten. Doch nun mal ganz von Anfang an:

Ich war gemeinsam mit Lutz Berger geladen, die Besucher des Kongresses über *Mind Machines* zu informieren. Ausgerüstet mit einer Mehrplatzanlage und verschiedenen Einzelgeräten setzte ich den geneigten Interessenten Brille und Kopfhörer auf und begleitete die Sessions. Da erschien diese Vierergruppe.

Wie eine solche Session auf den einzelnen wirkt, was er sieht und erlebt, läßt sich nie vorhersagen, denn jeder Mensch ist bekanntlich anders. Bei dieser Gruppe handelte es sich um Profis, um Menschen mit Meditationserfahrung. Bei allen kamen die gleichen Signale aus dem Kopfhörer, die gleichen Impulse aus der Lichtbrille und alle hörten die gleiche Musik. Dennoch hatte jeder seine ganz eigene, persönliche Erfahrung. Ich freute mich sehr über dieses Erlebnis, war aber nicht sonderlich überrascht. Kurz vorher hatte ich zwei Puristen des autogenen Trainings gehabt, die rein garnichts mit ihrer Mind Machine Session anfangen konnten. Auch das war nicht überraschend, nicht jeder kann sich auf Anhieb einlassen, und manche Menschen reagieren erst nach 14 Tagen regelmäßigen Gebrauchs.

FARBE FÜR DIE GRAUEN ZELLEN

Aber was bitte geschieht denn nun? Jeder kennt das Gefühl, vor einem Feuer zu sitzen und in die Flammen zu sehen - und plötzlich entstehen die interessantesten Muster und Bilder. Ähnlich funktionieren Opto-Akustiks, nur daß die Frequenzen, die Rhythmen der Stimulation, aus der Gehirnforschung kommen. Das kann anfangs etwas gewöhnungsbedürftig sein, denn immerhin handelt es sich um ein technisches Gerät, das die Türen zu anderen Bewußtseinszuständen öffnet. Das Prinzip dahinter ist allerdings 4.000 Jahre alt und war schon in Tibet bekannt. Hier saßen rechts und links des Adepten zwei Trommler, vor dem Adepten ein weiterer Mönch, der mit einem Spiegel im Rhythmus der Trommel das Licht auf die geschlossenen Augen lenkte.

Warum die Tibeter das gemacht haben, können wir uns erst seit der jüngsten Gehirnforschung erklären. Denn natürlich sind auch Mind Machines ein Weg, dem Gehirn bestimmte Frequenzen vorzugeben, und ihm damit den Zugang zu den interessanten Zuständen zu erlauben. Netter Nebeneffekt, wie wir in obigem Beispiel gesehen haben: Bei vielen Menschen erscheinen sehr rasch innere Bilder. Das passiert am Anfang eher zufällig und traumartig, wird aber mit der Zeit zunehmend steuerbar.

RISIKEN

Was schlimmstenfalls passieren kann? Die einzige Kontraindikation besteht für photosensible Epileptiker. Aber wer jemals ein Stroboskopgewitter in der Disco überlebt hat, oder durch eine sonnendurchflutete Allee gefahren ist, kann einiges erleben. Vorsicht ist noch bei psychisch labilen Personen geboten, die nur unter Aufsicht ihres Therapeuten mit diesen Techniken arbeiten sollten. Hutchison hat bei all den 1000enden von Sessions noch nie auch nur einen Ausfall gehabt. Da er alle Entwickler und Produzenten in den Staaten kennt, kann man die Zahl locker auf sechs Stellen hochschrauben. Insgesamt hatte er nur von einem epileptischen Anfall und zwei weiteren Aussetzern gehört, bei denen auch Drogen im Spiel waren.

CHANCEN

Häufig wird bei den ersten Sessions mit Mind Machines das Alltagsbewußtsein über die gleichförmigen, ungewohnten Signale überlastet und wendet sich empört ab; der Benutzer fällt in eine leichte bis tiefe Trance, je nach gewählter Frequenz. In späteren tiefen Zuständen berichten viele Anwender über das Auftauchen von Kindheitserinnerungen. Interessant ist die Verbindung zwischen Meditation und Mind Machines. Anwender ohne Meditationserfahrung berichten nach einer gewissen Zeit von mühelosen Meditationen ohne

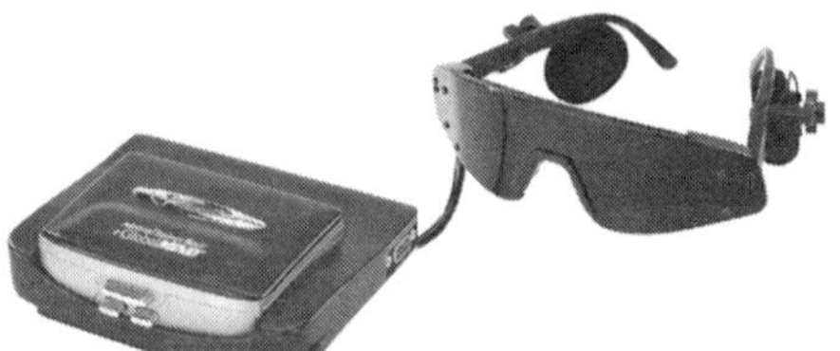

Gerät, während Meditierende mit optisch-akustischer Stimulation in andere, und meist tiefere Zustände kommen, als ohne Stimulation.

Hutchison beschreibt die Wirkungen der Mind Machines wie folgt:
Forschungsarbeiten legen nahe, daß Mind Machines eine Art Stimulation, eine Herausforderung für Kopf und "Köpfchen" sind. Sie stärken das Gehirn, die Größe und Gesundheit der Neuronen, sie unterstützen mentale Spitzenleistungen, steigern unsere Intelligenz und allgemeine Verfassung. Es folgt eine Beschreibung der verschiedenen, wissenschaftlich untersuchten Effekte von Mind Machines:

- Sie reduzieren Streß und produzieren eine tiefe Entspannung
- Sie verbessern den IQ
- Sie steigern die Kreativität
- Sie beschleunigen das Lernen
- Sie steigern das Gedächtnis
- Sie unterstützen Spitzenleistungen
- Sie überwinden Drogenprobleme
- Sie überwinden Depression und Ängste
- Sie lindern Schmerzen
- Sie steigern die Immunfunktion
- Sie verändern oder eliminieren unerwünschte Einstellungen

Das klingt toll, aber Michael ist Amerikaner, und einige Studien wollen wir uns doch genauer anschauen. Jüngste wissenschaftliche Untersuchungen haben gezeigt, daß sogar kurze Sessions mit diesen Geräten dramatische Veränderungen der Neurotransmitter und Hormone verursachen. Zum Beispiel hat *Dr. Norman Shealy*, ein Neurologe mit eigenem Institut in Springfield, Missouri, die Level verschiedener Hormone und Neurochemikalien vor und direkt nach einer zehn Minuten Session mit optisch-akustischen Geräten gemessen. Er fand einen signifikanten Anstieg (mehr als 25%) bei DHEA, Serotonin, Dopamin, Oxytocin und einigen mehr. Die Arbeit von *Rollin McCraty* und anderen zeigte ebenfalls, daß bereits wenige Minuten der Stimulation mit Neurotechnologien einen großen Anstieg von DHEA und Botenstoffen des Immunsystems bewirken. So läßt sich mit Mind Machines viel Geld sparen und man nimmt keine Überdosis - die Geräte optimieren den körpereigenen Hormonlevel.

Es gibt Dutzende von Untersuchungen: über Mind Machines und chronischen Streß, Mind Machines und cerebrale Leistung, Hemisphärensynchronisation, tieferen Schlaf, leichteres Lernen, sogar über die Auswirkungen beim Prämenstruellen Syndrom (76% nach drei Monaten beschwerdefrei)...

Neben einigen älteren und vielen neuen Untersuchungen über die Wirkung von Mind Machines ist vor allem interessant, daß Hutchison in diesem Buch sein Hauptaugenmerk auf dem praktischen Einsatz dieser Technologien legt. Im dritten Teil des Buches geht er ganz speziell auf praktische Übungen ein und zeigt, wie Techniken und Ziele wie Visualisierung, Ankern oder Kreativität durch den Einsatz von Mind Machines unterstützt werden können. Bisher wurden in der entsprechenden Literatur nur Technologien vorgestellt. Hutchison zeigt deutlich, daß die Benutzung von Mentaltechnologien an sich eine sehr gesunde Angelegenheit ist, man für manche Aspekte wie Spitzenleistung und Superlearning trotzdem selbst etwas tun muß. Wie gesagt, Mind Machines bringen den Benutzer nur in einen bestimmten Zustand, was er dort anstellt, ist nach wie vor seine Angelegenheit. Für jeden, der sich umfassend informieren möchte, ist *Mega Brain Power* auf alle Fälle Basisliteratur.

Es gibt diverse Geräte auf dem (ziemlich kleinen) Markt, und alle haben Vor- und Nachteile. Der Einstieg beginnt momentan mit DM 99,00, manche Firmen haben auch für ihr kleinstes Modell noch einen Preis von DM 1.000,00. Grundsätzlich würde ich jedes Gerät empfehlen - aber vor allem dessen Benutzung.

Michael Hutchison
über Mind Machines und geistige Entwicklung:

Neben den Auswirkungen auf Kopf und Körper neigen Neurotechnologien dazu, die spirituelle Entwicklung des Anwenders zu beschleunigen. Hutchison dazu: In den letzten Jahren bin ich sehr zuversichtlich geworden, daß diese Geräte eine große Erleichterung für die spirituelle Entwicklung sein können, da sie ähnliche Gehirnfrequenzen induzieren, wie es auch bei der Meditation der Fall ist. Bereits in Mega Brain hatte ich darauf hingewiesen. Des führte zu einigen Kontroversen und die wichtigste esoterische Zeitschrift, das Yoga-Journal, schrieb daraufhin einen Artikel, mit dem Tenor, somit seien ja dann zwanzig Jahre der Meditation umsonst gewesen.

Meiner Meinung nach kann Meditation nie nutzlos sein. Aber man kann von Frankfurt aus Los Angeles per Auto oder per Flieger erreichen, wie Du dahinkommst, ist nicht wichtig.

Es mag sich reduktionistisch anhören, aber das Erleben von Eins-Sein oder Brahman - ich bin, wir alle sind eins - wie auch immer Du es nennen willst, jeder berichtet vom gleichen Erlebnis: die Trennung von Subjekt und Objekt verschwindet. Auch Menschen, die Mind Machines verwenden, berichten von diesem Erlebnis, sie haben wertvolle Einsichten, ihr Leben verändert sich. Sie erleben die hohe Kohärenz von Körper und Geist. Und sie verstehen, daß das Erleben der Außenwelt selten authentisch ist.

LOCKERN DIE SCHRAUBEN...

Nach meiner eigenen und der Erfahrung von anderen Menschen, die über längere Zeit mit Mind Machines gearbeitet haben, kann die Stimulation mit Licht und Ton in manchen Fällen die Bahnungen im Gehirn lockern. Das schönste Beispiel war zu Brain Tech-Zeiten ein Kunde aus dem Management, der eine Vorliebe für das Wort Effektivität hatte. Ohne groß zu fragen, kaufte er das teuerste Modell, bezahlte bar und verließ nach ca. 30 Sekunden den Laden mit einem Gerät unter dem Arm - er hatte gehört, daß Mind Machines effektiver machen. In den folgenden zwei Wochen klingelte täglich das Telefon mit Fragen wie *Wo schalte ich das Gerät an?* oder *Wie starte ich ein Programm?*

Dann herrschte plötzlich Stille. Wir begannen uns schon Sorgen zu machen, aber nach sechs Monaten rief er wieder an und plauderte, hatte Zeit. Seine Geschichte war hörenswert: Nach zwei Monaten täglicher Benutzung hatte er festgestellt, daß er verheiratet war. Frühmorgens aus dem Haus, spätabends ins Bett, da kann man nach einigen Jahren schon übersehen, daß man eine liebende Gattin hat. Natürlich kannte er diese Frau, er sah sie ja täglich. Aber er kannte sie nicht mehr wirklich. Nach vier Monaten entdeckte er seine zwei Kinder, mit denen er vorher nicht sonderlich viel zu tun hatte. Manager sind schnell, und nach weiteren zwei Monaten hatte er zwei Drittel seiner Firma verkauft und seine Arbeitszeit radikal reduziert. Einige seiner Bahnungen waren zugunsten eher hedonistischer Einsichten ersetzt worden.

Bei aller Euphorie und hübschen Anekdoten, Mind Machines haben eine natürliche Grenze. Manchmal habe ich Menschen am Telefon, die möglichst sofort außerkörperliche Erfahrungen, besser gleich die Erleuchtung erleben wollen. Sie haben einiges über Mind Machines gehört und sind mehr als enttäuscht, als ich sie darüber aufklärte, daß die Geräte diese Erlebnisse zwar begünstigen, unter Umständen auch beschleunigen, aber in keinem Fall sofort hervorrufen. Axel Brück hat das sehr ehrlich und schön formuliert:

Es gibt viele Hilfsmittel und Geräte für mentale Techniken. Einige davon sind schon Jahrtausende alt (wie z. B. Meditationskerzen mit präparierten Dochten, die in bestimmten Rhythmen flackern, oder spezielle Musikinstrumente), andere, wie "Mentalsysteme" sind recht neu.

Sie haben jedoch alle eines gemeinsam: Es sind Hilfsmittel - mehr nicht. Keines dieser Geräte oder Hilfmittel kann für sich in Anspruch nehmen, von sich aus sozusagen „automatisch“ zu wirken. Andererseits sind einige dieser Hilfsmittel so effektiv, daß sie es Ihnen ermöglichen, Ihre mentalen Kräfte oder Fähigkeiten in ungeahntem Maße zu steigern oder zielgerichtet zu bündeln.

Vergleichen Sie ein mentales Hilfsmittel oder Gerät mit einem Trampolin: Sie können auch ohne Trampolin springen. Mit Trampolin aber können Sie weiter, höher, schneller und wesentlich eleganter springen, als ohne.

Das Entscheidende an diesem Vergleich ist jedoch: Springen müssen Sie selbst.

Fakt ist, daß Mind Machines eine sehr angenehme Art haben, den Menschen in spirituelle Zustände zu bringen. Fakt ist auch, daß das Gehirn über Mind Machines lernt, sich auf sehr einfache Art in bestimmte Gehirnfrequenzbereiche zu bringen. Eine weitere Tatsache sind die verschiedenen Auswirkungen auf das endokrine System und die Neurotransmitter.

Spannend ist jedoch der psychische Aspekt: Es kommt Bewegung ins Spiel. Nicht unbedingt so effektiv, wie bei Len Ochs und seiner Auflösung von Traumata. Aber der Mensch geht nicht ungestraft in einen meditativen Zustand. Gewisse Erkenntnisse und Sprünge lassen sich nicht vermeiden.

NEXT GENERATION

Die Technik der optisch-akustischen Mind Machines ist bereits einige Jahre alt. Während die meisten Geräte noch nach älteren wissenschaftlichen Grundlagen arbeiten, gibt es spannende neue Ansätze. So scheint es gewisse Fensterfrequenzen zu geben, die den Zugang zu bestimmten Zuständen nochmals erleichtern. Beispielsweise kann es sein, daß man mit der Frequenz 32,481Hz sehr genau die 27 Hz triggern kann. Man wählt also einen Umweg, um zum gewünschten Ziel zu gelangen. Mir persönlich sind nur drei Menschen bekannt, die in ihrer Arbeit Fensterfrequezen gefunden haben, da dazu auch einiges an Forschung und Entwicklung betrieben werden muß (aber das kann an mir liegen). Hutchison arbeitet auf seinen Zones mit Fensterfrequenzen, Haffelder in seiner Arbeit ebenso. Auf den dritten kommen wir gleich.

Zudem gewöhnt sich das Gehirn, wenn es einmal eine bestimmte Frequenz wieder erlernt hat, sehr zügig an die Stimulation. Wellenförmige Programme sind weitaus effektiver, da sie mehr Bereiche abfahren, damit mehr Information liefern und die Dimensionalität erhöhen.

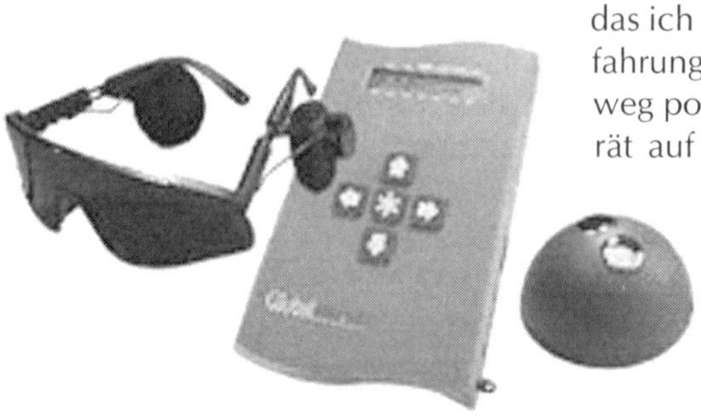

Dennoch ist mir kein Gerät bekannt, das ich nicht empfehlen würde. Meine Erfahrungen mit Licht und Ton sind durchweg positiv. 1996 kam allerdings ein Gerät auf den Markt, das genau dem entspricht, was Michael Hutchison schon vor zehn Jahren angesagt hatte - die Verbindung von optisch-akustischer Stimulation und Biofeedback - der MentalTrainer von *Axel Brück*.

ACHTUNG: COMMERCIAL!

Brück war nie so richtig glücklich mit den handelsüblichen Mind Machines. Zum einen, da er bei seinen Untersuchungen ebenfalls feststellte, daß die FFR nicht immer gültig ist, obwohl er ohne Frage eine gesteigerte Entspannung feststellen konnte. Zum anderen war ihm als Biofeedback-Spezialist die ganze Angelegenheit viel zu statisch. Anhand einer umfangreichen Untersuchung (1.600 Messungen an 150 Probanden) konnte er einige ganz spezifische Muster feststellen, mit denen sich die Entspannung im Vergleich zur Kontrollgruppe um 300% steigern ließ. Das war der Startschuß für den *MentalTrainer*.

Von GlobalMIND produziert, verfügt das Gerät über eine eingebaute PGR-Messung, was den MentalTrainer in die einmalige Lage versetzt, immer genau über den Zustand des Benutzers informiert zu sein - und die Stimulation optimal an dessen momentane Bedürfnisse anzupassen. Das ist eine echte kleine Sensation, denn in dieser Form gibt es noch nichts auf dem Markt. Der MentalTrainer wurde nach einer umfangreichen Studie entwickelt, und verfügt, anders als andere handelsüblichen Geräte, über fünf LEDs pro Seite, die einzeln angesteuert werden, und damit spezielle Lauflichteffekte produzieren. Das induziert nicht nur interessante innere Bilder, sondern stimuliert über unbewußte Augenbewegungen auch die Sehhirnrinde. Der weltweit größte Anbieter für Mind Machines, *Tools for Exploration*, sieht im MentalTrainer *the most sophisticated Mind Machine ever.*

Aus meiner Sicht ist das ähnlich. Die Hardware könnte zwar etwas ausführlicher gestaltet sein, die Software jedoch ist nicht zu schlagen.

Vom gleichen Hersteller stammt der kleine Bruder, der MentalTrainer Basic. Der hat nur zwei Programme, kostet allerdings auch fast kein Geld und hat dazu einen eingebauten Walkman. Dieser läßt sich füttern mit speziell für den MTB produzierten Mentaltrainings. Ein hübscher Einstieg.

Literatur

- Michael Hutchison - Mega Brain Power - ISBN 3-87387-248
  Basisliteratur. Lesen.

Mind Machines:
- BrainLight - 06201-59070
- Gold & Apple 06221-830953

Zurück ins Meer

Es gibt einen Grad der Entspannung, der Ozeanische Gefühle genannt wird. Ein Zustand von Friede, Geborgenheit und Einheit, der vorgeburtlichen Erinnerungen wohl sehr nahe kommt. Um in Ozeanischen Gefühlen zu schwelgen, bietet sich das Medium Wasser nachdrücklich an. Auch im Mutterleib schwammen wir im Fruchtwasser, und ein größeres Gefühl von Geborgenheit haben wir wohl seitdem nicht mehr erreicht. Es gibt einige praktische Ansätze, diesen Zustand wieder zu erreichen, zwei möchte ich Ihnen hier vorstellen.

SAMADHI

Stellen Sie sich vor, Sie schweben durch das Nichts. Es gibt keine Geräusche, keine Umgebung, kein Licht, keinen Körper, kein Außen und kein Innen. Sie selbst sind nur noch aufgrund einiger Gedanken existent, alles andere verschwindet. Das ist ein *Samadhitank* oder *Isolationstank*.

Sie liegen in einer körperwarmen Salzlösung, die dafür sorgt, daß Ihr Körper genug Auftrieb hat - die Schwerkraft wird aufgehoben. Die Luft hat genau dieselbe Temperatur, wie Wasser und Körper, es gibt also keinen wahrnehmbaren Unterschied, keine Grenze des Körpers. Das Ganze findet statt in einem schall- und lichtisolierten Gehäuse. Sie hören nichts, und es macht keinen Unterschied, ob Sie die Augen offen oder geschlossen haben. Technisch gesehen sind Sie in einem perfekten Szenario der kompletten *sensorischen Deprivation*: Der Körper stellt fest, daß es keinerlei Außenreize gibt, und beschäftigt sich mit sich selbst. Nicht-technisch gesehen können Sie überall sein. Es kommt zu inneren Bildern und Erinnerungen nicht gekannten Ausmaßes.

Die Idee zum Samadhitank stammt von *John C. Lilly*, dem bekannten Delphin- und Bewußtseinsforscher, den wir bereits von den Metaprogrammen her kennen. Lilly stellte eines Tages fest, daß die Forschung ihm selbst offenbar mehr Vergnügen bereitete, als seinen Delphinen. Nach dieser Erkenntnis ließ er die Tiere sofort frei und wandte sich einem anderen (ent-)spannenden Thema zu: Dem menschlichen Bewußtsein. Rasch hatte er ein kleines Delphinbecken schall- und lichtisoliert und mit Salzwasser gefüllt. Das war die Geburtsstunde des Samadhitanks. Er begann seine Experimente in den sechziger Jahren, zu einer Zeit, da LSD in den USA noch nicht verboten war. Also kombinierte er beides, und hatte ausgesprochen interessante Erfahrungen, die er in seinem Buch *Das Zentrum des Zyklons beschreibt.* Keine Angst, Samadhitanks funktionieren auch ohne illegale Bewußtseinszustände, man kann seine Erkenntnisse durchaus auch aus Räumen beziehen, die etwas näher liegen.

Wissenschaftlich untersuchte Effekte des Tanks sind Streßreduktion, vermehrte Thetawellen, erhöhter Endorphinausstoß, innere Bilder und, natürlich, Tiefenentspannung. In MegaBrain hatte Hutchison als zweite Überschrift gewählt: *Der unglaubliche Fall des verschwundenen Körpers.*

Tanks arbeiten genau umgekehrt zu Mind Machines. Während Licht und Ton eine Informationsüberflutung bei gleichzeitiger Abschottung der Außenwelt bieten, gibt es im Tank keine Außenreize. Die Effekte sind interessanterweise bei beiden die gleichen, wobei der Tank eine Tendenz zu psychedelischen Effekten, die Mind Machines eine Tendenz zu neuronalen Veränderungen haben.

Ich hatte ein wundervolles Erlebnis mit einer Kundin, die einen Tank hatte und diesen gerade rausschmeißen wollte. Die Hülle war wohl in Ordnung, die Elektronik am Ende. Der Tank wurde liebevoll restauriert und steht inzwischen in Würzburg. Vielen Dank, Frau Fuchs!

Testtanker Smudo fühlte sich nach seiner Tanksession, als hätte er zwei Wochen durchgeschlafen. Ich selbst schlief während meiner Session ein, löste aber offensichtlich vorher noch einige Probleme, und fühlte mich beim Aufwachen wie ein junger Gott - Worte, die ich in dieser Kombination sonst nicht kenne. Aber im Allgemeinen sind Tanks selten und sehr teuer - unter DM 20.000,00 kommt man für ein gutes Modell kaum weg. Wenn Ihnen also jemand begegnet und aus Versehen eine Tank-Session anbietet, sagen Sie ja und steigen Sie ein.

Douglas Adams weißt in seinem Buch Per Anhalter durch die Galaxis darauf hin, daß die meisten Menschen auf diesem Planeten immer unglücklich sind. Auf der Suche nach einer Lösung meinten nun manche von ihnen, daß man nie von den Bäumen hätte herunter kommen sollen, andere meinten, schon die Bäume seine ein Holzweg gewesen, die Ozeane hätte man nie verlassen sollen.

LIQUID SOUND

Am Schluß ein besonderes Bonbon:

9. November 1994. Wir treffen uns des Abends bei Lutz Berger. Schon seit einer Woche war der Begriff *Liquid Sound* durch die heiligen Hallen von Brain Tech geschwebt, immer umgeben von einem Hauch des Geheimnisses. Keiner wußte, worum es ging, der Flurfunk war auf Hochbetrieb und die Spannung stieg stündlich. An diesem Abend sollte das Geheimnis gelüftet werden, und ich lernte den Initiator von Liquid Sound kennen - *Micky Remann*. Remann ist einer der faszinierendsten Menschen, die ich kenne: Freundlich, wortgewaltig, innovativ und ausgestattet mit dem Herz eines Wals. Er selbst bezeichnete sich als *Weltbildreisender* und hatte in dieser Funktion irgendwann den Versuch unternommen, wie Wale auf Musik reagieren. Zu diesem Zweck wurden Unterwasserlautsprecher ins Meer versenkt, und mit Spannung ein mögliches Ergebnis erwartet.

Tatsächlich gefiel das Experiment den Walen, denn sie kamen und antworteten auf ihre ganz spezielle, archaische Weise. Micky Remann gesellte sich zu ihnen, kam so zum ersten Mal in den Genuß von Frequenzen unter Wasser und stellte fest, daß es im Wasser nicht die Ohren sind, die hören, sondern der ganze Körper. Dieses Erlebnis ließ ihn nicht mehr los und mündete direkt in das erste Liquid Sound - Event im Holliday Inn in Heidelberg.

Aus organisatorischen Gründen mußte auf die Wale leider verzichtet werden, dafür kamen Lichteffekte einer Mind Machine und (fast) körperwarmes Wasser dazu. Das Ergebnis war einer der tiefsten Entspannungszustände, die ich bis dahin erlebt hatte. Im Wasser ist der Körper völlig frei von irgendwelchen Schwerkraftrestriktionen - man schwebt, man fließt, man badet in Licht und Ton - und holt sich vor lauter Euphorie garantiert einen Schnupfen, denn die Zeit verschwimmt, und ruck zuck war man vier Stunden im Wasser.

Bei einem späteren Seminar erklärte Remann das Erleben von Liquid Sound anhand dreier Stufen, die sich durch sämtliche schamanistische Techniken ziehen.

Die erste Stufe besteht in der Angst vor dem *Ich-Verlust*. Durch die Aufhebung der Schwerkraft haben plötzlich einige Muskelgruppen nichts mehr zu tun. Es wurde einmal behauptet, daß der Mensch 90% seiner Energie aufwendet, um der Schwerkraft zu trotzen. Diese ganze Energie langweilt sich bei entspanntem Liegen im Wasser. Leicht irritiert meldet sich der Nakken, wir verlieren den Halt, das Bild unseres Ich löst sich auf. Diesem Erleben folgt die *ozeanische Entgrenzung* - ein Gefühl von Einssein, Körperausdehnung und Geborgenheit. Ein sehr tiefer meditativer Zustand, unglaublich angenehm und entspannend. Er bildet die Basis für den dritten Bereich - die *Vision*. Häufig kommt es zu spontanen Einsichten, Gedankenblitzen und Ideen, eben purer Kreativität.

Dieses Dreistufenmodell beschränkt sich nicht auf das Wasser, es hat, wie gesagt, Tradition und zieht sich durch sämtliche Kulturen. Es ist auch anwendbar auf die meisten anderen Techniken, die wir hier vorstellen, wird aber selten so kompetent zusammengefaßt. Weit ab von aller Theorie zeigen sich bei mir zunehmend merkwürdige Effekte im Liquid Sound. Irgendwann bemerkte ich, daß ich mich sanft und kaum merklich bewegte, obwohl ich vorhatte, ruhig im Wasser zu liegen. Meine erste Vermutung war, daß mich jemand sanft hin- und herwiegte, aber ich spürte keinen Körperkontakt. Die zweite Vermutung war, daß mich jemand mit leichten Wasserwirbeln beschallen wollte, aber auch das war nicht der Fall. Um mich herum war niemand, aber die Bewegungen wurden immer intensiver. Bis heute ist mir ziemlich schleierhaft, warum ich mich ab einem gewissen Punkt in fischähnlicher Manier mit sanftem Wiegen bewege - aber es ist sehr angenehm. Vermutlich übernehmen einige ganz alte Gene das Ruder meines motorischen Systems.

Liquid Sound ist inzwischen zweimal fest installiert. Zum einen in Bad Sulza in einer Kurklinik, zum anderen im Hotel Marc Aurel in Bad Gögging. In beiden Fällen liegt man in körperwarmer Thermalsole, die den Körper, ähnlich wie beim Tank, in einem mühelosen, schwebenden Zustand hält. In Bad Sulza stellten die Psychologen fest, daß Patienten, die über konventionelle Methoden nicht in die Entspannung geführt werden konnten, im Wasser richtig loszulassen lernten. Das der Session folgende Hochgefühl hält nicht selten mehrere Tage an. Bad Sulza veranstaltet zunehmend Seminare in Kombination mit Liquid Sound - nachfragen lohnt. Zudem ist Liquid Sound ein Projekt der Expo 2000 - hier wird neu, groß und wunderschön gebaut.

Wir haben nun verschiedene Techniken gesehen, von denen einige nur bedingt geeignet sind, um sie zuhause zu installieren. Andere eignen sich hervorragend im privaten Rahmen, sei es zur Unterstützung der Arbeit, der Konzentration, des Lernens oder der vollkommenen Entspannung. Die Möglichkeiten, die sich dabei bieten, von der Schlafbrille bis zur optisch-akustischen Mind Machine, sind einzigartig. Ob mit oder ohne, entspannen Sie sich möglichst täglich mit der Methode, die Ihnen am meisten zusagt. Das ist das Beste, was Sie für Körper und Geist tun können. Wie gesagt:

Springen müssen Sie selber.

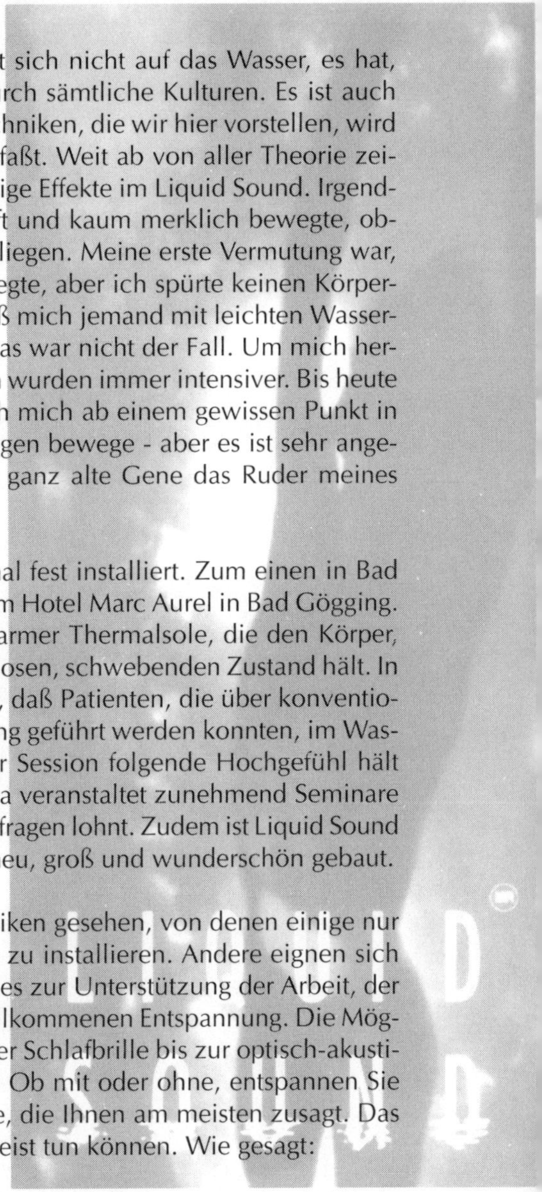

Literatur+

- SamadhiTanks: Flowtec - 0172-4147445
- SamadhiTank Sessions: Praxis Neuland, Würzburg - 0931-701385
  OpenMind München - 089-263170
- Liquid Sound: Klinikzentrum Bad Sulza - 036461-92886

High End
Der Moralteil

Das war nun die tour de force durch Wissenschaft und Forschung, teilweise etwas knapp und vereinfacht, teilweise verbunden mit wilden Spekulationen, frechen Bemerkungen und eingebunden in einen Kontext, der von den den ursprünglichen Denkern vielleicht gar nicht geplant war. Wenn Sie das Buch bis hierher gelesen haben (und 70% aller Bücher werden nur bis zum zweiten Kapitel gelesen), sind Sie hoffentlich neugierig, diese Gedanken in Ihrem Leben umzusetzen. Wenn Sie dieses Wissen einsetzen, schafft das jede Menge Freiheit in Ihrem Leben. Freiheit wovon? Darauf haben Sie bestimmt jede Menge persönlicher Antworten. Aber Freiheit wofür?

Wenn alles möglich ist und von der eigenen Bewertung abhängt, braucht es doch im Leben einen gewissen Leitfaden, an dem der Mensch sich entlanghangelt. Hier folgt das, was ich für mich an Werten gesetzt habe. Die Ergebnisse langer durchphilosophierter (oder durchgequatschter) Nächte und vieler schlauer Bücher. Denn derer gibt einige. Lesen Sie alle, denn jeder Autor beleuchtet eine andere Facette, die für Sie in diesem Moment wichtig ist. Aber alle laden Ihre Batterien wieder auf.

Es sind meine eigenen Werte, für Sie können ganz andere Aspekte wichtig sein - das ist völlig in Ordnung. Wenn Sie nichts damit anfangen können, ignorieren Sie diesen Teil. Oder wählen Sie aus, was Sie anspricht. Das ist vollkommen in Ordnung - fühlen Sie sich frei. Aber, wie gesagt, glauben Sie mir kein Wort.

VERANTWORTUNG

Das fängt ja gut an. Aber wenn Sie das Bisherige subsumieren, läuft es auf eines garantiert hinaus - wir tragen die volle Verantwortung für unsere Wahrnehmung und der daraus resultierenden Realität: Unser Leben.

In der Beziehung zweier Menschen geht man im allgemeinen davon aus, daß das Ergebnis einer Interaktion zu jeweils 50% auf dem Mist der beiden Beteiligten gewachsen ist. Wenn allerdings Ihr Gegenüber Ihnen eine Liebeserklärung macht, Sie ihn aber dummerweise hassen, dann haben seine 50% nicht den Hauch einer Chance. Was als Ergebnis im Raum steht, ist Ihre Hälfte. Gehen Sie also zur Abwechslung davon aus, daß Sie 100% der Verantwortung tragen.

Verantwortung übernehmen bedeutet, zu den Handlungen und Ergebnissen, ob positiv oder negativ, im eigenen Leben zu stehen: Und aus ihnen zu lernen. Es bedeutet, klar zu sagen, was man möchte, und, vor allem, was man nicht möchte. Speziell letzteres ist mitunter garnicht so einfach.

Der Wein ist stark, der König ist stärker, die Weiber sind noch stärker aber die Wahrheit ist am allerstärksen
Martin Luther

Wenn Sie nur wegen Ihrem Mann zum Pokalspiel gehen, werden Sie währenddessen und danach primär genervt sein. Gut, Sie haben sich breitschlagen lassen - aber Sie werden es ihn spüren lassen, so oder anders. Im Endeffekt tun Sie weder sich noch ihm einen Gefallen. Wenn Sie ganz klar sagen, daß Sie nicht gehen möchten, wird das unter Umständen am Anfang zu Verwirrungen führen, auf Dauer aber Ihre Beziehung retten (männliche Leser ersetzten *Pokalspiel* bitte durch *shopping*).

Wenn Sie tief in sich hineinhören, kann es sein, daß Sie ihm den Gefallen tun. Wahrscheinlich werden Sie sich langweilen, aber der verlorenen Zeit nicht nachtrauern. Oder aber Sie hören ein ganz klares NEIN. Dann machen Sie ihm klar, daß es vollkommen in Ordnung ist, wenn er geht, und Sie sich solange einen angenehmen Nachmittag machen.

Verantwortung bedeutet in oberallererster Linie Ehrlichkeit sich selbst gegenüber. Damit geben Sie auch anderen Menschen die Möglichkeit, klar und deutlich zu kommunizieren, eventuell zum ersten Mal im Leben. Wenn Sie an diesem Punkt klar mit sich sind, werden Sie sich wundern, wie einfach die Kommunikation mit Partnern, Chefs, Mitarbeitern und Kunden plötzlich wird.

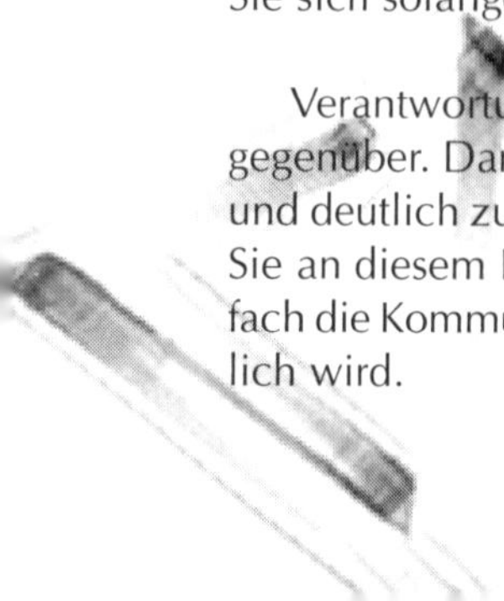

ENTSCHEIDEN

Eine große Hilfe beim Griff zur Verantwortung sind *bewußte* Entscheidungen. Wenn Sie sich für das Fußballspiel (shopping) entschieden haben, können Sie Ihrem Mann keinen Vorwurf machen, denn es waren SIE, die die Entscheidung getroffen hat, unabhängig von ihm. Das nimmt sämtlichen Ausreden vor sich selbst die Kraft, und schafft die Möglichkeit, einige Spielchen, die das Ego mit uns - und wir mit anderen - treibt, von vorneherein zu umgehen.

Einmal an diesem Punkt, fallen viele Vorwürfe sich selbst und anderen gegenüber einfach weg. Denn auch, wenn das Ergebnis der vergangenen Handlung irgendwo zwischen *nicht so toll* und *katastrophal* liegt, es ist nur ein vergangenes Ereignis. Sehen Sie klar die Punkte, die Sie hätten besser machen können, aber machen Sie sich keinen Vorwurf. Beim nächsten Mal können Sie zeigen, was Sie daraus gelernt haben. Dazu kommt, daß Sie niemand mehr dazu überreden kann, etwas zu tun, was Sie nicht möchten - verantwortlich sind immer nur Sie. Auch das ist für den Anfang gewöhnungsbedürftig, denn wir lieben es, uns hinter Argumenten zu verstecken, und mit dem Zeigefinger auf andere zu zeigen.

Bewußte Entscheidungen sind ein Weg aus dem Konjunk-Tief. Streichen Sie ihn aus Ihrem Leben. Wenn Sie keinen klaren Entscheidungsfindungsprozeß haben, überlegen Sie sich alle Fürs und Widers - und werfen Sie dann eine Münze. Danach wissen Sie ziemlich schnell, ob die Münze das richtige oder das falsche Ergebnis zeigt. Und hören Sie auf Ihren Bauch.

Wenn Sie sich entschieden haben, setzen Sie Ihre Entscheidung sofort um. Langes Warten nimmt Ihnen nur die Energie. Es nützt nichts, wenn Sie jetzt beschlossen haben, reich zu werden und die Verantwortung dafür übernehmen, solange Sie nicht möglichst schnell die ersten Schritte dazu unternehmen.

Das Universum/Leben/Gott scheint immer mal wieder zu überprüfen, wie deutlich wir uns entschieden haben. Dann passiert etwas. Meistens ist es unangenehm. Das ist nicht schlimm, denn hier zeigt sich, mit wieviel Energie wir unser Ziel verfolgen. Und es gibt immer mehrere Möglichkeiten.

Ab und an sollten Sie auch überprüfen, ob Ihre Entscheidungen noch zeitgemäß sind. Wenn aus den Entscheidungen ein Gitter wird, hinter dem Sie nicht mehr hervorgucken können, dann sollten Sie Ihre Einstellungen vielleicht ändern. Gleiches gilt, wenn Sie plötzlich mit einer zunehmenden Anzahl von Leuten aneinandergeraten. Stellen Sie sich im Geiste vor (einen ihnen genehmen) Gott und hören Sie sich an, was er dazu zu sagen hat.

ZUFALL

Zu AWO-Zeiten hatte ich einen Vorgesetzten, von dem ich sehr viel gelernt habe - Erich Schäfer, seines Zeichens Psychologe. Wir hatten lange Gespräche und von ihm bekam ich die ersten Bücher über Reich und Freud. Er erzählte mir einmal, wie er zu einem Patienten in die geschlossene Anstalt mußte, wozu er gar keine Lust hatte. Auf dem Treppenaufgang stürzte er prompt. Für Sie mag das am Ende dieses Buches kein Beinbruch sein, aber für ihn, und durch seine Erzählung auch für mich, war es der Einstieg in das Konzept, daß es keine Zufälle gibt.

Gehen Sie doch einfach davon aus, daß alles, was passiert, einen Sinn hat. Das impliziert gleich den Gedanken an jemanden, der das Leben steuert - suchen Sie sich ein Modell heraus. Das kann ein Gott sein, oder Ihr Unbewußtes, das hier und jetzt eine Situation kreiert hat, die nicht so ganz einfach ist. Eine subtile Quantenebene oder die Evolution, die an Ihnen Lösungsstrategien erarbeitet. Oder das Universum persönlich. Egal nach welchem Modell Sie leben, *vertrauen Sie dem Prozeß*, gehen Sie davon aus, daß Sie alle Möglichkeiten bei der Hand haben, und nutzen Sie sie.

Alles hat seinen Sinn. Denken Sie an Ihre letzte Beziehung. Waren Sie nicht unglaublich traurig, als Ihr Partner ging (wenn Sie ihn nicht gegangen haben)? Und war es nicht für eine neue Beziehung gut, schon allein für die ersten drei Tage Liebesrausch? Wenn Sie einmal Ihren Blick für diesen Sachverhalt geschärft haben, werden Sie feststellen, daß immer mindestens eine Türe aufgeht, wo eine andere zuging. Irgend jemandem, der an den entscheidenden Hebeln sitzt, scheinen wir sehr am Herzen zu liegen. Von Gerd Gerken stammt der Ausdruck *Pronoia*, das Gegenteil der *Paranoia*: Die feste Überzeugung, daß irgendwo klammheimlich jemand damit beschäftigt ist, daß es uns besser geht. Wenn man die Augen offen hat, kann man die Hinweise, die das Universum uns bietet, auch sehen.

Zufall ist nur der Ausdruck unserer Unfähigkeit, den Dingen auf den Grund zu kommen
Albert Einstein

Sie glauben nicht daran? Erinnern Sie sich nochmal an den Zustand des ersten Verliebtseins. War da die Welt nicht voller Zeichen? Und hatten diese Zeichen nicht völlig recht? Auch die rationalsten Menschen, die ich bisher getroffen habe, erzählten voller Staunen und Ehrfurcht von Synchronizitäten und göttlichen Zeichen, die sich am Anfang der Beziehung ergeben.

GRENZEN

Selbstgesteckte Grenzen gehören zu den schlechtesten und unproduktivsten Angewohnheiten, die wir haben. John Lilly sagt, wo keine Grenzen erlaubt sind, sind keine Grenzen existent. Wo sind Ihre Grenzen? Sie denken, Sie können nicht Autofahren - machen Sie den Führerschein. Sie können am Telefon nicht verkaufen - das wollen wir doch mal hören. Sie können nicht mit einem Raucher leben - vergessen Sie´s. Sie können nicht aufhören zu Rauchen? Tinneff. Ein sehr weiser Satz sagt: Der Weg geht immer da lang, wo die Angst ist.

In diesen selbstauferlegten Grenzen kommen wir selten vorwärts, wir fangen uns selbst immer wieder ein. Aber je mehr Erfahrung wir haben, um so größer ist das Repertoire von Möglichkeiten und Problemlösungen. Und je höher die Anforderungen der Umwelt an uns sind, je mehr Informationen wir bekommen, um so mehr Erfahrung haben wir. Neue Situationen verlieren an Schrecken, wenn wir ihnen häufig gegenüberstehen.
Je mehr Neues wir also erleben, um so mehr Neues können wir handhaben.

Wir alle sind Riesen, die zu Zwergen erzogen wurden
Robert Anton Wilson

Wir haben schon diverse Male über die neuronalen Trampelpfade gesprochen. Wenn Sie nun auf einmal mit einer Lösungsstrategie ankommen, die außerhalb sämtlicher bisher praktizierten Wege liegt, dann geht Ihr Unterbewußtsein auf die Barrikaden. Denn Gehirne haben meistens Angst vor neuem, ständig suchen sie nach bekannten Mustern, um mit der neuen Erfahrung umgehen zu können. Wenn Sie also beschließen, sich hier und heute vom Pessimisten zum Optimisten zu entwickeln, wird Ihr Unterbewußtsein Ihnen unter Umständen zuerst einmal Situationen liefern, in denen Sie voll auf die Nase fallen. Das ist in Ordnung, zeigt es doch nur, daß Sie auf dem richtigen Weg sind.

Wenn Sie sich nicht entmutigen lassen, gewöhnt sich Ihr Unterbewußtsein an den Zustand der Neuheiten, und nimmt ihn als gegeben an. Sie werden automatisch weitaus flexibler.

Oder, wie Abraham Maslow sagte: *Menschen, die nur mit einem Hammer umgehen können, betrachten jedes Problem als einen Nagel. Geben Sie Ihrem Selbstbewußtsein eine Chance und lernen Sie sich kennen.*

LIEBE

Ooops, jetzt wird es wirklich esoterisch. Aber es ist etwas dran: lieben Sie die Menschen. Hören Sie zu, was sie zu sagen haben, versuchen Sie liebevoll zu reagieren, wenn man Ihnen ans Bein pinkeln will.

Wenn Ihnen jemand, der Ihnen wirklich nahesteht, unberechtigte Vorwürfe macht, ist das manchmal ein Hilferuf. Wenn Sie zurückschimpfen, fühlen sich alle Beteiligten schlecht. Dabei hat der Auslöser des Vorwurfes häufig garnichts mit Ihnen zu tun. Wenn Sie also dem Angreifer, sollte er ansonsten ganz nett sein, liebevoll begegnen, helfen Sie ihm wieder auf den Boden der Tatsachen zurück. Wenn Sie ihn sowieso nicht leiden können, lassen Sie ihn stehen, aber tragen Sie ihm nichts nach, das bindet Energie.

Noch schwieriger ist es, sich selbst zu lieben. Das ist für viele ein echtes kleines Problem. Umso größer sind unsere Anstrengungen, diese Liebe wenigstens von anderen zu bekommen. Wir unternehmen die unglaublichsten Aktionen, um von anderen anerkannt und geliebt zu werden. Wenn dann die Reaktion nicht unseren Erwartungen entspricht, sind wir gnadenlos enttäuscht, wir werden ja nicht geliebt.

Denn: da ist dieser Mensch. Er ist da, und er wird es wahrscheinlich auch morgen noch sein. Durch Klammeraffenaktionen und den damit verbundenen Forderungen treiben wir ihn eher von uns fort. Denn er soll uns etwas geben, was wir nur in uns selbst finden können, und das ist nicht sein Job. Don Quichotte. Am besten, Sie beschließen jetzt und sofort, daß Sie an sich ein ganz netter Kerl sind. Das enthebt Sie nicht einiger kleiner Modifikationen, aber es ist der beste Anfang, den Sie sich gönnen können.

FREIHEIT

Lassen Sie sich selbst die Möglichkeit, alle hier angeführten Punkte und erhobenen Zeigefinger mal einfach sausen zu lassen. Wir sind nicht dazu gedacht, in Dogmen zu leben. Wenn es für Sie in Ordnung ist, pfeifen Sie auf die potentiellen Karma-Punkte, und lassen Sie Ihren Gefühlen freien Lauf. Man muß nicht unbedingt und immer klar sein, ab und an muß man einfach reinhauen. Vergessen Sie bei all dem nicht, zu lachen.

Und: Hören Sie auf, sich zu verteidigen. Wie oft finden wir uns in Situationen wieder, in denen wir denken, uns verteidigen zu müssen - der interne Richter. Und diese Manifestation hat Tausende von Kollegen in der Außenwelt.

Der Mensch hat einen Hang zum schlechten Gewissen, was häufig gar nicht nötig ist. Entweder denkt niemand außer uns, daß wir mit der verdummten Situation etwas zu tun haben, oder wir haben es tatsächlich vermasselt. Dann ist es für alle Beteiligten - speziell für uns selbst - um einiges einfacher, das ganze schlicht und einfach zuzugeben, und Besserung zu geloben. Dabei kann man nicht nur etwas lernen, man spart auch jede Menge unnötiger Energie, die man sonst aufgewendet hätte, um sich zu erklären. In dieser Schutzlosigkeit liegt eine ganz enorme Freiheit. Denn wenn wir uns nicht verteidigen, sind wir nicht angreifbar.

Wage es, frei zu sein und beschütze die Freiheit aller anderen
Immanuel Kant

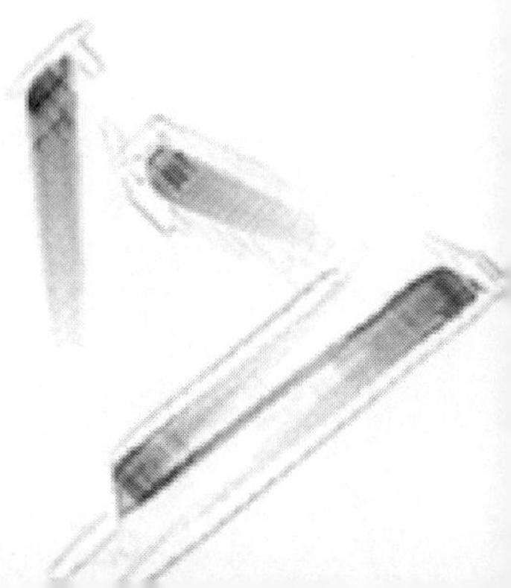

SPRACHE

Die Wortwahl im Leben ist richtig wichtig. Sprache hat etwas magisches und die bekannten *n-words* helfen uns kein Stück weiter. Wenn wir unsere Aufmerksamkeit auch in der Außenwelt auf positivere Formulierungen richten, werden wir wie von selbst in andere Bewußtseinsbahnen gelenkt. *Deepak Chopra* berichtet von einem Bekannten, der, immer wenn er einen negativen Gedanken hatte, sich im Geist ein kurzes *Weiter!* befahl, und so die Struktur der Selbstkreuzigung entkam. Hier neuronale Bahnen zu etablieren, macht ganz gewaltig Sinn.

Ersetzen Sie die Krise in der Beziehung durch einen Disput, den nörgelnden Chef in Ihrem Kopf durch eine Person, die Ansprüche an Ihre Mitarbeiter hat. Und dann hören Sie in sich hinein, und fühlen Sie diese neue Realität. Besser, oder? Wenn Sie ähnliches in der Kritik Ihrer Kollegen anwenden, werden Sie rasch feststellen, daß diese viel offener auf Ihre Vorschläge und Anregungen reagieren, wenn Sie ganz einfach die Einleitung *Was hast denn Du wieder für einen Blödsinn gemacht* weglassen. Serge King sagt, die Menschen ändern sich nicht wegen, sondern trotz Kritik.

Anerkennen Sie andere Menschen für Ihre Leistungen. Wenn Sie das bei anderen machen, gelingt Ihnen das auch bald bei sich selbst. Anerkennen gibt der geleisteten Arbeit die Energie, die sie verdient hat. Und jeder Mensch freut sich über ein Lob. Schlußendlich haben Sie von der Anerkennung fast mehr als Ihr Gegenüber, denn er wird Ihnen auch wieder anders entgegenkommen.

Zur Sprache gehören auch die entsprechenden Fragen. Wenn Sie im internen Dialog Fragen wie *Mußte das jetzt sein?* oder *Warum immer ich?* durch die Frage *Wie kann ich das beste aus dieser Situation machen?* ersetzen, haben Sie schon ein großes Stück Souveränität zurückerobert.

All dies hat nur den einen Zweck, Ihr Unterbewußtsein auf positive Aspekte auszurichten. Erinnern Sie sich an Serge King: Die Energie geht dahin, wo die Aufmerksamkeit ist.

RELATIVITÄT

Einem Mann, der sechzig Minuten mit einem hübschen Mädchen verbringt, wird diese Zeit wie eine Minute erscheinen, während ihm eine Minute auf einem heißen Ofen wie eine Stunde erscheinen wird. Sagt Einstein. Und er muß es wissen.

Buchstäblich alles ist relativ. Das gilt besonders für die zwischenmenschliche Kommunikation. Wer weiß schon, was der Kellner heute erlebt hat, der einen anpflaumt. Vielleicht ist Ihre Partnerin gar nicht wegen Ihnen sauer, sondern wegen ihrem Chef. Aber Sie muß es rauslassen. Und Sie sind gerade da. Hier lohnt es sich, mal - ganz vorsichtig - nachzufragen. Aber erst mit gebührendem zeitlichen Abstand, sonst kriegen Sie gleich wieder eins drauf.

Kommunikation und Wahrnehmung sind immer kontextspezifisch. Aber in komplexen Situationen kennen wir nicht alle Faktoren, obwohl in uns der Drang ist, alles auf uns zu beziehen. Wenn wir zornig und verzweifelt sind, neigen wir dazu, Entscheidungen für das ganze Leben zu treffen. Aber aus einem gewissen Abstand heraus sieht die Welt meistens schon wieder ganz anders aus, deshalb ja auch der uralte Tip: Schlaf mal drüber.

Aber manchmal kann man nicht darüber schlafen. Nämlich bei Jobs, die uns keinen Spaß machen. Saubermachen, HTML, Layout. Das zieht sich, das nervt, das geht auch so gar nicht vorüber. Natürlich, denn wenn wir uns ärgern kriecht die Zeit. Wir sitzen auf Einsteins Ofen. Doch in einer Woche, einem Monat, einem Jahr denken wir nicht mehr daran. *Das Mantra dazu ist: Dies ist vergänglich.*

Jeder von uns hat seine eigenen Probleme, und für jeden von uns sind es die absolut schlimmsten. Dieser Prozeß nennt sich *Das Leben.* Wenn Sie wieder vor einer unüberwindlichen Mauer stehen, gehen Sie erst mal zwei Schritte zurück, tun Sie sich etwas Gutes, verwöhnen Sie sich, und warten Sie den nächsten Morgen ab. Vertrauen Sie sich selbst und dem Universum, und es wird eine Lösung auftauchen. Das tut sie immer.

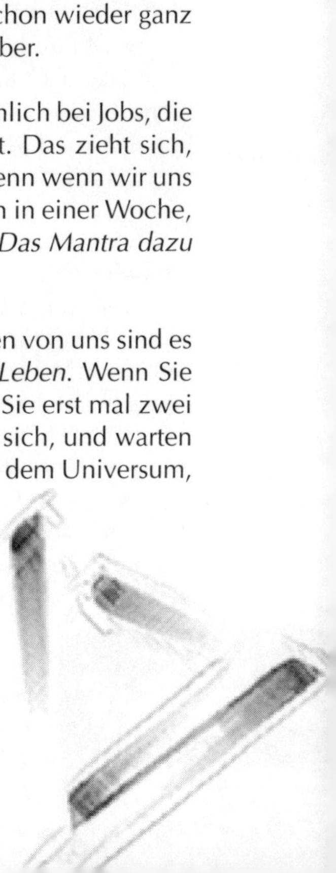

Dank!

Zuerst eine Liebeserklärung an Heidelberg. Hier wohne ich nicht, hier lebe ich. Hier kam ich nach Hause. Nebenbei gesagt, die intelligenteste Stadt Deutschlands - sagt die Rhein-Neckar-Zeitung.

Hier leben viele wundervolle Menschen:

• Lutz Berger, ganz klar, für Wissen und Weisheit, Herz und Humor. Viel habe ich von und mit ihm gelernt. • Isis Herzog, für offene Worte und immer neue Impulse • Anne Bückert, für tiefe Augen und Milch zum Espresso • Haluk Soyoglu für die Wiederentdeckung der Kindheit • Alexander Wunsch für Genialität • Detlef Büttner: Guter Springer, guter Freund • Janine Noack: Für ihr Ohr und mein Knie • Christine Schwenzer für Lehrreiches in Sachen Relativität • CCT für den richtigen Mac-Tip in der Not • Werner Pieper & Oona Leganovic: Mutiges Verlegergespann • Tom & Nico Wernecke für Praxistest und Sprünge. Gute Jungs! • Chusco: Hunde sind wichtig!

Und: Heide Wernecke - Was für eine Frau - Ich lieb Sie!

Etwas weiter weg, aber ganz vorne mit dabei:

Meiner Ma für mein positives Weltbild, ihre und meine Existenz • Meinem Vater für Liberalismus und viele Dinge zum Nachdenken • Meinem Bruder Uwe, für Liebe und perfekte Gastfreundschaft • Ray Irwin und Jürgen Stock: Voller Wissen, Verständnis und einfach klasse • Wolf Richter für eine ganz andere Sicht der Dinge & mehr • Alex DzierSon: Nie da - immer da • Erich Schäfer für den Virus • Günter Haffelder für Weisheit und Forscherdrang • Micky Remann: Er ist der Größte! • Birgit Gschwend für den Einblick • Michael Hutchison für Herz, Hirn, freie Infos und die Technologie, die mein Leben verändert • Den Fantastischen Vieren im allgemeinen und • Smudo im Besonderen - für mehr als er weiß • Bär • Geli!• Johannes Holler für den Startschuß • Wenyk und Krecker für Mut und Geduld • Allen im Buch erwähnten Wissenschaftlern und Normalsterblichen für Inspiration und Denkanstösse • Den Verlagen Spektrum und Junfermann für hervorragende Bücher • Apple: Es gibt keine anderen Computer • BMW für Motorräder, die immer heimfinden • Last not least, Robert Anton Wilson - er ist an allem schuld.

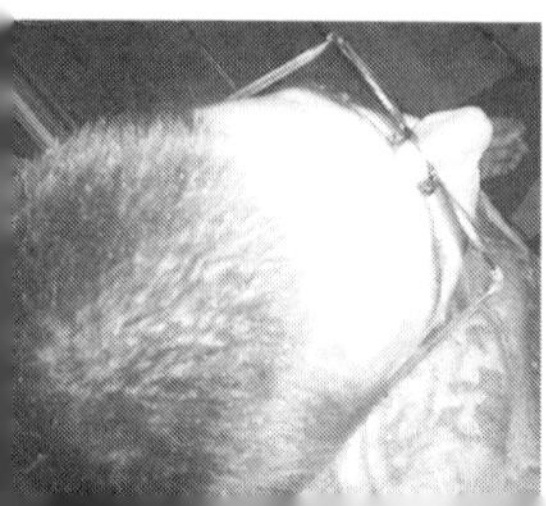

Index

A

B

C

D

K

L

M

N

O

P

U

V

W

Y

Z

Bildnachweis

• *Allard, Piere und Phillipe Luzuy:*
Statue S. 100
• *Atalanta fugiens*
„Auf den Fußspuren der Natur S. 31"
• *Avignon, Jim:*
Hund S. 102, Doktor S. 110 - Rechte bei Cyware
• *Bauer, Maria - Handwerk Mannheim:*
Federn S. 148
• *CERN - Genf:*
Nebelkammerbilder S. 39, S. 40
• *Cyware neue Medien GmbH - Neckargemünd:*
Marsians S. 15, Spuren S. 23, Space S. 52, What? S. 113, Puppe S. 129
Shaman S. 138, Shaman 2 S. 140, Key S. 145, Eyes S. 151,
Strange S. 153, Sign S. 158
• *Freud Museum online:*
Freud S. 92
• *GlobalMIND Hamburg:*
MentalTrainer Basic S. 134, MentalTrainer S. 138
• *Godzilla (Directors Jerry Moore & Ishiro Honda,) Japan, 1955:*
Godzilla S. 13
• *Hammersmith Hospital, Richard Franckowiak:*
CTs S. 61, S. 62, S. 82
• *Institut für Kommunikation und Gehirnforschung - Stuttgart:*
EEG S. 188
• *Instituto de Fisica, Sao Paulo online:*
Galilei S. 27, Newton S. 29,
Planck S. 32, Einstein S. 32
• *Internationales C.G. Jung Institut online:*
C.G. Jung S. 94
• *J.F.B. Bornhorst GmbH - Schriesheim:*
MegaBrain Zones Vol. 3 S. 181
• *Junfermann Verlag, Paderborn:*
Penfield Kortex S. 66, Gehirn S. 74

- *Liquid Sound - Bad Sulza:*
Sign, Foto von Linda Troeller S. 203
- *Mind Media - Echt:*
EEG Feedback S. 189
- *Museum für Völkerkunde, Berlin:*
Statue S. 98
- *NASA online:*
Atolle S. 18/19, 46/47, Galaxis S. 175
- *Netzwerk Media - Würzburg:*
SkinTalk S. 190, 191
- *Posavec, Igor (Cyware):*
Head S. 120, TV S. 122
- *Selfware - Wege aus dem Krea-Tief, CD-ROM:*
Traditionelle Mandalas S. 95, S. 133
- *Soyoglu, Haluk:*
Goblin S. 127, Fist S. 128
- *Stanford University online:*
Zeitungsausschnitt E 144 S. 42
- *University of St. Andrews online:*
Pythagoras S. 26
- *Vless Verlag - Ebersberg:*
Übungen S. 176, 177
- *Wernecke, Heide, Neurobiologin:*
Neuronen S. 70, S. 73
- *Wellio - Heidelberg:*
Brainman S. 186

Micky Remann
DER OZEANDERTALER
Der Grüne Zweig 174
„Aus wellenbewegter Grundlage steigt als farbiger Springquell Mickys jüngstes Buch hervor, worin sich der Autor als weltumplätschernder Ozeanosoph zeigt, zwischen Niemandsland und Jemandsmeer – und als Dichterphilosoph, der per Intelligenz, Sprachmacht und Wortschatz viele offizielle Größen der deutschsprachigen Gegenwartsliteratur nötigt, kläglich gurgelnd zurückzubleiben ... Ein Händicäp schöner Literatur: Die einen kommen vor Lebensfülle nicht zum Schreiben, die anderen fühlen sich als Erzähler, haben aber vor lauter Bücherschreiben keine Zeit, Erzählenswertes zu erleben. Anders Micky Remann."
Auf Hanfpapier gedruckt, fadengeheftet.
ISBN 3-925817-74-3 · 64 Seiten A4, 30 2-farbige Illustrationen von Franz Aumüller, 12,50 €

Micky Remann
DER GLOBALTROTTEL
Who is Who in Katmandu...
Der Grüne Zweig 177
Reiseliterarische Kleinodien aus Mickys Zeit der Reisen. Es gibt horizontales und vertikales Reisen. Das horizontale ist bekannt, das vertikale findet an jedem beliebigen geographischen Ort statt, erhebt sich raketengleich in den Himmel, grüßt die Götter und Sterne oder lotet in Tiefen des Untergrunds und der Seele, wohin uns die Schulweisheit nie ein Ticket ausstellen würde: Ich summe, also bin ich, Guten Abend, hier ist das Morgenland, Aufenthalt in Transitoria, Mit Quat durch die Stadt, Allahs Zaster Anfang,
ISBN 3-925817-77-8 · 160 Seiten · 8,75 €

Micky Remann
SOLAR PERPLEXUS
Der Grüne Zweig 112
Ein hellsichtiger Berg formulierte es so: „Du bist nicht hier, um deine Träume nachzuleben, du bist hier, um dein Leben umzuträumen."
Weltgeist und Gegenwartsliteratur, das ist alles mal wieder da, wo niemand es vermutet. Hier. "Denn in diesem Reich bietet eine Raumzeit Platz für mehr als ein Kontinuum, bietet Wüste Platz für mehr als eine Fata Morgana ... wobei sich die unsichtbaren mit den Sichtbaren in friedlichen Sammelsurien überlagern, Paradies und Para-das ..." Ein Schatz des Königs der geistvollen Kalauer.
ISBN 3-925817-12-3 · 300 Seiten · 7,50 €

Micky Remann
DAS MÄRCHEN VOM TAUSENDFÜSSLER IM RÜSSELDRACHENLAND
Der Grüne Zweig 108
Vernetzung als kosmisches Märchen der Zusammenhänge. Vom Milchholen bei der Tausendeuterkuh bis zum Kribbeln im 108. linken Fuß von vorn ...
ISBN 3-925817-08-5 · 80 Seiten · 5 €

Micky Remann
als schreibendes Mitglied der channelnden
Scheerbartgruppe:
NACHTEULEUNDNACHTROG
Der Grüne Zweig 143
Aus Scheerbarths kosmischem Nachlaß:
"Reden wir offen zueinander: Die Zeit, dieses Buch zu lesen, ham Se nich ... Und denken Se daran: Alle Welt, die jedanklich wat uff sich hält, muss früher oder später lernen, mitm Hirnkasten schlittenzufahren, ohne übers Streusalz zu stolpern."
ISBN 3-925817-43-3 · 100 Seiten · 8,50 €

Dennis Wier
TRANCE – VON DER MAGIE ZUR TECHNOLOGIE
Der Grüne Zweig 207
In diesem Buch wird nicht nur ein ganz neues Gedankenmodell für die Trance beschrieben, sondern auch praktisch anwendbare Techniken, mit denen der Leser Trance analysieren und selbst gestalten kann. Bewusst oder unbewusst bedienen sich nicht nur Psychologen, Therapeuten und Hypnotiseure der Trance – Politiker, Anwälte, Yogis, Priester, Magier, Hexen, Werbeprofis, Süchtige und psychisch Verwirrte ebenso.
„Wiers Ziel: Ungewollte Trancen (Sucht, Nationalismus, Führerkult) erkennen und sich dagegen schützen, gewollte Trancen bewusst erzeugen, sie besser, stärker und interessanter zu machen. Und Trancen genau zu dem Zeitpunkt abbrechen zu können, wenn man genug von ihnen hat." *Volker Weidmann, taz 8/99*
„... tiefgreifender wie einzigartiger Ansatz, der Hypnosetheorie und Systemanalyse mit der Metaphysik des Bewusstseins verbindet." *John Granrose, Ph.D., Jungscher Analytiker.*
Übersetzt von Daniel Dragmanli.
ISBN 3-922708-17-X · 220 Seiten · 12,50 €

Ernest Borneman

EIN LÜDERLICHES LEBEN

Portrait eines Unangepassten

Der Grüne Zweig 179

Einer der Großen unserer Kultur! Ernest Borneman, vor allem als Sexualforscher bekannt, hat in seinem arbeitsreichen Leben unterschiedliche Beschäftigungen ausgeübt: jugendlicher Mitarbeiter von W. Reich in Berlin, Student bei Malinowski, Journalist, Jazzmusiker und Rallye-Fahrer in England, Autor von je fünf Romanen und Bühnenstücken in englischer Sprache, Mitarbeiter von MELODY MAKER und DOWN BEAT, Produzent, Regisseur & Kameramann zahlreicher Dokumentarfilme in Kanada, Szenarist für Orson Welles, Chef des Vorläufers des ZDF, Chef der UNESCO-Filmabteilung in Paris, Gast zahlloser Hörfunk- und TV-Sendungen in ganz Europa. Der Sachbuch-Autor Borneman machte sich vor allem durch *Das Patriarchat*, das *Lexikon der Liebe* einen Namen.

In dieser spannenden, unterhaltsamen und informativen Anti-Festschrift zu seinem 80. Geburtstag kommen viele Freunde, aber auch Kritiker zu Wort. Sie wurde zu einem Dankeschön und Abschiedsgruß an Ernest Borneman, der sein Leben, kurz nach selbigem Geburtstag, eigenhändig beendete. Mit 17 Fotos aus allen Lebensjahrzehnten; Fadenheftung

ISBN 3-925817-79-4 · 432 Seiten · 17,50 €

Werner Pieper, Hg.

NAZIS ON SPEED Band I

Drogen im 3. Reich

Zwei Bände in der Edition RauschKunde

1945 gab es in der deutschen Geschichte einen heftigen Einschnitt, jedoch nicht in der deutschen Drogenpolitik: Gesetze, sowie die negative Drogenterminologie ('Rauschgift' statt 'Genussmittel') übernahmen die Nachkriegsdemokraten direkt von den Nazis und haben sie weitgehend bis heute beibehalten. Wir haben wohl mit der Vergangenheit abgeschlossen, aber die Vergangenheit noch lange nicht mit uns.

- Warum verhindert das Erbe der Drogenverteufelung durch die Nazis noch heute die EntKriminalisierung von Konsumenten 'illegaler' psychoaktiver Substanzen?
- Wie kam es, dass fast alle psychoaktiven Pulverdrogen in Deutschland ent-wickelt wurden & die deutsche Industrie auch an der Herstellung 'illegaler' Drogen weltweit mitverdient(e)?
- Womit und wie (il-)legal berauschten sich die Menschen vor und nach 1933 und welche Auswirkungen hatte das auf den durchrassten Volkskörper? Mit welchen Drogen pumpte 'Reichspritzenmeister' Dr. Morell die Venen des Führers voll? Bekäme dieser heute noch einen Führerschein?
- Was ist dran an den bestialischen Drogenexperimenten an Häftlingen in KZs? Warum und wie hat der CIA diese Versuche später in den USA fortgesetzt?
- Welche Auswirkungen hatte das Pervitin-Doping auf die Soldaten der Front und welche Rolle spielte es bei Sondereinsätzen – oder gar die Forschung in KZs?

Diese und noch ganz andere Fragen werden in Beiträgen von zwei Kriminologen, je einem Drogenberater, Soziologen, Ex-Dealer, Privatforscher, Bundestrainer, Comic-Zeichner, Wissenschafts-Journalist, Kabarettisten, Marine-Mediziner, Pharmazeuten, US-Germanist, sowie in Abhandlungen von E.E. Kisch, H. Fallada, K. Mann und diversen Nazis aufgearbeitet.

„Werner Pieper hat... Dokumente aus dem Sumpf der braunen Vergangenheit Deutschlands gegraben und präsentiert in gewohnt kompetenter Art dem mal faszinierten, mal schockierten und manchmal auch amüsierten Leser Material, das es in sich hat... hat mit dieser zweiteiligen Dokumentation eine Meisterleistung vollbracht..." *Markus Berger, Entheogene Blätter 9/2002*

„Diese umfangreiche Materialsammlung ist durchgehend seriös ... enthält einzigartige Dokumente." *Nürnberger Nachrichten*

Das gesamte Register für Band I & II

ISBN 3-930442-53-1 · 352 Seiten · 20 €

Werner Pieper, Hg.

NAZIS ON SPEED Band II

Drogen im 3. Reich

Der Materialienband

In dieser Dokumentation finden sich – zum Teil gekürzte – Original-Beiträge zum Drogenthema aus Wirtschaft, Kultur, (Rassen-)Politik und wissenschaftlicher Forschung aus der Zeit zwischen 1928 und 1945:

- Untergang der bürgerlich-rechtlichen Persönlichkeit im Rauschgiftmissbrauch
- Junkies für Volk & Vaterland – die Soldaten des 1. Weltkriegs
- Genusspharmaka
- Selbstversuche, freiwillige Drogenerfahrungen
- Missbrauch, Süchte, Entzug & Lager
- Das Opiumgesetz
- Drogenforschung
- Mit den deutschen Armeen marschierte das Pervitin
- Drogen als internationale Verschwörung
- Trinksitten & Rassenhygiene
- Bayrischer Haschisch

Das komplette Literaturverzeichnis für Band I u. II (ca. 350 Titel).

ISBN 3-930442-54-X · 224 Seiten · 12,50 €